全国工会工作指导用书

依据**中国工会十八大文件精神**组织编写

新时代职工代表应知应会

500条

张安顺◎编著

人民日报出版社

图书在版编目（CIP）数据

新时代职工代表应知应会 500 条／张安顺编著. --
北京：人民日报出版社，2023.10
ISBN 978-7-5115-6750-5

Ⅰ.①新… Ⅱ.①张… Ⅲ.①职工代表-工作-中国
-问题解答 Ⅳ.①D412.6-44

中国国家版本馆 CIP 数据核字（2023）第 193147 号

书　　名：新时代职工代表应知应会 500 条
　　　　　XINSHIDAI ZHIGONG DAIBIAO YINGZHI YINGHUI 500 TIAO
作　　者：张安顺

出 版 人：刘华新
责任编辑：刘天一　杨　瑾
封面设计：陈国风

出版发行：人民日报出版社
地　　址：北京金台西路 2 号
邮政编码：100733
发行热线：（010）65369527　65369846　65369509　65369510
邮购热线：（010）65369530　65363527
编辑热线：（010）65369844
网　　址：www.peopledailypress.com
经　　销　新华书店
印　　刷　北京柯蓝博泰印务有限公司

开　　本：170mm×240mm　　1/16
字　　数：350 千字
印　　张：22.75
版次印次：2024 年 1 月第 1 版　　2024 年 1 月第 1 次印刷

书　　号：ISBN 978-7-5115-6750-5
定　　价：98.00 元

前　言

FOREWORD

　　职工代表大会是企事业单位实行民主管理的基本形式，是实现职工民主权利的基本途径，是我国基层民主制度的重要组成部分。职工代表大会是由职工群众民主选举产生的职工代表组成的，职工代表素质如何，不仅关系到能否发挥应有的作用，而且关系到职工代表大会的质量和效果，关系到职工民主管理制度的完善和发展。因此，要充分发挥职工代表的作用，切实加强职工民主管理，大力推进基层民主政治建设，就必须高度重视职工代表的教育培训，不断提高职工代表的思想政治素质和参政议政能力，建设一支适应新时代职工民主管理发展的高素质职工代表队伍。为了适应职工代表教育培训的需要，满足职工代表学习提高的要求，我们组织编写了本书。本书根据现行的有关民主管理的法律法规规章编写，依据可靠，内容全面。采用一问一答形式，简明扼要，通俗易懂，具有全面性、实用性、便捷性特点，便于职工代表学习使用，是职工代表教育培训和自学的有益读物。

　　本书在编写过程中参考了不少有关资料和文件，在此谨向有关作者表示感谢。由于编者水平所限，加之时间仓促，书中难免存在一些不足之处，敬请各位读者批评指正。

目 录
CONTENTS

十、相关法律知识　/ 216

（一）宪法相关知识　/ 216

一、民主管理基本知识

1. 什么是民主？

民主一词来源于古希腊，原意为人民的权力，是指多数人的统治，也叫人民的统治，即一个社会的最终政治决定权不依赖于个别人或少数人，而是特定人群或全体人民中的多数。简单来说，民主就是人民管理国家和社会事务的权利。民主是在一定的阶级范围内，按照平等和少数服从多数原则来共同管理国家事务的国家制度。

2. 什么是社会主义民主？

社会主义民主，又称"无产阶级民主""人民民主"，是指在社会主义条件下，全体人民在共同享有对生产资料的不同形式的所有权、支配权的基础上，享有管理国家的最高权力。是社会绝大多数人的民主，最高类型的民主。在社会主义社会里，国家权力属于人民，人民当家作主，管理国家，管理经济，享有政治、经济、文化教育等广泛权利和自由，并且有法律和物质的切实保障。社会主义民主是对人民民主和对敌人专政的辩证统一，只有对敌人专政，才能保障人民民主。人民民主是民主和集中的统一。

人民民主是社会主义的生命。没有民主就没有社会主义，就没有社会主义的现代化，就没有中华民族伟大复兴。社会主义愈发展，民主也愈发展。在新时代，要坚定不移走中国特色社会主义政治发展道路，继续推进社会主义民主政治建设、发展社会主义政治文明。

3. 什么是全过程人民民主?

习近平总书记在庆祝中国共产党成立 100 周年大会上发表重要讲话，强调"发展全过程人民民主"。这一重大理念的提出，丰富和发展了社会主义民主政治理论，深刻阐明了中国式民主的鲜明特色和显著优势，为新时代发展社会主义民主政治、建设社会主义政治文明提供了指引和遵循。全过程人民民主就是指人民群众在社会主义民主政治中的全过程参与，是社会主义民主政治制度自我发展和完善的必然结果，大大丰富和拓展了政治民主的内容和形式，使得民主成为触手可及的经验事实，成为具有巨大吸引力，能够在具体运行中解决问题，人民群众乐于参与其中的政治实践。全过程人民民主是社会主义民主政治的本质属性，是最广泛、最真实、最管用的民主。全过程人民民主包括民主选举、民主协商、民主决策、民主管理、民主监督等过程。推进全过程人民民主是增强党的阶级基础，扩大党的群众基础，巩固党的执政地位的必然要求；是巩固工人阶级领导的，工农联盟为基础的，人民民主专政的社会主义国家制度的必然要求；是全面建成社会主义现代化强国，实现中华民族伟大复兴中国梦的必然要求。

4. 什么是党的群众路线?

党的群众路线是中国共产党长期革命和建设经验的总结，是毛泽东思想活的灵魂的基本方面之一，是党的科学的领导方法，是历史唯物主义的生动体现。群众路线是党的根本路线，这是由中国共产党的全心全意为人民服务的宗旨所决定的。党的群众路线的核心内容是：一切为了群众，一切依靠群众，从群众中来，到群众中去。

5. 如何理解坚持全心全意依靠工人阶级?

工人阶级是我们党最坚实最可靠的阶级基础,是我国的领导阶级,是先进生产力和生产关系的代表。作为一支独立的政治力量,工人阶级一登上历史舞台,就显示出推动社会前进的巨大历史作用。在自己的先锋队中国共产党领导下,工人阶级积极投身革命、建设、改革的时代洪流,始终坚定地走在全民族伟大奋斗的最前列,勇挑重担,作出了彪炳史册的杰出贡献,充分发挥了先进阶级的重要作用。中国特色社会主义进入新时代,中华民族迎来了从站起来、富起来到强起来的伟大飞跃,这是包括工人阶级在内的广大人民在中国共产党领导下奋斗出来的。特别是党的十八大以来,在以习近平同志为核心的党中央坚强领导下,工人阶级在实现中华民族伟大复兴的中国梦的征程中众志成城、开拓进取,用劳动筑梦,以实干圆梦,推动党和国家事业取得全方位、开创性的历史性成就,发生深层次、根本性的历史性变革。

坚持全心全意依靠工人阶级是我们党的一贯主张,是我们党的一个突出政治优势,也是中国特色社会主义的一个鲜明特点。我们党自成立之日起,就把自己定性为工人阶级政党。在领导新民主主义革命、社会主义革命和建设、改革开放新的伟大革命的历史进程中,党始终高度重视依靠工人阶级。新中国成立前夕,中国革命即将取得全国性胜利,党的工作重心即将由农村转向城市,中国社会也即将由新民主主义社会逐步发展到社会主义社会,在这一关键的历史时刻,毛泽东同志在党的七届二中全会上提出,"我们必须全心全意地依靠工人阶级"。新中国成立后,我们党紧紧依靠工人阶级,顺利进行了社会主义改造,完成了从新民主主义到社会主义的过渡,确立了社会主义制度。社会主义革命和建设时期,我们党重视发挥工人阶级主力军作用,积极推进社会主义工业化进程，初步建立起独立的、比较完整的工业体系和国民经济体系。进入改革开放新时期，党中央旗帜鲜明地坚持依靠工人阶级方针。只要党的工人阶级先锋队性质没有改变、国家的社会主义性质没有改变，全心全意依靠工人阶级根本方针就不会也不可能改变。在新的历史条件下坚持全心全意依靠工人阶级方针，关系到巩固党的阶级基础和执政地位，关系到中国特色社会主义事业兴衰成败，也关系到中国工运事业的未来发展。

实现中华民族伟大复兴的中国梦，根本上要靠包括工人阶级在内的全体人民的劳动、创造、奉献。必须全心全意依靠工人阶级、巩固工人阶级的领导阶级地位，充分发挥工人阶级的主力军作用，做到在政治上保证、制度上落实、素质上提高、权益上维护。要紧紧围绕经济建设这个中心、发展这个第一要务，组织带领广大职工群众为全面建设社会主义现代化国家建功立业，把广大职工群众主人翁精神充分激发起来，把工人阶级主力军作用充分发挥出来。

全心全意依靠工人阶级不能只当口号喊、标签贴，而要贯彻到党和国家政策制定、工作推进全过程，落实到企业生产经营各方面。各级党委和政府要把全心全意依靠工人阶级方针贯彻到经济、政治、文化、社会、生态文明建设以及党的建设各方面，维护和发展劳动者的利益，保障劳动者的权利，坚持社会公平正义，排除阻碍劳动者参与发展、分享发展成果的障碍，努力让劳动者实现体面劳动、舒心工作、全面发展。

6. 发展基层民主的重要意义是什么？

基层民主是人民群众直接行使民主权利、依法进行自我管理、自我服务和自我发展的主要形式，是中国特色社会主义民主最广泛的实践。

实行基层民主管理的重要意义是：

（1）发展基层民主，保障人民享有更多的民主权利，是社会主义民主政治的重要内容；

（2）发展基层民主，保证人民直接行使民主权利，管理基层公共事务和公益事业，是人民当家作主有效的途径；

（3）发展基层民主，保证人民群众依法管理自己的事情，创造自己的幸福生活，是社会主义民主最为广泛而深刻的实践，也是发展社会主义民主的基础性工作。

7. 如何理解职工民主管理的含义？

职工民主管理，是企事业单位职工依照我国法律法规和有关政策规定，通过职工代表大会为基本形式的各种组织形式，参加企事业管理，行使民主选举、民主协商、民主决策、民主参与、民主监督权力的活动。这一概念包括4层含义：一是职工民主管理的主体是全体职工群众；二是职工民主管理要依照法律法规和有关规定；三是职工民主管理要通过一定的组织形式；四是职工民主管理的特点是参与管理。

8. 职工民主管理权的基本内涵是什么？

职工民主管理权是广大职工以主人翁的身份，依照法律规定，参与企事业单位管理的权利。民主管理权是宪法赋予劳动者的基本权利之一。

职工民主管理权的基本内涵包括以下四个方面。

（1）知情权。知情权是指职工了解企事业单位生产经营管理、关系职工切身利益的重大问题等信息的权利。知情权是职工最基本的权利，是职工民主参与和民主监督的前提。

（2）参与权。参与权主要是指职工依法通过各种途径和形式，参与管理企事业的权利。这里的各种途径和形式，包括选举、集体协商、座谈会、职代会、民主信箱、批评、建议以及网络等。

（3）表达权。表达权即话语权，主要是指职工通过职代会、座谈会、报刊、民主信箱等各种途径公开发表自己的思想、观点、主张、看法、意见、建议的权利。表达权是职工的基本人权，其实现的程度是衡量一个国家民主、法治和文明的重要尺度。

（4）监督权。监督权主要是指职工对企事业单位管理人员的管理决策行为进行监督的权利。

9. 职工民主管理的重要意义是什么？

职工民主管理是社会主义民主的重要组成部分。实行职工民主管理的重要意义是：

（1）职工民主管理是贯彻全心全意依靠工人阶级指导方针的根本途径；

（2）职工民主管理是社会主义和谐社会的基本要求；

（3）职工民主管理是践行"以人为本"理念的具体体现；

（4）职工民主管理是维护职工权益的有效途径；

（5）职工民主管理是企事业单位发展的重要保障；

（6）职工民主管理是预防腐败的有效手段。

10. 职工民主管理的原则是什么？

（1）坚持党的领导。

（2）坚持依法推进。

（3）坚持群众路线。

（4）坚持与时俱进。

（5）坚持从实际出发。

11. 职工民主管理的法律依据有哪些？

（1）宪法。

（2）劳动法、工会法、企业法、公司法、劳动合同法。

（3）职工代表大会条例。

（4）企业民主管理规定。

（5）其他法律依据。

12.《中华人民共和国宪法》关于民主管理有什么规定？

《中华人民共和国宪法》（以下简称《宪法》）第 2 条规定："中华人民共和国的一切权力属于人民。人民行使国家权力的机关是全国人民代表大会和地方各级人民代表大会。人民依照法律规定，通过各种途径和形式，管理国家事务，管理经济和文化事业，管理社会事务。"第 16 条规定："国有企业在法律规定的范围内有权自主经营。国有企业依照法律规定，通过职工代表大会和其他形式，实行民主管理。"第 17 条规定："集体经济组织在遵守有关法律的前提下，有独立进行经济活动的自主权。集体经济组织实行民主管理，依照法律规定选举和罢免管理人员，决定经营管理的重大问题。"

13. 职工民主管理有哪些职能？

（1）审议职能。职工民主管理审议的职能是指职工或职工代表对企事业单位生产经营管理方面的重大问题进行审议，提出建议和意见，使之更加科学合理。

（2）决策职能。职工民主管理的决策职能是指职工群众对涉及职工利益的重大问题，就方案的实施作出决定或决议的民主参与活动。

（3）监督职能。监督职能是指企事业单位各项管理活动中，通过职工的参与，对决策的执行情况、职工代表大会的决议落实情况，单位领导的党风廉政建设情况进行群众监督。

（4）维护职能。维护职能是职工群众通过职工民主管理活动，行使法律赋予的民主权利，维护职工利益与国家及企事业单位的整体利益。

（5）协调职能。协调职能是指通过职工民主管理活动有效协调企业内部的利益矛盾关系，增强组织的凝聚力，促进企事业和谐发展。

（6）教育职能。教育职能是指通过广泛的民主参与，使职工的民主政治意识、文化素质、参与管理的能力不断提高。

14. 职工民主管理的主要形式有哪些？

职工民主管理的形式主要有：职工代表大会、厂务公开、职工董事与职工监事制度、平等协商与集体合同制度、合理化建议活动、职工持股会、民主对话会、民主信箱、民主接待日等。其中，职工代表大会是职工民主管理的基本形式。

二、职工代表大会制度

15. 职工代表大会的性质是什么？

职工代表大会性质，是指职工代表大会的根本属性。根据规定，职工代表大会是企事业实行职工民主管理的基本形式，是职工行使民主管理权力的机构。

首先，职工代表大会是企事业实行民主管理的基本形式。我国职工民主管理的形式多种多样，但由于职工代表大会具有广泛的代表性、充分的民主性、法定的权威性、组织制度的严密性，所以法律规定职工代表大会是职工民主管理的基本形式。

其次，职工代表大会是职工依法行使"民主管理权力"的机构。所以，职工代表大会不是企事业的最高权力机构，而是职工依照法律规定行使民主管理权力的机构。

16. 职工代表大会与其他民主管理形式是什么关系？

企事业单位民主管理形式主要有：职工代表大会制度、厂务公开制度、职工董事和职工监事制度、平等协商与集体合同制度等。在这些民主管理形式中，职工代表大会是企事业单位实行民主管理的基本形式，是民主管理制度体系中的基础和核心，是唯一能与其他民主管理形式产生交集的制度，起统领和主导作用。其他民主管理形式是职工代表大会制度的延伸、辅助和补充，可以完善和补充职工代表大会制度，并与职工代表大会制度相辅相成，共同促进企事业单位民主政治建设。

17. 职工代表大会有哪些特征？

（1）职工代表大会具有广泛的代表性和充分的民主性。职工代表大会由职工代表组成，而职工代表又是按一定的民主程序和一定的比例由职工直接选举产生。他们来自各个部门，几乎包括了企事业各个方面，既代表职工的意志，又受其监督。另外，职工代表大会议案的提出和决议的作出都要经过一定的民主程序，这样，就保证了职工代表大会的代表性和民主性。

（2）职工代表大会具有法律依据和权威性。我国《宪法》明确规定："国有企业依照法律规定，通过职工代表大会和其他形式，实行民主管理。"《中华人民共和国工会法》（以下简称《工会法》）、《中华人民共和国劳动法》（以下简称《劳动法》）、《中华人民共和国公司法》（以下简称《公司法》）、《中华人民共和国劳动合同法》（以下简称《劳动合同法》）等法律法规都规定了企事业单位要通过职工代表大会等形式，实行民主管理和参与管理的内容。这些规定为全面建立和健全职工代表大会制度提供了法律保障。

（3）职工代表大会具有严密的组织制度。职工代表大会有多级民主管理网络，有职工代表大会团（组）长和专门小组负责人联席会议制度，有各种专门工作委员会（小组），有自己的工作机构和活动制度，这种组织上的系统化和工作的经常化、制度化、程序化，是其他民主管理形式不可比拟的。

（4）职工代表大会制度是我国企业民主管理长期实践的活动结晶。企事业实行职工代表大会制度，符合我国目前生产力发展水平、管理水平和群众习惯的要求，长期实践证明，它比其他职工民主管理形式更加切实可行。

18. 职工代表大会有哪些作用？

职工代表大会的作用主要如下。

（1）维护职工群众的合法权益。职工代表大会作为一项民主制度，首先保障的是职工的民主政治权利，并通过民主政治权利的保障，维护职工的劳动经济权益及其他合法权益。

（2）协调企事业单位内部利益关系。职工代表大会制度的主要目的在于通过这一民主途径，组织引导职工正确反映诉求，实现利益表达方式的制度化、规范化。通过职工代表大会制度协调利益关系，化解单位内部矛盾，促进劳动关系和谐稳定。

（3）促进企事业单位高质量发展。由于职工代表大会实现了职工民主权利，保障了职工主人翁地位，能够充分调动职工的积极性、主动性和创造性，并引导职工为企事业单位的发展献计献策，群策群力促进企事业单位高质量发展。

（4）落实职工群众的民主监督权利。职工代表大会是职工群众实施民主监督的重要载体之一。职工代表大会职权的行使能够有效发挥职工群众的监督作用，以权利制约权力，有助于完善企事业单位的民主监督制度，促进企事业单位党风廉政建设。

19. 职工代表大会制度的责任主体是谁？

《企业民主管理规定》第3条第2、3款规定，企业应当按照合法、有序、公开、公正的原则，建立以职工代表大会为基本形式的民主管理制度，实行厂务公开，推行民主管理。公司制企业应当依法建立职工董事、职工监事制度。企业应当尊重和保障职工依法享有的知情权、参与权、表达权和监督权等民主权利，支持职工参加企业管理活动。《工会法》第 20 条规定："企业、事业单位、社会组织违反职工代表大会制度和其他民主管理制度，工会有权要求纠正，保障职工依法行使民主管理的权利。法律、法规规定应当提交职工大会或者职工代表大会审议、通过、决定的事项，企业、事业单位、社会组织应当依法办理。"由此可见，企业、事业单位、社会组织是职工代表大会制度的责任主体，实行职工民主管理是企业、事业单位、社会组织的法定义务。

20. 职工代表大会的任务是什么？

职工代表大会的任务主要如下：

（1）维护职工合法权益；

（2）支持行政领导依法行使职权，维护企事业单位正常的生产、工作秩序；

（3）监督行政领导；

（4）教育职工，提高职工素质。

21. 如何完善以职工代表大会为基本形式的民主管理制度？

完善以职工代表大会为基本形式的民主管理制度，是构建中国特色和谐劳动关系的重要举措，是建立现代企业制度、增强企业活力、促进企业高质量发展的客观要求，是推进社会主义民主政治建设的重要内容。要从坚持和发展中国特色社会主义、巩固党的阶级基础和扩大党的群众基础的高度出发，完善以职工代表大会为基本形式的民主管理制度。

（1）加强职工民主管理法治化建设。要着力推动职工民主管理立法和有关政策的制定，不断完善职工民主管理的法律依据。积极配合做好人大执法检查、政府行政监察和政协视察，为职工民主管理提供坚实的法治保障。

（2）建立健全职工代表大会制度、机制。一要根据《工会法》《劳动法》等有关法律法规，建立健全职代会制度，坚持企业重大改革方案，特别是关系到职工切身利益的一些重大问题，提交职代会讨论通过，确保职工代表参与企业改革、发展的民主权利，确保职工代表行使民主决策权和监督权。二要建立健全监督考核评价机制，深入开展厂务公开民主管理示范单位活动，完善有关民主管理制度的运行标准、实施细则。三要建立健全厂务公开制度，使企业及其领导者的管理行为公之于众，切实搞好民主监督。

（3）规范职代会工作程序。一是会议议题要提前确定。会前，要广泛征求职工意见，确定会议议题。企业的重大决策、方案要提前交给职工代表，让职工代表有充分的时间思考、酝酿，避免职代会流于形式。二是表决方式要科学、民主。凡是经职代会审议的重大事项，由职工代表采取无记名投票（或电子票决器）表决，防止"暗箱"操作。三是代表提案要认真办理。对在职代会中收集到的职工意见建议，逐项进行梳理，明确每项提案的牵头部门、协作部门和分管领导，并将提案处理分配方案提交企业党委会通过。企业职能部门按期完成提案的处理答复工作，并以回复函的形式，全部反馈到提案代表本人，做到件件有答复，事事有落实。

（4）强化职代会闭会期间职权落实。一是发挥好职代会联席会议的作用。在职代会闭会期间，凡属职代会职权内的重大事项，须经职代会联席会议审议通过方可实施，只要涉及需职代会讨论的内容，必须及时召开联席会议协商决定。二是发挥职代会各专门委员会（小组）的作用。按照工作内容定期进行活动，行使职权，加强报告和考核工作，各专门委员会（小组）要把各项工作落实情况定期向职代会或联席会议报告，接受职工代表的监督。三是发挥职代会代表巡视检查的作用。巡视检查的重点要放在企业安全生产、集体合同、职工生活福利等方面。四是提高职工代表参政议政的能力。要重视职工代表的学习教育，采取多种渠道、多种方法，组织职工代表学习党的路线、方针、政策，学习企业民主管理和经营管理基本知识等，不断提高其参政、议政能力。

（5）坚持分类指导精准施策。发挥国有、集体及其控股企业的示范带头作用，不断提高职工民主管理质量水平。把非公有制企业和进行公司制改制的企业作为工作重点，加大工作推动力度。有效运用网络技术和新媒体，增强民主管理工作的吸引力和凝聚力。坚持典型引路，支持基层探索创新，形成更多可复制可推广的经验做法。加大舆论宣传，夯实思想认识基础，营造良好氛围。

22. 职工代表大会有哪些职权？

按照《企业民主管理规定》，企业职工代表大会行使下列职权。

（1）听取企业主要负责人关于企业发展规划、年度生产经营管理情况，企业改革和制定重要规章制度情况，企业用工、劳动合同和集体合同签订履行情况，企业安全生产情况，企业缴纳社会保险费和住房公积金情况等报告，提出意见和建议。

审议企业制定、修改或者决定的有关劳动报酬、工作时间、休息休假、劳动安全卫生、保险福利、职工培训、劳动纪律以及劳动定额管理等直接涉及劳动者切身利益的规章制度或者重大事项方案，提出意见和建议。

（2）审议通过集体合同草案，按照国家有关规定提取的职工福利基金使用方案、住房公积金和社会保险费缴纳比例和时间的调整方案，劳动模范的推荐人选等重大事项。

（3）选举或者罢免职工董事、职工监事，选举依法进入破产程序企业的债权人会议和债权人委员会中的职工代表，根据授权推荐或者选举企业经营管理人员。

（4）审查监督企业执行劳动法律法规和劳动规章制度情况，民主评议企业领导人员，并提出奖惩建议。

（5）法律法规规定的其他职权。

国有企业和国有控股企业职工代表大会除行使上述职权外，还行使下列职权。

（1）听取和审议企业经营管理主要负责人关于企业投资和重大技术改造、财务预决算、企业业务招待费使用等情况的报告，专业技术职称的评聘、企业公积金的使用、企业的改制等方案，并提出意见和建议。

（2）审议通过企业合并、分立、改制、解散、破产实施方案中职工的裁减、分流和安置方案。

（3）依照法律、行政法规、行政规章规定的其他职权。

23. 职工代表大会审议建议权的意义是什么？

职工代表大会的审议建议权，是指职工代表大会依法具有对企事业生产经营管理重大决策进行审议并提出意见和建议的民主管理权利。

职工代表大会正确行使审议建议权，具有十分重要的意义和作用。

（1）充分体现了职工的主人翁地位。职工群众是国家和企事业的主人，在基层单位中，职工的这一主人翁地位是以参与管理企事业来得到实现的。同时，随着社会主义市场经济的发展和企事业改革的不断深入，企事业单位与职工之间的利益关系越来越密切，参与审议生产经营重大决策和其他有关重大问题，日益成为广大职工的迫切要求。

（2）促进企事业决策的民主化和科学化。由职工代表大会对企事业生产经营管理决策进行审议，可以更好地集中职工群众的智慧和力量，促使经营管理者的决策方案更加科学、完善。因此，从这个意义上讲，职工代表审议生产经营管理重大决策，是实现企事业决策民主化、科学化的重要保证，是对企事业行政领导行使生产经营决策权的有力支持。

（3）是职工学习管理的重要途径。由职工代表大会审议企事业生产经营管理重大决策，可以使职工在民主管理的实践中学习管理，提高管理的能力，促进企事业整体管理水平的提高。

24. 职工代表大会审议建议权的主要内容是什么？

根据《企业民主管理规定》，职工代表大会的审议建议权的内容，一般包括企业发展规划、年度生产经营管理情况，企业改革和制定重要规章制度情况，企业用工、劳动合同和集体合同签订履行情况，企业安全生产情况，企业缴纳社会保险费和住房公积金情况以及企业制定、修改或者决定的有关劳动报酬、工作时间、休息休假、劳动安全卫生、保险福利、职工培训、劳动纪律以及劳动定额管理等直接涉及劳动者切身利益的规章制度或者重大事项方案。

25. 职工代表大会如何审议企业的发展规划？

企业发展规划是指企业在较长时期内的发展方向、发展规模和主要经济技术指标的远景规划。长远规划内容包括企事业产品发展方向、企事业生产发展规模、工艺技术发展的趋势和水平、主要经济技术指标的发展水平、科研的方向和目标、职工教育、职工劳动条件和生活条件的改善计划等方面。企业发展规划是企业发展计划的路线和原则、灵魂与纲领。企业发展规划指导企业发展计划，企业发展计划落实企业发展规划。

在企业发展规划的制订和实施过程中必须紧紧围绕战略的核心，抓住重点，这是任何事物的必然规律。抓住了事物的主要矛盾，就抓住了问题的实质，会使问题的解决事半功倍，许多问题迎刃而解。

企业发展的重点，是企业的竞争能力。企业的竞争能力基于对企业内部要素的客观分析和评价，它取决于行业结构和企业相对的市场地位。企业的核心竞争力，才是企业发展规划的实质核心。

26. 什么是企业年度生产经营管理情况？

年度生产经营管理情况是指企业的产品在商品市场上进行生产、销售、服务的发展现状。包括主要产品的产量、主营业务量、销售量（出口额、进口额）及同比增减量，在所处行业中的地位，如按销售额排列的名次；经营环境变化对企业生产销售（经营）的影响；营业范围的调整情况；新产品、新技术、新工艺开发及投入情况；销售（营业）收入；纳税总额；利润总额；净利润；等等。

27. 职工代表大会如何审议企业改革改制方案？

企业改革改制是指依法改变企业原有的资本结构、组织形式、经营管理模式或体制等，使其在客观上适应企业发展的新的需要的过程。在我国，一般是将原单一所有制的国有、集体企业改为多元投资主体的公司制企业和股份合作制企业或者是内外资企业互转。

改革改制方案内容主要包括：企事业基本情况；改制的原因和形

式；股权设置意见；国有资产处置意见；债权债务处置意见；职工安置方案；改革改制后企事业的管理体制和发展规划；改革改制工作的组织领导和时间安排；其他需要说明的事项等。

职工代表大会在审议企事业改革改制方案时，应坚持以下原则：要符合国家有关企事业改革改制的法律法规和方针政策；要确保国有资产不流失；要切实保障企事业职工合法权益。

28. 如何理解用人单位的劳动规章制度？

劳动规章制度是用人单位制定的组织劳动过程和进行劳动管理的规则和制度的总和。也称为内部劳动规则，是用人单位内部的"法律"。规章制度内容广泛，包括了用人单位经营管理的各个方面。根据 1997年 11 月劳动部颁发的《劳动部关于对新开办用人单位实行劳动规章制度备案制度的通知》，规章制度主要包括：劳动合同管理、工资管理、社会保险福利待遇、工时休假、职工奖惩，以及其他劳动管理规定。

用人单位制定规章制度，要严格执行国家法律、法规的规定，保障劳动者的劳动权利，督促劳动者履行劳动义务。制定规章制度应当体现权利与义务一致、奖励与惩罚结合，不得违反法律、法规的规定。否则，就会受到法律的制裁。

规章制度的制定程序关键是要保证制定出来的规章制度内容具有民主性和科学性。规章制度的大多数内容与职工的权利密切相关，让广大职工参与规章制度的制定，可以有效地杜绝用人单位独断专行，防止用人单位利用规章制度侵犯劳动者的合法权益。

29. 用人单位制定、修改或者决定涉及劳动者切身利益的规章制度或者重大事项的基本程序是什么？

《劳动合同法》第 4 条规定："用人单位应当依法建立和完善劳动

规章制度，保障劳动者享有劳动权利、履行劳动义务。用人单位在制定、修改或者决定有关劳动报酬、工作时间、休息休假、劳动安全卫生、保险福利、职工培训、劳动纪律以及劳动定额管理等直接涉及劳动者切身利益的规章制度或者重大事项时，应当经职工代表大会或者全体职工讨论，提出方案和意见，与工会或者职工代表平等协商确定。在规章制度和重大事项决定实施过程中，工会或者职工认为不适当的，有权向用人单位提出，通过协商予以修改完善。用人单位应当将直接涉及劳动者切身利益的规章制度和重大事项决定公示，或者告知劳动者。"

30. 什么是劳动用工？

劳动用工是指用人单位和劳动者个人签订劳动合同，使劳动者成为用人单位的成员，在用人单位的管理下提供有偿劳动。

目前在劳动用工方面，主要有两种性质的用工，即劳动用工和劳务用工。劳动用工是指用人单位和劳动者个人签订劳动合同，使劳动者成为用人单位的成员，在用人单位的管理下提供有偿劳动。劳务用工则是用人单位和劳务人员或者劳务输出单位签订以完成特定工作为目的的劳务合同，由劳务人员或者劳务输出单位自行管理、自行组织生产劳动，完成合同约定工作，获取劳务报酬。

31. 什么是劳动合同？

劳动合同是劳动者与用工单位之间确立劳动关系、明确双方权利和义务的协议。根据这个协议，劳动者加入企业、个体经济组织、事业组织、国家机关、社会团体等用人单位，成为该单位的一员，承担一定的工种、岗位或职务工作，并遵守所在单位的内部劳动规则和其他规章制度；用人单位应及时安排被录用的劳动者工作，按照劳动者提供劳动的数量和质量支付劳动报酬，并且根据劳动法律、法规规定和劳动合同的约定提供必要的劳动条件，保证劳动者享有劳动保护及社会保险、福利等权利和待遇。《劳动合同法》第 10 条第 1 款规定："建立劳动关系，应当订立书面劳动合同。"

32. 订立劳动合同应当遵守的原则是什么？

《劳动合同法》第 3 条规定："订立劳动合同，应当遵循合法、公平、平等自愿、协商一致、诚实信用的原则。依法订立的劳动合同具有约束力，用人单位与劳动者应当履行劳动合同约定的义务。"

33. 劳动合同应当具备哪些条款？

根据《劳动合同法》第 17 条规定，劳动合同应当具备以下条款：

（1）用人单位的名称、住所和法定代表人或者主要负责人；

（2）劳动者的姓名、住址和居民身份证或者其他有效身份证件号码；

（3）劳动合同期限；

（4）工作内容和工作地点；

（5）工作时间和休息休假；

（6）劳动报酬；

（7）社会保险；

（8）劳动保护、劳动条件和职业危害防护；

（9）法律、法规规定应当纳入劳动合同的其他事项。

劳动合同除前款规定的必备条款外，用人单位与劳动者可以约定试用期、培训、保守秘密、补充保险和福利待遇等其他事项。

34. 什么是集体合同？

集体合同是指企业职工一方与用人单位就劳动报酬、工作时间、休息休假、劳动安全卫生、保险福利等事项，通过平等协商达成的书面协议。《劳动合同法》第 51 条规定：企业职工一方与用人单位通过平等协商，可以就劳动报酬、工作时间、休息休假、劳动安全卫生、保险福利等事项订立集体合同。

35. 什么是安全生产？

安全生产是为了使生产过程在符合物质条件和工作秩序下进行的，防止发生人身伤亡和财产损失等生产事故，消除或控制危险、有害因素，保障人身安全与健康、设备和设施免受损坏、环境免遭破坏的总称。

安全生产是安全与生产的统一，其宗旨是安全促进生产，生产必须安全。搞好安全工作，改善劳动条件，可以调动职工的生产积极性；减少职工伤亡，可以减少劳动力的损失；减少财产损失，可以增加企业效益，无疑会促进生产的发展；而生产必须安全，则是因为安全是生产的前提条件，没有安全就无法生产。

36. 生产经营单位在安全生产方面的基本职责是什么？

《中华人民共和国安全生产法》（以下简称《安全生产法》）第 4 条规定，生产经营单位必须遵守本法和其他有关安全生产的法律、法规，加强安全生产管理，建立健全全员安全生产责任制和安全生产规章制度，加大对安全生产资金、物资、技术、人员的投入保障力度，改善安全生产条件，加强安全生产标准化、信息化建设，构建安全风险分级管控和隐患排查治理双重预防机制，健全风险防范化解机制，提高安全生产水平，确保安全生产。

平台经济等新兴行业、领域的生产经营单位应当根据本行业、领域的特点，建立健全并落实全员安全生产责任制，加强从业人员安全生产教育和培训，履行本法和其他法律、法规规定的有关安全生产义务。

生产经营单位的主要负责人是本单位安全生产第一责任人，对本单位的安全生产工作全面负责。其他负责人对职责范围内的安全生产工作负责。

37. 生产经营单位重大事故隐患排查治理情况是否应当向职工代表大会报告？

《安全生产法》第 41 条第 2 款规定："生产经营单位应当建立健全并落实生产安全事故隐患排查治理制度，采取技术、管理措施，及时发现并消除事故隐患。事故隐患排查治理情况应当如实记录，并通过职工大会或者职工代表大会、信息公示栏等方式向从业人员通报。其中，重大事故隐患排查治理情况应当及时向负有安全生产监督管理职责的部门和职工大会或者职工代表大会报告。"

38. 什么是社会保险？

社会保险是指国家通过立法，多渠道筹集资金，对劳动者在因年老、失业、工伤、生育而减少劳动收入时给予经济补偿，使他们能够享有基本生活保障的一项社会保障制度。《中华人民共和国社会保险法》（以下简称《社会保险法》）第 2 条规定："国家建立基本养老保险、基本医疗保险、工伤保险、失业保险、生育保险等社会保险制度，保障公民在年老、疾病、工伤、失业、生育等情况下依法从国家和社会获得物质帮助的权利。"

39. 用人单位和劳动者应当缴纳社会保险费吗？

社会保险费是指依照法律、行政法规及国家有关规定，以职工工资为基数，按一定比例提取的社会保险费，它是社会保险基金的最主要来源。《劳动法》第72条规定："社会保险基金按照保险类型确定资金来源，逐步实行社会统筹。用人单位和劳动者必须依法参加社会保险，缴纳社会保险费。"《社会保险法》第4条规定："中华人民共和国境内的用人单位和个人依法缴纳社会保险费，有权查询缴费记录、个人权益记录，要求社会保险经办机构提供社会保险咨询等相关服务。"2019年1月1日起，各项社会保险费交由税务部门统一征收。

40. 社会保险费缴纳情况是否应当向职工公布？

应当。《社会保险费征缴暂行条例》第17条规定："缴费单位应当每年向本单位职工公布本单位全年社会保险费缴纳情况，接受职工监督。社会保险经办机构应当定期向社会公告社会保险费征收情况，接受社会监督。"

41. 住房公积金的缴存额是如何规定的？

住房公积金，是指国家机关、国有企业、城镇集体企业、外商投资企业、城镇私营企业及其他城镇企业、事业单位、民办非企业单位、社会团体及其在职职工缴存的长期住房储金。住房公积金是住房分配货币化、社会化和法治化的主要形式，是一项重要的福利。

《住房公积金管理条例》第16条规定："职工住房公积金的月缴存额为职工本人上一年度月平均工资乘以职工住房公积金缴存比例。单位为职工缴存的住房公积金的月缴存额为职工本人上一年度月平均工资乘以单位住房公积金缴存比例。"第 17 条规定:"新参加工作的职工从参加工作的第 2 个月开始缴存住房公积金,月缴存额为职工本人当月工资乘以职工住房公积金缴存比例。单位新调入的职工从调入单位发放工资之日起缴存住房公积金,月缴存额为职工本人当月工资乘以职工住房公积金缴存比例。"第 18 条规定:"职工和单位住房公积金的缴存比例均不得低于职工上一年度月平均工资的 5%;有条件的城市,可以适当提高缴存比例。具体缴存比例由住房公积金管理委员会拟订,经本级人民政府审核后,报省、自治区、直辖市人民政府批准。"第 19 条规定:"职工个人缴存的住房公积金,由所在单位每月从其工资中代扣代缴。单位应当于每月发放职工工资之日起 5 日内将单位缴存的和为职工代缴的住房公积金汇缴到住房公积金专户内,由受委托银行计入职工住房公积金账户。"第 20 条规定:"单位应当按时、足额缴存住房公积金,不得逾期缴存或者少缴。对缴存住房公积金确有困难的单位,经本单位职工代表大会或者工会讨论通过,并经住房公积金管理中心审核,报住房公积金管理委员会批准后,可以降低缴存比例或者缓缴;待单位经济效益好转后,再提高缴存比例或者补缴缓缴。"

42. 关于国有企业和国有控股企业职工代表大会职权范围有什么特殊规定?

国有企业和国有控股企业职工代表大会除按《企业民主管理规定》第 13 条规定行使职权外,还行使下列职权:听取和审议企业经营管理主要负责人关于企业投资和重大技术改造、财务预决算、企业业务招待费使用等情况的报告,专业技术职称的评聘、企业公积金的使用、企业的改制等方案,并提出意见和建议。

43. 企业投资应当提交职工代表大会审议吗？

企业投资是指企业以自有的资产投入，承担相应的风险，以期合法地取得更多的资产或权益的一种经济活动。企业投资可分为直接投资和间接投资，直接投资是指把资金投放于生产经营环节中，以期获得利益的投资。在非金融性企业中，直接投资所占比重较大。间接投资又称证券投资，是指把资金投放于证券等金融性资产，以期获得股利或利息收入的投资。随着我国证券市场的完善和多渠道筹资的形成，企业的间接投资会越来越广泛。企业投资主要靠自筹资金，如企业的生产发展基金、折旧基金、大修理基金和职工福利基金等。

国有企业和国有控股企业投资应当遵守法律、行政法规和国家有关政策的规定，符合企业发展战略的要求，进行可行性研究，按照规定提交职工代表大会审议。

44. 企业重大技术改造应当提交职工代表大会审议吗？

技术改造是指企业为了提升竞争力、提高经济效益、提高产品质量、增加花色品种、促进产品升级换代、扩大出口、降低成本、节约能耗、加强资源综合利用和三废治理、劳保安全等目的，采用先进的、适用的新技术、新工艺、新设备、新材料等对现有设施、生产工艺条件进行的改造。技术改造是我国工业固定资产投资的一种重要投资方式。实践证明，用先进、实用技术改造传统产业，不仅具有投资少、工期短、见效快等特点，而且不需要再铺新摊子，能有效避免重复建设，同时还有利于优化产业结构、改变增长方式、提高企业的效益和竞争力。

技术改造是一项系统工程，涉及面广、政策性强、操作要求高、落实难度大，为确保技术改造顺利实施，达到预期的效果，所以，国有企业和国有控股企业的重大技术改造方案，应当提交职工代表大会审议。

45. 什么是财务预决算？

财务预算是一系列专门反映企事业未来一定期限（预算年度）内预计财务状况和经营成果，以及现金收支等价值指标的各种预算的总称。财务预算使企事业决策目标具体化、系统化和定量化，有助于财务目标的顺利实现。财务决算是根据会计资料对会计年度内企事业单位的业务活动和财务收支情况进行综合总结，是全面、真实地反映企事业单位全年财务状况和财务成果的综合性信息资料。

46. 企业业务招待费使用情况向职代会报告的内容是什么？

业务招待费是指企业依法为生产、经营业务的合理需要而支付的应酬费用。它是企业生产经营中所发生的实实在在、必需的费用支出，是企业进行正常经营活动必要的一项成本费用。企业业务招待费使用情况向职代会报告的内容主要是：

（1）按政策规定本企业业务招待费可列支数；

（2）本企业业务招待费实际支出数；

（3）业务招待费支出项目和金额；

（4）企业领导班子各成员列支数；

（5）业务招待费支出情况、超支或节约情况，与上年度同期的对比及原因分析；

（6）今后的打算或整改措施；

（7）其他应说明的问题。

47. 专业技术职称的评聘应当提交职工代表大会审议吗？

专业技术职称是指专业技术人员的专业技术水平、能力，以及成就的等级称号，是反映专业技术人员的技术水平、工作能力的标志。主要分为初级、中级、副高级和正高级职称。专业技术职称的专业范围领域基本涵盖国民经济生活的各行各业，例如工程、医学、会计、教育、科研等。企事业单位应当建立专业技术职务聘任制度，根据实际需要设置专业技术工作岗位，规定明确的职责和任职条件；在定编定员的基础上，确定高、中、初级专业技术职务的合理结构比例；由行政领导在经过评审委员会评定的、符合相应条件的专业技术人员中聘任，做到公开、公平、公正。由于专业技术职称的评聘关系到广大专业技术人才切身利益，也关系到企事业单位的发展，所以，国有企业和国有控股企业专业技术职称评聘情况应当提交职代会审议，由职代会提出意见和建议。

48. 《中华人民共和国公司法》关于企业公积金的使用有什么规定？

公积金，是指依照法律、公司章程或股东大会决议而从公司的营业利润或其他收入中提取的一种储备金。公积金的作用在于增加公司的资本，巩固公司的财产基础，提高公司的信用。公积金依据其积存是否出于法律的强制规定，可以分为法定公积金、任意公积金；依据其积存的来源不同，可以分为盈余公积金和资本公积金。《公司法》第168条规定："公司的公积金用于弥补公司的亏损、扩大公司生产经营或者转为增加公司资本。但是，资本公积金不得用于弥补公司的亏损。法定公积金转为资本时，所留存的该项公积金不得少于转增前公司注册资本的25%。"

49. 企业改制方案包括哪些内容?

企业改制是指依法改变企业原有的资本结构、组织形式、经营管理模式或体制等。企业改制的核心是经营机制的转变和企业制度的创新,实质是调整生产关系以适应生产力发展的需要。企业改制的目标是建立现代企业制度,现代企业制度中最具有典型性和代表性的是公司制。企业改制应当依法制订改制方案,改制方案的主要内容应包括:改制的目的及必要性,改制后企业的资产、业务、股权设置和产品开发、技术改造等;改制的具体形式;改制后形成的法人治理结构;企业的债权、债务落实情况;职工安置方案;改制的操作程序,财务审计、资产评估等中介机构和产权交易市场的选择等。国有企业的改制方案应提交职工大会或职工代表大会审议。

50. 职工代表大会审议通过权的主要内容是什么?

根据《企业民主管理规定》和其他有关规定,职工代表大会审议通过权的内容包括集体合同草案、职工福利基金使用方案、住房公积金和社会保险费缴纳比例和时间的调整方案,劳动模范的推荐人选等重大事项。

51. 集体合同草案应当提交职工代表大会审议通过吗?

平等协商和集体合同制度,是工会协调劳动关系,维护企业职工劳动权益的主要手段。工会代表职工与企业签订集体合同,必须反映企业职工的真实意愿。所以,集体合同草案应当提交职工代表大会或者全体职工讨论通过。《工会法》第 21 条第 2 款规定:"工会代表职工与企业、实行企业化管理的事业单位、社会组织进行平等协商,依法签订集体合同。集体合同草案应当提交职工代表大会或者全体职工讨论通过。"

52. 职工代表大会在审议集体合同草案时应坚持哪些原则？

职工代表大会在审议集体合同草案时，应坚持以下原则：集体合同的内容、形式、签订程序都应当符合法律规定；集体合同应当兼顾双方合法权益。

53. 职工福利基金的来源是什么？

职工福利基金是指按照结余的一定比例提取以及按照其他规定提取转入，用于单位职工的集体福利设施、集体福利待遇等的资金。

职工福利基金的来源包括：一是按结余的一定比例提取的职工福利基金；二是按人员定额从事业支出或经营支出中列支提取的工作人员福利费都在专用基金中核算。但两者有差别：职工福利基金主要用于集体福利的开支，如用于集体福利设施的支出、对后勤服务部门的补助，对单位食堂的补助，以及单位职工公费医疗支出超支部分按规定由单位负担的费用，按照国家规定可以由职工福利基金开支的其他支出。按规定标准提取的福利费主要用于职工个人方面的开支，用于单位职工基本福利支出，如职工生活困难补助等。在有些具体支出项目上，福利基金和福利费也可以合并使用。

54. 住房公积金缴纳比例可以调整吗？

职工个人缴存的和职工所在单位为职工缴存的住房公积金，属于职工个人所有。住房公积金应当用于职工购买、建造、翻建、大修自住住房，任何单位和个人不得挪作他用。《住房公积金管理条例》第 16 条规定："职工住房公积金的月缴存额为职工本人上一年度月平均工资乘以职工住房公积金缴存比例。单位为职工缴存的住房公积金的月缴存额为职工本人上一年度月平均工资乘以单位住房公积金缴存比例。"第18条规定："职工和单位住房公积金的缴存比例均不得低于职工上一年度月平均工资的5%；有条件的城市，可以适当提高缴存比例。具体缴存比例由住房公积金管理委员会拟订，经本级人民政府审核后，报省、自治区、直辖市人民政府批准。"用人单位申请提高、降低住房公积金缴存比例、缓缴住房公积金，须经本单位职工大会或职工代表大会（工会）讨论同意，并在办理缴存额调整手续前，持相关资料到缴存住房公积金管理中心办理申请手续。

55. 社会保险费缴纳比例是如何规定的？

社会保险费是指依照法律、行政法规及国家有关规定，以职工工资为基数，按一定比例提取的社会保险费，是社会保险基金的最主要来源。2019年1月1日起，各项社会保险费交由税务部门统一征收。

目前，国家规定社会保险费缴纳比例分别如下。

基本养老保险费坚持社会统筹与个人账户相结合原则，保险费由用人单位和职工共同负担。用人单位缴费费率为20%左右，计费依据为上月工资总额。职工个人费率为8%，计费依据为上年职工月平均工资，由社保经办机构核定。根据《国务院办公厅关于印发降低社会保险费率综合方案的通知》（国办发〔2019〕13号），2019年5月1日起，企业和机关事业单位职工基本养老保险单位缴存比例下降至16%。

失业保险缴费：用人单位缴费部分费率为2%，个人缴费部分的费率为1%，合计为3%；计费依据为上月工资总额。根据《人力资源社会保障部　财政部关于调整失业保险费率有关问题的通知》，从2015年

3月1日起，失业保险费率暂由现行条例规定的3%降至2%，单位和个人缴费的具体比例由各省、自治区、直辖市人民政府确定。

基本医疗保险实行社会统筹和个人账户相结合原则，保险费由用人单位和职工双方共同负担。用人单位缴费一般为职工工资总额的6%左右，个人缴费为本人工资的2%。个人缴费全部计入个人账户，用人单位缴费的30%左右划入个人账户，其余部分用于建立统筹基金。

工伤保险费由企业缴纳，实行行业差别费率，征收标准为企业全部职工工资总额乘以行业差别费率。根据《人力资源社会保障部 财政部关于调整工伤保险费率政策的通知》，不同工伤风险类别的行业执行不同的工伤保险行业基准费率。各行业工伤风险类别对应的全国工伤保险行业基准费率为，一类至八类分别控制在该行业用人单位职工工资总额的0.2%、0.4%、0.7%、0.9%、1.1%、1.3%、1.6%、1.9%左右。

生育保险费由用人单位按月缴费，职工个人不缴纳生育保险费。生育保险费的提取比例由当地人民政府根据计划内生育人数和生育津贴、生育医疗费等项费用确定，并可根据费用支出情况适时调整，但最高不得超过工资总额的1%。现已下调至0.5%。

根据国务院办公厅印发的《关于全面推进生育保险和职工基本医疗保险合并实施的意见》，推进两项保险合并实施，实现参保同步登记、基金合并运行、征缴管理一致、监督管理统一、经办服务一体化。2019年底前实现两项保险合并实施。

56. 劳动模范人选需要职代会讨论通过吗？

劳动模范简称劳模，在社会主义建设事业中成绩卓著的劳动者，经职工民主评选，有关部门审核和政府审批后被授予的荣誉称号。劳动模范是民族的精英、人民的楷模，是共和国的功臣，是最美的劳动者。劳动模范分为全国劳动模范与省、部委级劳动模范，有些市、县和大企业也评选劳动模范。《工会法》第33条规定："根据政府委托，工会与有关部门共同做好劳动模范和先进生产（工作）者的评选、表彰、培养和管理工作。"按照规定，对劳动模范和先进工作者人选，由所在单位民主推荐，经职工大会或职工代表大会（职工代表大会闭会期间，由职工代表大会联席会议或企业工会）讨论通过，所在单位党组织审定拟推荐对象，逐级上报。

57. 劳模精神、劳动精神、工匠精神的内涵是什么？

劳模精神的内涵是：爱岗敬业、争创一流、艰苦奋斗、勇于创新、淡泊名利、甘于奉献。

劳动精神的内涵是：崇尚劳动、热爱劳动、辛勤劳动、诚实劳动。

工匠精神的内涵是：执着专注、精益求精、一丝不苟、追求卓越。

58. 职工的裁减、分流和安置方案应当提交职工代表大会审议通过吗？

国有企业和国有控股企业职工代表大会的审议通过权除《企业民主管理规定》第13条规定的内容外，还审议通过企业合并、分立、改制、解散、破产实施方案中职工的裁减、分流和安置方案。

根据国资委《关于进一步规范国有企业改制工作的实施意见》，国有企业实施改制前，原企业应当与投资者就职工安置费用、劳动关系接续等问题明确相关责任，并制订职工安置方案。职工安置方案必须经职工代表大会或职工大会审议通过，企业方可实施改制。职工安置方案必须及时向广大职工群众公布，其主要内容包括：企业的人员状况及分流安置意见；职工劳动合同的变更、解除及重新签订办法；解除劳动合同职工的经济补偿金支付办法；社会保险关系接续；拖欠职工的工资等债务和企业欠缴的社会保险费处理办法等。

59. 用人单位裁减人员的条件是什么？

根据《劳动合同法》第 41 条规定，有下列情形之一，需要裁减人员 20 人以上或者裁减不足 20 人但占企业职工总数 10% 以上的，用人单位提前 30 日向工会或者全体职工说明情况，听取工会或者职工的意见后，裁减人员方案经向劳动行政部门报告，可以裁减人员：

（1）依照企业破产法规定进行重整的；

（2）生产经营发生严重困难的；

（3）企业转产、重大技术革新或者经营方式调整，经变更劳动合同后，仍需裁减人员的；

（4）其他因劳动合同订立时所依据的客观经济情况发生重大变化，致使劳动合同无法履行的。

60. 用人单位裁减人员，应当优先留用哪些人员？

《劳动合同法》第 41 条第 2 款规定："裁减人员时，应当优先留用下列人员：（一）与本单位订立较长期限的固定期限劳动合同的；（二）与本单位订立无固定期限劳动合同的；（三）家庭无其他就业人员，有需要扶养的老人或者未成年人的。"

61. 哪些情形下，用人单位不得解除劳动者劳动合同？

《劳动合同法》第 42 条规定："劳动者有下列情形之一的，用人单位不得依照本法第 40 条、第 41 条的规定解除劳动合同：（一）从事接触职业病危害作业的劳动者未进行离岗前职业健康检查，或者疑似职业病病人在诊断或者医学观察期间的；（二）在本单位患职业病或者因工负伤并被确认丧失或者部分丧失劳动能力的；（三）患病或者非因工负伤，在规定的医疗期内的；（四）女职工在孕期、产期、哺乳期的；（五）在本单位连续工作满 15 年，且距法定退休年龄不足 5 年的；（六）法律、行政法规规定的其他情形。"

62. 职工代表大会民主评议的对象和范围是什么？

职工代表大会民主评议领导干部的对象主要是企事业单位的领导班子成员，主要是企业的厂长（经理、院长、校长）、副厂长（副经理、副院长、副校长）、党委书记、副书记、董事长、副董事长。企事业单位其他领导人员是否列入民主评议的范围，由各地各部门根据实际情况确定。

职工代表大会对企事业单位领导干部要每年民主评议和测评 1 次，形成制度。

63. 职工代表大会民主评议的主要内容是什么？

职工代表大会民主评议干部要以企事业单位领导干部的任期目标和岗位责任制为依据，对领导干部的德、能、勤、绩、廉进行全面评议。民主评议要坚持实事求是，注重工作实绩，还要把是否尊重、依靠、关心职工群众和勤政廉洁等职工群众关注的问题作为民主评议领导干部的重要方面。民主评议的主要内容是：企事业单位领导班子的领导成员贯彻执行党和国家的方针、政策情况；遵守党纪和国家的法律、法规情况；企事业经营管理和国有资产保值增值情况；推进企事业单位精神文明建设情况；作风、精神状态、职业道德、勤奋敬业和廉洁自律等情况。对不同单位不同岗位的领导干部，职工代表大会民主评议的内容要体现相应的特点，一般应包括以下方面。

（1）能否自觉坚持马克思列宁主义、毛泽东思想、邓小平理论、"三个代表"重要思想、科学发展观、习近平新时代中国特色社会主义思想，全面贯彻党的二十大精神，认真执行党的路线、方针、政策和国家的法律法规。

（2）是否具有履行岗位职责所要求的市场经济知识、必要的科技知识和岗位职责所要求的管理能力。

（3）能否坚定地依靠党组织和广大职工群众办企事业，坚持走群众路线，自觉接受各方面的监督。

（4）是否勤奋敬业，勇于奉献，清正廉洁，艰苦奋斗，开拓进取，扎实工作。

（5）是否谦虚谨慎，努力学习，善于同领导班子成员合作共事。

（6）是否坚持在抓好企事业单位物质文明建设的同时，重视思想政治工作和企事业单位精神文明建设。

职工代表大会民主评议企事业单位领导干部，既要评议领导班子的整体情况，又要评议领导成员个人表现。对企事业行政领导人员，可着重评议民主决策、管理能力、经济效益和工作实绩，以及企事业单位技术更新、设备改造、新产品开发和国内外市场开拓情况。对企事业单位党组织负责人，要着重评议在企事业单位党的建设、精神文明建设方面的成效和工作实绩，尤其是参与企事业重大问题决策，发挥党组织政治核心作用，围绕单位生产经营加强职工思想政治工作的情况。

64. 职工代表大会民主评议的方法和步骤是什么？

职工代表大会民主评议企事业单位领导干部要制定切实可行的实施方案或办法，相信和依靠职工群众，充分发扬民主，严格履行民主程序，与企事业单位人事干部制度改革和考核企事业单位领导班子紧密结合，有组织、有领导、有准备地进行。民主评议和测评的具体步骤大致如下。

（1）向广大干部和职工群众宣传民主评议领导干部的目的、意义和要求，做好思想动员工作，同时，被评议的领导干部要做好述职准备。

（2）召开职工代表大会（或职工大会），听取民主评议对象的述职。

（3）组织职工代表对述职的企事业单位领导干部进行评议。

（4）组织职工代表采用无记名投票方式对述职的领导干部进行民主测评（参加测评的职工代表人数要符合召开职工代表大会的法定人数）。

（5）整理职工代表的评议意见以及对领导干部的奖惩任免建议，统计测评结果，形成书面材料报送职工代表大会主席团。

（6）评议结果经职工代表大会主席团同意后，报送上级有关干部主管部门，作为对企事业单位领导干部任免和奖惩的重要依据，并向职工代表和被评议的领导干部反馈。

65. 如何加强职工代表大会民主评议的组织领导？

职工代表大会民主评议企事业单位领导干部要在企事业单位党委统一领导下，由职工代表大会主席团组织实施。企事业单位工会作为职工代表大会的工作机构，负责民主评议领导干部的具体事宜。为了搞好民主评议工作，要建立健全职工代表大会民主评议干部专门小组（或专门委员会）。职工代表大会民主评议干部专门小组（或专门委员会）的组成人员名单，由企事业单位工会提名，经职工代表大会主席团审议后，提交职工代表大会表决通过。其成员一般应由职工代表和企事业单位组织人事部门、纪检监察部门、企事业单位工会等方面有关人员组成。职工代表大会民主评议干部专门小组（或专门委员会）对职工代表大会负责。

民主质询企事业单位领导人员，是职工或职工代表的基本权利。民主质询不同于一般民主对话或咨询，它要求被质询的领导人员必须对所提问题给予回答，因而带有一定的强制性，其实质上仍然是一种民主监督形式。

民主质询的内容，一般是广大职工普遍关注的企事业重大问题，如"热点""难点"等。其内容主要包括：对职工代表大会通过的决议和提案落实情况进行质询；对企事业的重大决策及实施情况进行质询；对职工关注的某一阶段的工作进行质询；对职工关注的某项工作或出现的问题进行质询；对影响较大的干部以权谋私、行贿受贿等问题进行质询；对民主评议、民主考评干部中反映出来的突出问题进行质询，等等。

66. 民主质询领导人员的活动方式有哪些？

民主质询的活动方式，常见的主要有以下几点。

（1）根据质询的问题和被质询的对象，召开有关的质询会议，职工代表当面质询，有关领导当场解答。

（2）职工代表通过工会或职代会，以书面的形式，对有关问题向有关方面提出质询。被质询的领导采用书面或其他方式答复说明。

（3）职工代表到有关问题的现场，向有关领导提出质询，有关领导现场答复说明。

67. 民主质询的程序是什么？

职工代表大会民主质询企事业单位领导人员要按一定的程序进行。一般是：职工代表提出质询要求（职工代表大会开会期间向主席团提出，闭会期间向工会提出）；职工代表大会主席团或工会确认质询有无必要，认为有必要的，由职工代表大会主席团或工会同被质询人员协商确定质询的时间、地点和方式；按协商的时间、地点和方式进行民主质询；职工代表大会专门小组或工会将质询结果整理成纪要，发给企事业单位领导和有关部门，并督促行政有关部门解决质询的问题，并同时向提出质询的职工代表通报情况。

68. 职工代表大会的选举权是如何规定的？

根据《企业民主管理规定》，职工代表大会有权民主选举或者罢免职工董事、职工监事，选举依法进入破产程序企业的债权人会议和债权人委员会中的职工代表，根据授权推荐或者选举企业经营管理人员。

69. 职工董事、职工监事由职工代表大会民主选举产生吗？

《公司法》第44条第2款规定："两个以上的国有企业或者两个以上的其他国有投资主体投资设立的有限责任公司，其董事会成员中应当有公司职工代表；其他有限责任公司董事会成员中可以有公司职工代表。董事会中的职工代表由公司职工通过职工代表大会、职工大会或者其他形式民主选举产生。"第51条第2款规定："监事会应当包括股东代表和适当比例的公司职工代表，其中职工代表的比例不得低于1/3，具体比例由公司章程规定。监事会中的职工代表由公司职工通过职工代表大会、职工大会或者其他形式民主选举产生。"所以，按照《公司法》规定，职工董事、职工监事由职工代表大会或职工大会选举产生。实践证明，由职工民主选举一定数量的职工代表参加董事会和监事会，对于完善公司法人治理结构、深化企业民主管理、维护职工合法权益起到了很好的推动作用。

70. 职工董事、职工监事产生的具体程序是什么？

职工董事、职工监事的产生应履行下列程序：（1）由公司工会组织职工提名候选人，经公司党组织同意后，提交职工代表大会或职工大会选举；（2）提交选举的职工董事、职工监事候选人，必须经职工代表大会或职工大会以无记名投票方式选举，并获应到会职工代表半数以上赞成票方能当选；（3）国有独资公司的职工监事经职工代表大会选举产生后，需报经监事会管理部门批准；（4）职工董事、职工监事因故缺额，根据法定程序，由工会及时提出替补人选，提请职工代表大会或职工大会选举。

71. 职工代表大会选举依法进入破产程序企业的债权人会议和债权人委员会中的职工代表的规定是什么？

债权人会议是指由全体债权人组成，并由全体债权人参加，代表债权人共同意见，讨论决定有关破产事项的临时性组织机构。债权人会议通过对破产程序中的重大事项的决定和对破产程序的监督，来维护债权人的利益，因此，债权人会议是破产案件中债权人维护自身合法权益、发表意见的最重要场所。因此，劳动债权要得到充分的保护，职工就应当有权参加债权人会议。《中华人民共和国企业破产法》（以下简称《破产法》）第 59 条第 5 款规定：债权人会议应当有债务人的职工和工会的代表参加，对有关事项发表意见。为便于债权人会议履行职责，使其更具有操作性，债权人会议可以设立债权人委员会。《破产法》第 67 条第 1 款规定：债权人会议可以决定设立债权人委员会。债权人委员会由债权人会议选任的债权人代表和 1 名债务人的职工代表或者工会代表组成。债权人委员会成员不得超过 9 人。

职工或工会代表参加债权人会议和债权人委员会的规定从程序上保障破产程序中职工的参与权，使职工有机会参与破产进程的每一个环节，使其有机会在这个进程中发表意见，反映职工的意愿，从而达到了保障破产企业中职工合法权益的目的。

72. 职工代表大会可以推荐或者选举企业经营管理人员吗？

企业经营管理人员是指在企业中行使经营管理职能、指挥或协调他人完成具体任务的人，其工作绩效的好坏直接关系着企业的发展。按其所处的管理层次可分为高层管理人员、中层管理人员和基层管理人员，按其所从事管理工作的领域及专业不同，可以分为综合管理人员和专业管理人员。企业经营管理人员一般包括：董事长、总经理、财务经理、人事部经理、业务部经理、主管。根据《企业民主管理规定》，职工代表大会可以根据授权推荐或者选举企业经营管理人员。

73. 职工代表大会审查监督权的主要内容是什么？

根据《企业民主管理规定》，职工代表大会审查监督权的内容主要是指：（1）依法审查监督企业执行劳动法律法规的情况；（2）依法审查监督企业执行劳动规章制度情况。

74. 什么是劳动法？

劳动法是调整劳动关系以及与劳动关系有着密切联系的其他社会关系的法律规范的总称。劳动法有广义和狭义之分：狭义上的劳动法，一般是指国家最高立法机构制定颁布的全国性、综合性的劳动法，即《中华人民共和国劳动法》；广义上的劳动法，是指调整劳动关系以及与劳动关系有密切联系的其他社会关系的法律规范的总称，包括劳动法律、劳动行政法规、地方性劳动法规、劳动行政规章、劳动司法解释以及具有法律效力的其他规范性文件等。劳动法是我国法律体系中一个重要的、独立的法律部门。

75. 劳动法调整的对象是什么？

劳动法的调整对象是劳动关系和与劳动关系密切联系的其他社会关系。

劳动关系是指劳动者与用人单位之间在实现劳动过程中发生的社会关系，劳动关系的特点：（1）劳动关系的当事人是特定的，一方是劳动者，另一方是用人单位；（2）劳动关系是在实现劳动过程中发生的社会关系，是在职业劳动、集体劳动过程中发生的社会关系；（3）劳动关系的一方——劳动者，要加入另一方——用人单位中去，成为用人单位的成员；（4）劳动关系是有偿的，是一种财产关系；（5）劳动关系具有一定的人身属性；（6）劳动关系兼具平等性和从属性。

与劳动关系有密切联系的某些其他社会关系。这些社会关系本身不是劳动关系，但与劳动关系有着密切的联系，也称为劳动关系的附属关系。这些关系可以概括为以下几个方面：劳动行政关系、劳动服务关系、劳动团体关系、劳动争议处理关系等。

76. 劳动者有哪些基本权利和义务？

《劳动法》第3条规定："劳动者享有平等就业和选择职业的权利、取得劳动报酬的权利、休息休假的权利、获得劳动安全卫生保护的权利、接受职业技能培训的权利、享受社会保险和福利的权利、提请劳动争议处理的权利以及法律规定的其他劳动权利。劳动者应当完成劳动任务，提高职业技能，执行劳动安全卫生规程，遵守劳动纪律和职业道德。"

77. 职工代表大会如何对用人单位执行劳动法律法规的情况进行监督?

根据《企业民主管理规定》,职工代表大会有权依法审查监督企业执行劳动法律法规的情况。《工会劳动法律监督办法》第 14 条第 2 款规定:"基层工会或职工代表大会设立劳动法律监督委员会或监督小组。工会劳动法律监督委员会受同级工会委员会领导。职工代表大会设立的劳动法律监督委员会对职工代表大会负责。"第 22 条规定:"职工代表大会设立的劳动法律监督委员会,对本单位执行劳动法律法规的情况进行监督检查,定期向职工代表大会报告工作,针对存在的问题提出意见或议案,经职工代表大会作出决议,督促行政方面执行。"

78. 工会有权对用人单位遵守劳动法律、法规的情况进行监督吗?

为了保障劳动者的合法权益,《劳动法》第 7 条规定:"劳动者有权依法参加和组织工会。工会代表和维护劳动者的合法权益,依法独立自主地开展活动。"第 88 条规定:"各级工会依法维护劳动者的合法权益,对用人单位遵守劳动法律、法规的情况进行监督。任何组织和个人对于违反劳动法律、法规的行为有权检举和控告。"《劳动保障监察条例》第 7 条规定:"各级工会依法维护劳动者的合法权益,对用人单位遵守劳动保障法律、法规和规章的情况进行监督。劳动保障行政部门在劳动保障监察工作中应当注意听取工会组织的意见和建议。"

79. 工会开展劳动法律监督,依法享有哪些权利?

根据《工会劳动法律监督办法》第 8 条规定,工会开展劳动法律监督，依法享有下列权利：

（1）监督用人单位遵守劳动法律法规的情况；

（2）参与调查处理；

（3）提出意见要求依法改正；

（4）提请政府有关主管部门依法处理；

（5）支持和帮助职工依法行使劳动法律监督权利；

（6）法律法规规定的其他劳动法律监督权利。

80. 工会应对用人单位哪些执行劳动法律法规的情况实施监督？

根据《工会劳动法律监督办法》第 9 条规定，工会对用人单位的下列情况实施监督：

（1）执行国家有关就业规定的情况；

（2）执行国家有关订立、履行、变更、解除劳动合同规定的情况；

（3）开展集体协商，签订和履行集体合同的情况；

（4）执行国家有关工作时间、休息、休假规定的情况；

（5）执行国家有关工资报酬规定的情况；

（6）执行国家有关各项劳动安全卫生及伤亡事故和职业病处理规定的情况；

（7）执行国家有关女职工和未成年工特殊保护规定的情况；

（8）执行国家有关职业培训和职业技能考核规定的情况；

（9）执行国家有关职工保险、福利待遇规定的情况；

（10）制定内部劳动规章制度的情况；

（11）法律法规规定的其他劳动法律监督事项。

81. 工会劳动法律监督的重点是什么？

根据《工会劳动法律监督办法》第 10 条规定，工会重点监督用人单位恶意欠薪、违法超时加班、违法裁员、未缴纳或未足额缴纳社会保险费、侮辱体罚、强迫劳动、就业歧视、使用童工、损害职工健康等问题。对发现的有关问题线索，应当调查核实，督促整改，并及时向上级工会报告；对职工申请仲裁、提起诉讼的，工会应当依法给予支持和帮助。

82. 推行区域（行业）职工代表大会制度应坚持哪些原则？

区域（行业）职工代表大会，是县级以下一定区域或性质相近的行业内若干尚不具备单独建立职工代表大会制度条件的中小企业，通过民主选举代表联合召开会议，组织职工参与企业管理，行使民主管理权利，协调解决区域（行业）内劳动关系共性问题的民主管理制度。区域（行业）职工代表大会是本区域（行业）内职工参与民主管理的基本形式，也是区域（行业）实行政务公开、厂务公开的有效渠道。推行区域（行业）职工代表大会制度，要坚持以下原则。

一是坚持党的领导。各级工会在推行区域（行业）职工代表大会制度中，要在区域（行业）党组织的领导下进行，认真贯彻落实党和政府的有关方针政策。

二是坚持实事求是。要根据所在地区经济社会发展和不同行业中小企业的实际情况，因区域、行业、企业制宜，加强区域（行业）职工代表大会制度建设。

三是坚持借鉴创新。根据区域（行业）职工代表大会所覆盖企业的性质和特点，认真借鉴企业职工代表大会制度的经验，从制度内容、形式、方法等方面进行创新，并在实践中不断完善。

四是坚持协调合作。区域（行业）工会组织与相关部门、区域（行业）内企业职工和经营管理者应依照法律法规和有关政策加强协调、密切合作，共同推进区域（行业）职工代表大会制度建设。

83. 区域（行业）职工代表大会的职责是什么？

根据《中华全国总工会关于推行区域（行业）职工代表大会制度的意见（试行）》规定，区域（行业）职工代表大会的主要职责：

（1）听取区域（行业）执行国家有关劳动法规政策情况报告，区域（行业）劳动关系状况报告，并提出意见和建议；

（2）讨论区域（行业）内企业有关劳动报酬、工作时间、休息休假、劳动安全卫生、保险福利、职工培训、劳动纪律以及劳动定额管理等直接涉及职工切身利益的重大问题，提出意见和建议；

（3）讨论通过区域（行业）集体合同草案和专项集体合同草案；

（4）审议监督区域（行业）内企业执行劳动法律法规和区域（行业）职工代表大会决定事项情况，签订和履行劳动合同、集体合同情况，缴纳社会保险费情况，实行厂务公开情况等；

（5）审议决定区域（行业）职工代表大会的其他事项。

84. 什么是职工代表？

职工代表是企业事业单位按照一定的民主程序选举产生、代表广大职工参加职工代表大会、行使民主管理权力的职工。职工代表大会是由职工代表组成的，职工代表的素质直接关系到职工代表大会的质量。因此，选好职工代表，不断提高职工代表的政治、业务、管理水平和参政议政能力，充分发挥职工代表的作用，是坚持和完善职工代表大会制度的重要保障。

85. 职工代表的条件是什么？

职工代表的条件包括基本条件和素质条件。

基本条件：按照法律规定享有政治权利、与用人单位建立劳动关系的职工均可当选为职工代表。

素质条件：职工代表应当有一定的政治觉悟和政策水平；有一定的文化水平、业务技术知识和管理能力；能顾全大局，做好本职工作，有较强的责任感和使命感；关心集体、遵章守纪，办事公道，为人正派，密切联系群众，在群众中有一定的威信。

86. 职工代表的人数是怎样规定的？

职工代表的人数，根据《企业民主管理规定》的规定，企业召开职工代表大会的，职工代表人数按照不少于全体职工人数的 5% 确定，最少不少于 30 人。职工代表人数超过 100 人的，超出的代表人数可以由企业与工会协商确定。

87. 职工代表的比例有什么规定？

职工代表的比例，是指职工代表中各类人员所占的比例。为了保证职工代表有广泛的代表性，职工代表中应有工人、技术人员、管理人员、领导干部和其他方面职工。一线职工代表一般不少于职工代表总数的 50%。企业中层以上管理人员和领导人员一般不得超过职工代表总人数的 20%。有女职工和劳务派遣职工的企业，职工代表中应当有适当比例的女职工和劳务派遣职工代表。

88. 选举职工代表的基本程序有哪些？

职工代表实行常任制，可连选连任。每届职工代表，应按规定程序进行选举。职工代表选举的基本程序如下。

（1）制定选举方案。企事业单位工会应根据职工人数和行政机构设置状况，确定职工代表总数及名额分配方案，并根据单位实际情况按车间、处室或班组划分选举单位，制定具体的选举办法。职工代表选举方案应报同级党委审查。

（2）进行宣传发动。企事业单位工会要通过各种途径和形式，如广播、报纸、电视、板报、网络等，广泛宣传职工代表大会的性质、意义、任务、职权以及职工代表的条件、权利、义务等，提高广大职工群众的认知程度。

（3）推荐职工代表候选人。在宣传发动的基础上，工会组织职工按选区（单位）、名额、比例，充分发扬民主，推荐职工代表候选人。

（4）选举职工代表。各选区按照分配的代表名额，直接选举产生职工代表。参加选举的职工人数须超过所在选区职工总数的 2/3 以上，候选人须获得选区职工半数以上选票方能当选。大型企事业或集团，可以在分厂（分校、分院）或车间职工代表大会的职工代表中推选产生企事业单位职工代表大会的职工代表。企事业单位党政工团主要负责人也应分到各选区，以普通职工的身份参加选举。职工代表的选举方法一般是采用差额选举和直接选举相结合的选举方法。职工代表的选举方式一般是采取无记名投票方式。

（5）资格审查。由职工代表资格审查委员会（小组）对选出的职工代表进行资格审查。

（6）组成各代表团（组）。职工代表选出后，应按选举单位的行政隶属关系，组成代表团（组），选举产生代表团（组）长。

89. 可否实行职工代表竞选制？

职工代表竞选制，是指企事业单位职工要成为职工代表应通过竞选。职工代表竞选制，把竞争机制引入职工代表选举，是用民主的力量解决企事业发展中的新情况、新问题，是对传统思想、理念、方式的一大超越，是落实党的全心全意依靠工人阶级指导方针的具体行动，是时代的进步，是基层民主政治建设的突破。

职工代表竞选制，是在职工代表的选举产生中引入竞争机制，由职工对竞选人直接投票选举产生职工代表。它包含了两个重要过程：首先由职工自愿报名参与竞争职工代表；然后由职工对竞争者投票民主选举直接产生职工代表。竞争可以使一批优秀的高素质的职工成为职工代表候选人，从源头上保证了职工代表的素质，增强了职工代表的责任感、使命感，使职工代表大会"管用"的问题得到了落实，在企事业单位的改革、发展与生产经营中实实在在地发挥作用。

90. 职工代表竞选的程序一般是什么？

职工代表竞选的程序一般如下。

（1）按照各单位分配的职工代表名额，依照职工代表竞选条件，由职工所在选区自愿报名，或由职工所在选区工会组织推荐，本人填写自荐登记表，报企事业单位工会。

（2）对各选区报送的竞选职工代表名单，由企事业单位工会提交代表资格审查委员会（小组）进行审核，确定竞选代表候选人名单，并及时通知各选区召开职工大会进行竞选。

（3）竞选人在本单位职工大会上进行竞选演讲，职工现场提问，竞选者现场答辩。

（4）职工投票选举职工代表。选举时，职工实到人数必须要达到应到会人数的 2/3 以上，而当选职工代表的得票数必须过半数。

（5）各选区要根据竞选者得票数当场公布选举结果，并将结果报企事业单位工会备案。

91. 职工代表资格审查的主要事项包括哪些？

企事业单位选举职工代表时，应当成立职工代表资格审查委员会（小组）。职工代表资格审查委员会（小组）成员一般由工会、干部管理部门或人力资源部门、纪委监察等相关部门人员组成。

审查的主要事项包括：

（1）职工代表结构比例是否符合相应规定；

（2）职工代表是否具备当选资格和条件；

（3）职工代表的产生是否履行规范民主程序；

（4）选举时是否存在作弊、贿选等不正当行为等。

92. 如何组成代表团（组）并选出代表团（组）长？

职工代表选举产生后，企事业单位工会委员会根据企事业职工人数、分布情况和实际需要来确定是否组成职工代表团（组）并选举代表团（组）长。如有需要，则将职工代表按照所属基层选举单位组成代表团（组）并推举团（组）长。

93. 可以邀请列席代表参加职工代表大会吗？

企事业工会委员会可以根据实际情况和职工代表大会会议内容的需要，邀请一些未当选职工代表的企事业领导人员、有关部门负责人和相关人员等参会。列席代表可以在职工代表大会或代表团（组）会议发言，提出意见建议，但没有选举权和表决权。

94. 职工代表的任期是如何规定的？

职工代表实行常任制。常任制是指职工代表一经选举产生，在规定的任期内，不论是开会期间还是闭会期间，始终享有职工代表的权利和负有职工代表的义务。根据一些企事业单位的实践，职工代表的任期一般应与企事业单位职工代表大会的任期、工会会员代表大会的届期及其代表的任期相一致，即3年或者5年。

95. 什么情况下职工代表资格终止？

依法终止或者解除劳动关系的职工代表，或者退休、死亡、调离本单位的职工代表，其代表资格自行终止。

96. 职工代表可以撤换吗？

根据规定，职工代表在任期内出现下列情况时，原选举单位有权撤换：

（1）职工代表因违法乱纪被依法剥夺政治权利或被单位开除的，应立即取消其代表资格；

（2）无故不参加职工代表大会活动，严重失职的；

（3）因停薪留职、长期病假或事假、脱产学习等情况，不能参加职工代表大会各项活动的，以及因其他原因不能履行代表义务，失去选举单位职工信任的，也都应予以撤换。

97. 撤换职工代表的程序是什么？

撤换职工代表的一般程序是：

（1）由选举单位职工提出撤换职工代表的要求，工会及时调查核实；

（2）原选举单位召开会议讨论，被撤换的职工代表可参加会议并可申辩；

（3）经选举单位讨论，半数以上职工同意，即可作出撤换职工代表的决定；

（4）原选举单位将撤换职工代表的决定报告企事业单位工会，由企事业单位工会宣布并备案；

（5）选举单位职工按照民主程序，选举新的职工代表，经职工代表资格审查委员会审查替补被撤换职工代表的缺额。

98. 补选职工代表的程序是什么？

职工代表资格终止或者被撤换，因此而出现的代表缺额就需要补选。缺额应由原选举单位按照规定补选。补选职工代表的程序是：

（1）由补选单位代表团（组）向企事业单位工会提出补选职工代表的要求；

（2）企事业单位工会对补选职工代表的要求及时进行研究，作出决定后，由要求补选的单位补选；

（3）经补选单位的选举人过半数通过方为有效；

（4）补选结果报企事业单位工会备案并张榜公布。

99. 职工代表有哪些权利？

职工代表享有下列权利：

（1）选举权、被选举权和表决权；

（2）参加职工代表大会及其工作机构组织的民主管理活动；

（3）对企业领导人员进行评议和质询；

（4）在职工代表大会闭会期间对企事业执行职工代表大会决议情况进行监督、检查。

100. 职工代表有哪些义务?

职工代表应当履行下列义务:

(1) 遵守法律法规、企事业规章制度, 提高自身素质, 积极参与企事业民主管理;

(2) 依法履行职工代表职责, 听取职工对企事业生产经营管理等方面的意见和建议, 以及涉及职工切身利益问题的意见和要求, 并客观真实地向企事业反映;

(3) 参加企事业职工代表大会组织的各项活动, 执行职工代表大会通过的决议, 完成职工代表大会交办的工作;

(4) 向选举单位的职工报告参加职工代表大会活动和履行职责情况, 接受职工的评议和监督;

(5) 保守企事业的商业秘密和与知识产权相关的保密事项。

101. 如何正确认识职工代表的权利和义务?

职工代表如何正确认识自己的权利和义务, 概括起来, 应从以下几方面来把握。

第一, 是权利和义务的统一性。权利和义务是相互对称和不可分离的, 没有无义务的权利, 也没有无权利的义务。权利和义务的辩证统一性说明, 权利和义务是紧密相关的, 一方面, 权利是履行义务的前提和保证; 另一方面, 义务又是实现权利的基础和途径。所以, 每一位职工代表, 不仅要依照国家法律法规和企事业单位有关规定, 正确行使民主管理权利, 还要以国家主人翁的精神, 模范遵守国家法律法规和企事业单位各项规章制度, 爱岗敬业, 做好本职工作。如果只强调职工代表的权利行使, 而放松其对义务的承担, 或者倒过来, 只要求职工代表尽义务，而不给职工代表充分的权利，这两种偏向都是不对的。因此，作为职工代表，应当正确认识和把握权利和义务的辩证关系，并努力在实际工作中把两者有机地统一起来，更好地发挥作用。

第二，是权利和义务的相对性。职工代表的权利和义务既是统一的，又是相对的。在法律上一个主体享有权利，另一个主体必定负有相应的义务，而同一个主体当其所面对的另一个主体发生改变时，其权利和义务也会相应发生变化，即权利会变成义务，义务也会变成权利。职工代表通过职工代表大会等民主形式参与企事业单位管理，对企事业单位来说，这是职工代表的权利，但对职工群众来说，这又是职工代表应尽的义务，因为他们是由企事业单位职工选举产生的并代表其行使参与管理权的，因此，职工代表必须对他们的选举人即本单位职工负责。

第三，是权利和义务的严肃性。职工代表的权利和义务是国家法律规定的，既要受到法律的制约，也要受到法律的保护，职工代表必须在法律法规和制度规定的范围内进行活动。职工代表的权利和义务又是由单位职工代表大会的性质和职权决定的，它体现了职工在单位当家作主的地位和作用，因而具有一定的权威性。

第四，是权利和义务的现实可行性。职工代表的权利和义务是从我国企事业单位的现实情况出发，以民主管理实践为依据而规定的，具有现实可行性。职工代表认真行使民主权利，履行应尽的义务，有利于保障职工的主人翁地位和维护职工的合法权益，有利于构建和谐劳动关系，也有利于调动、保护和发挥好广大职工的积极性、主动性、创造性，促进社会生产力的提高和经济社会又好又快发展。

总之，职工代表要增强权利义务意识，既要认真行使自己的权利，又要严格履行自己的义务，为企事业单位发展献策，为职工权益代言，当一名合格的职工代表。

102. 职工代表的活动方式主要有哪些？

职工代表行使权利和履行义务、发挥自己应有的作用，主要是通过参加民主管理各项活动来实现的。职工代表活动主要包括参加职工代表大会活动和日常民主管理活动。

职工代表参加职工代表大会活动，就其活动内容而言，主要是以下方面。

（1）会前活动。具体内容包括：一是熟悉材料，认真阅读单位行政领导的工作报告（讨论稿）和各项拟审议讨论的方案等有关文件，了解和掌握大会中心议题；二是调查研究，围绕中心议题，进行调查研究，广泛听取职工群众的意见和建议，并加以综合整理；三是反映意见，将综合整理好的意见和建议，以口头或书面的形式反映给所在职工代表团（组）；四是提出提案，在征集群众意见的基础上，提出职工代表的提案。

（2）会中活动。具体内容包括：一是根据会议通知要求，做好准备，按时参加职工代表大会的预备会议和正式会议；二是参加预备会议，听取并审议职工代表大会主席团名单、大会秘书长名单、代表资格审查委员会关于代表资格的审查报告（换届大会）、大会议程和其他需要确认的事项；三是认真听取单位行政领导在职工代表大会上所作的工作报告、方案、说明；四是做好讨论发言的准备，有条件的最好写出发言提纲；五是积极参加各项议案的讨论，在讨论会上，要畅所欲言，充分发表意见；六是根据职工代表大会议程，经过充分思考，认真行使表决权和选举权。参加选举划票时，如感到不方便，可以要求大会提供互相回避的条件。

（3）会后活动。具体内容包括：一是向所在单位职工群众汇报、宣传职工代表大会所通过的决议或作出的决定，对群众不清楚的问题做好解释工作；二是收集周围群众对职工代表大会通过的各项决议、决定的意见，向所在职工代表团（组）反映；三是以实际行动影响和带动职工群众贯彻落实职工代表大会的决议和决定。

职工代表通过参加日常的民主管理活动来发挥作用的主要渠道有：

（1）根据职工代表大会通过的年度生产经营目标，积极组织和带动周围群众踊跃动参加劳动和技能竞赛与合理化建议活动；

（2）及时反映生产经营中出现的问题，对各种损害国家、集体和群众利益的现象提出批评，或向有关部门反映，敦促纠正和解决；

（3）参加职工代表团（组）组织的职工代表视察活动，积极提出问题，对重要问题要做好记录；

（4）参加职工代表大会有关专门小组组织的民主质询、民主对话及其他活动；

（5）参加职工代表大会决议贯彻落实情况的检查监督工作；

（6）在科室、部门民主管理中发挥骨干作用。

103. 职工代表如何开展巡视检查？

企事业工会委员会可建立职工代表巡视检查制度，充分发挥职工代表在职工代表大会闭会期间的参政议政作用，保证职工代表大会决议、决定的落实。根据企业实际情况，定期组织职工代表对职工代表大会决议、决定贯彻落实情况，提案办理情况，企业安全生产、经营管理及为群众办实事情况，集体合同履行情况，职工群众关心的其他热点问题等进行巡视检查。职工代表就检查中发现的问题，及时提出意见建议，督促被检查单位或部门整改，跟踪整改情况。企事业工会委员会汇总巡视检查情况，形成年度巡视检查总结报告报企事业行政管理方，并在下一次职工代表大会民主管理工作报告中提报，接受职工代表审议监督。

104. 职工代表大会有哪些工作制度?

（1）职代会的会议制度，如职代会预备会议制度、代表团（组）长会议制度、主席团会议制度、职代会全体会议制度、代表团（组）长和专门委员会（小组）联席会议制度、专门工作委员会（小组）会议制度等。

（2）职代会提案制度，如提案征集制度、提案审查制度、提案反馈制度等。

（3）职代会选举表决制度，如职代会的选举规则、程序事项的表决规则、重大事项的表决规则、职工代表的辞职、罢免规则等。

（4）调查研究制度，是指围绕企事业单位各个时期的中心工作以及生产经营管理和职工合法权益的重大问题，有目的地进行调查研究的制度。

（5）职工代表巡视、检查等监督制度，是指对职代会决议的贯彻和提案落实的情况，厂务公开情况，以及职代会各专门委员会（小组）活动，部门（车间）、班组日常民主管理活动进行定期检查的制度。

（6）职代会的质量评估制度，是通过评估及时发现问题，找出差距，帮助改进，提高职代会运行质量的制度。

（7）接待职工群众制度，是指企事业单位的党政工领导和部分职工代表轮流，定期或不定期接待职工群众来访的制度，以便及时了解职工群众的愿望和要求。

（8）职工代表质询、恳谈制度，是指企事业单位建立定期或不定期的领导干部与职工代表协商恳谈制度。

（9）职工代表培训制度，根据需要，应当对职工代表进行民主管理知识、工会知识、经营管理知识、有关法律法规知识的专题培训、定期轮训，其目的是提高职工代表素质和参政议政能力。

（10）职工代表述职和激励制度，企事业单位建立职工代表述职评议制度和评选表彰优秀职工代表制度，其目的是提高职工代表责任心和使命感，督促职工代表更好地履行职责，加强职工代表与职工群众的联系。

（11）职工代表申诉、保护制度，职工代表履行职责受法律保护，任何组织和个人不得阻挠和打击报复。企事业单位应当建立相应的保障制度，保障职工代表依法行使权利、履行义务。

（12）职代会工作机构的工作制度和职代会工作档案管理制度。

105. 设立职工代表大会专门委员会（小组）的意义是什么？

职工代表大会专门委员会（小组），是为职工代表大会行使各项职权服务的专门工作机构。设立专门委员会（小组），可以使职工代表大会更好地开展活动，提高工作效率，发挥应有的作用。设立专门委员会（小组）的意义和作用具体表现如下。

（1）设立专门委员会（小组），有助于职工代表大会各项职权的落实。

（2）设立专门委员会（小组），有助于职工代表大会开展经常性的民主管理活动。

（3）设立专门委员会（小组），有助于吸收更多的职工代表参加日常的民主管理活动。

106. 职工代表大会专门委员会（小组）如何设置？

根据《企业民主管理规定》，职工代表大会根据需要，可以设立若干专门委员会（小组），负责办理职工代表大会交办的事项。专门委员会（小组）成员人选必须经职工代表大会审议通过。

专门委员会（小组）的设置，应根据职工代表大会行使职权的需要和企事业单位的实际情况来确定。一般应设置职工代表提案、生产经营、财务经济、安全劳保、规章制度、生活福利、女职工工作、劳动法律监督、宣传文体和评议监督等常设的专门委员会（小组）。此外，还可以根据需要设置临时性专门委员会（小组）。专门委员会（小组）的人选，一般在职工代表中提名产生，也可以聘请非职工代表参加。专门委员会（小组）的成员，应具有一定的业务水平和组织活动能力，办事公道，在群众中有一定的威信。专门小组一般由 5~9 人组成，大型企事业单位可适当增加。专门委员会（小组）设主任（组长）1 名，副主任（副组长）1~2 名。各专门工作委员会（小组）的成员，由职工代表团（组）酝酿提出名单，工会委员会汇总平衡，经职工代表大会通过产生。

107. 设立专门委员会（小组）的流程是什么？

设立专门委员会（小组）的流程包括：

（1）企事业单位工会委员会拟定组建专门委员会（小组）及确定其组成人员的具体方案；

（2）由职工代表团（组）提出具体候选人（名单）；

（3）经职工代表大会主席团审议后，正式提出各专门委员会（小组）候选人名单，提请职工代表大会审议通过。

108. 职工代表大会专门委员会（小组）的基本职责是什么？

专门委员会（小组）的基本职责主要是：

（1）平时，经常深入职工群众了解和听取关于本工作小组（委员会）负责范围内的工作意见和要求；

（2）会前，征集、汇总职工代表提案；

（3）会中，上报大会提案，并做好大会交办的各项服务工作；

（4）会后，检查监督大会决议和提案的贯彻落实情况，研究处理属本组织权限内的问题；

（5）办理职代会交办的其他事务；

（6）按规定，向职代会报告工作。

109. 职工代表大会专门委员会（小组）的主要工作任务是什么？

职工代表大会专门委员会（小组）的主要工作任务如下。

（1）生产经营专门委员会（小组）：包括劳动和技能竞赛、合理化建议，审议生产经营计划并监督检查执行情况。

（2）财务经济专门委员会（小组）：包括审议企事业资金分配，工资改革，晋级方案，各项资金和职工福利基金等使用方案和财务预决算，并监督检查其执行情况。

（3）安全劳保、规章制度专门委员会（小组）：参与安全、劳保方面规章制度的制订和监督检查。

（4）生活福利专门委员会（小组）：包括处理职工的劳动争议，生活福利工作计划和住房分配方案的制订以及执行情况的监督检查，生活保险、生活救济、互助互济、离退休职工管理等工作。

（5）女职工专门委员会（小组）：包括女职工的"五期保护"、维护女职工合法权益以及幼托工作的监督检查。

（6）宣传文体专门委员会（小组）：主要抓好精神文明建设，包括职工教育计划的审议，核心价值观教育、理想信念、纪律等各种思想教育工作的要求，组织文体活动等。

（7）民主评议干部及组织专门委员会（小组）：包括职工代表的选举、管理、培训、搜集整理大会提案、组织实施评议各级领导干部等。

110. 职工代表团（组）长和专门小组负责人联席会议如何组成？

职工代表团（组）长和专门小组负责人联席会议，是在职工代表大会闭会期间，为解决临时需要职工代表大会审议或审查的某些重要问题，而由工会委员会召集的会议，是职工代表大会制度的重要组成部分。根据《企业民主管理规定》，可以设立职工代表大会团（组）长和专门委员会（小组）负责人联席会议，根据职工代表大会授权，在职工代表大会闭会期间负责处理临时需要解决的重要问题，并提请下一次职工代表大会确认。

职工代表团（组）长和专门小组负责人联席会议成员由 3 方面人员组成：一是工会委员会委员，二是职工代表团（组）长，三是专门小组负责人。联席会议可以根据会议内容邀请企业党政负责人或其他有关人员参加。联席会议至少每季度召开 1 次，遇有工作需要，可随时召开。联席会议由工会委员会召集，工会主席主持。联席会议对有关事项的处理结果应当提请下一次职工代表大会确认。

111. 职工代表大会主席团如何组成？

职工代表大会主席团是全体职工代表选举产生、负责职工代表大会会议期间的组织领导工作的机构。主席团成员由企事业工会与职工代表大会各团（组）协商提出候选人名单，经职工代表大会预备会议表决通过。主席团成员应包括工人、技术人员、管理人员和企事业的领导干部。其中工人、技术人员、管理人员应超过半数。根据需要可从主席团成员中选举产生大会秘书长。秘书长一般由工会主席或副主席担任为宜。

112. 职工代表大会设立主席团的程序是什么？

职工代表大会根据实际情况确定是否设立主席团。规模较大、管理层级较多、职工人数较多的企业、事业单位召开职工代表大会可以选举大会主席团主持会议。

主席团成员产生的程序是：

（1）企事业单位工会委员会与职工代表大会的各代表团（组）协商，提出主席团成员候选人名单，其中，工人、技术人员、普通管理人员不少于50%；

（2）职工代表大会预备会议审议主席团成员候选人名单，表决通过后主席团正式成立。没有设立职工代表大会主席团的，应当由企事业单位工会委员会与企事业单位行政管理方协商，在职工代表中推举职工代表大会的会议主持人，负责主持会议，一般由企事业单位工会主要负责人担任。

113. 职工代表大会主席团的具体职责是什么？

职工代表大会主席团的具体职责是：

（1）主持召开大会，负责大会期间的各项工作；

（2）研究需要大会通过和表决的事项，草拟大会决议；

（3）听取和综合职工代表团（组）对各项议案的审议意见和建议，对提案进行修改；

（4）主持大会的表决和选举工作；

（5）处理大会的其他重要事务。

114. 职工代表大会议题如何确定？

职工代表大会议题是指列入职工代表大会议程和提交职工代表大会审议的问题。议题是职工代表大会发挥作用的核心内容，也是职工代表大会成功与否的关键。职工代表大会要针对企事业的改革发展规划、生产经营的重大事项、职工群众的切身利益等重要问题确定中心议题。

确定职工代表大会中心议题的程序一般包括以下几点。

（1）在召开职工代表大会之前，由企事业工会广泛征求职工代表、各有关部门和职工群众的意见，充分了解当前本单位生产经营管理中存在的主要问题以及职工群众迫切要求解决的重大问题。

（2）企事业单位工会与企事业单位领导进行协商，并提请党委讨论，形成对职工代表大会中心议题的初步意见。

（3）召开职工代表团（组）长和职工代表大会专门小组负责人联席会议进行讨论，征求意见。

（4）由工会向职工代表大会预备会议提出大会议题的建议，并由预备会议审议通过。

遇有重大事项，经行政领导、企事业工会或者1/3以上职工代表提议，召开职工代表大会临时会议，即以该重大事项为议题。

115. 职工代表大会提案有哪些特点？

职工代表大会提案是提请职工代表大会讨论、决定、处理的方案和建议。它有以下特点。

（1）权利的明确性。职工代表根据广大职工群众的意见提出提案，并切实落实，从而实现职工民主管理的权利。

（2）主体的指向性。一般只有当选为职工代表的职工，才能向职工代表大会提出提案。

（3）内容的限定性。职工代表提出的提案，应当属于职工代表大会的职权范围，超出范围的提案不予立案。

（4）程序的严格性。提案的征集和处理有严格的程序。

116. 职工代表大会提案与合理化建议有哪些异同？

职工代表大会提案与合理化建议都是企事业单位通过一定的形式广泛征集职工建议的民主管理活动，都是表达职工的愿望与要求，都有助于集中群众智慧、促进企事业单位发展。但是两者也有一些不同点。

（1）性质不同。职代会提案是职工代表对企事业单位生产经营管理、劳动报酬、社会福利、劳动保护、教育培训等方面提请职代会讨论决定、立案处理的重大问题。职代会提案是具有中国特色的基层民主制度的重要组成部分，是法定的职工民主管理形式。合理化建议是职工群众要求解决生产经营、单位管理、改革发展中的具体问题，向企事业单位行政方面或工会组织提出的符合法律法规、具有可行性的建议。合理化建议是企事业单位发动职工献计献策的一项活动，在许多国家被广泛推行。

（2）内容广泛性不同。提案内容相对广泛，可以对涉及单位改革和发展全局的重大事项提出建设性意见，也可以对职工普遍关心的其他重要事项提出具体建议，但不应超出职代会的职权范围。合理化建议的内容通常是专门针对单位的生产经营管理和技术革新方面提出的意见，具有特定性。

（3）参与对象不同。提案必须由职工代表提出，非正式职工代表一般不可以向职代会提出提案，而合理化建议是单位内所有的职工都可以提出。

（4）征集时间不同。提案一般在职代会召开前的一段时间内由工会或提案委员会发文征集，截止日期一般在职代会召开前几天。合理化建议则是在任何时间都可以提出，当然也有的单位把每年的某个月定为集中开展某项专题的"合理化建议月"。

（5）规范化程度不同。提案的制度化、规范化程度较高，包括提案内容、形式、规范填写、征集程序、提案审查、提案处理、评价奖励等都有专门的制度规定。相对而言，合理化建议的规范化程度较低，其随意性和自发性较强，甚至是停留在提案的初级阶段。合理化建议可以由职工个人或联合提出，不需要像提案那样需要有附议人和整改措施等内容。合理化建议可以采取口头或书面形式提出，一般不必立案。

此外，职代会提案也不同于一般的意见、建议。如前所述，职代会提案是由职工代表以规范的书面形式提出，并经职代会提案工作委员会（小组）或工会委员会立案的议案。而一般的意见、建议是由职工群众（包括职工代表）以口头或书面形式，向企事业单位或工会反映和表达对某些问题的看法。所以，一般的意见、建议无论是在提出主体上，还是在内容上、形式上、程序上都与职代会的提案有很大的不同。

117. 做好职工代表大会提案工作的重要意义是什么？

职工代表大会提案工作是职工代表大会的一项重要工作制度，是提高职工代表大会质量、充分发挥职工代表大会作用的重要环节。做好职工代表大会提案工作，是职工代表行使民主决策、民主协商、民主管理、民主监督权利的重要措施；是广大职工关心企事业单位建设和发展，进一步促进企事业单位内部管理体制民主化、科学化的主要渠道；

是充分调动职工群众积极性、主动性、创造性，激发职工主人翁责任感，集中群众智慧、群策群力推动企事业单位发展的重要途径。

118. 职工代表大会提案工作需要遵守哪些基本原则？

（1）民主原则。企事业单位应当充分发扬民主，拓宽民主管理渠道，倾听职工的意见和建议，妥善解决职工提出的难点、热点问题。而且，只有坚持民主原则，广开言路，凝聚广大职工的智慧和力量，才能真正征集到好建议、好提案。

（2）依法原则。企事业单位根据法律法规规定开展职代会提案工作，撰写提案是职工代表法定的权利和义务；提案的内容要符合法律法规的规定，要在职代会职权范围内；提案处理也要符合法律法规的规定。

（3）兼顾双方利益的原则。开展职代会提案工作，要坚持促进企事业单位发展与维护职工权益相统一的原则，既要维护职工合法权益，又要有利于企事业单位发展。因此，职工代表在撰写提案时，要有全局观念，全面思考，统筹兼顾，提出科学、合理的好建议。

（4）实事求是原则。职代会提案要考虑相关事项解决的条件及可行性。无论是提案人提出提案，还是工会或职代会提案工作委员会（小组）进行审查立案，都要考虑本单位的实际情况，一切从实际出发。

（5）规范管理原则。职代会提案工作有严格的工作程序和规范化的要求，尤其是提案的征集、办理和督办等工作，事关提案的严肃性和可行性。因此，在开展提案工作时，要严格按程序进行，并强化执行力，确保职代会提案工作的实效。

119. 职工代表大会提案包括哪些内容？

在职工代表大会职权范围内，涉及企事业单位生产经营和改革发展、职工权益等事项，都可纳入职工代表大会提案范围。具体来说，职工代表大会提案的内容主要包括以下几个方面：

（1）涉及企事业单位改革发展的重大问题；

（2）涉及企事业单位重大决策的事项；

（3）企事业单位经营管理方面的重要事项；

（4）涉及职工切身利益方面的事项；

（5）关于党风廉政建设方面的事项。

120. 职工代表提提案的形式是什么？

职工代表提提案应采用书面形式，包括：

（1）案由（或命题）——提案的题目，用简明的文字说明提案要求解决的问题，案由和提案内容要一致。

（2）提案者——提出提案的代表姓名或单位名称。并写上通信地址、电话号码。联名提案时，发起人应当作为第一提案人。

（3）案由分析——提出提案的理由、原因或根据。它是提案的核心部分，要有情况、有分析、实事求是，简明扼要，切忌笼统、空泛、失实。

（4）建议、办法和要求——针对案由反映的问题，提出自己对解决问题的主张和办法。

（5）一事一案——一件提案只能写一件事，一事一案。

121. 谁可以当提案人？

职工代表大会提案的提出主体是职工代表、职工代表大会代表团（组）、职工代表大会各专门工作委员会（小组），统称为提案人。提案的提出具体包括以下几种情形：

（1）职代会正式代表可以个人的名义或联名提出提案；

（2）职代会代表团（组）可以代表团（组）的名义提出提案；

（3）职代会专门委员会（小组）可以委员会（小组）的名义提出提案；

（4）对临时突发的、影响较大的热点问题，可由职代会代表团（组）会议研究讨论，提出提案。

在实际工作中，职代会提案是职工代表在广泛征求职工意见的基础上提出的。因此，职代会提案的主体不仅是职工代表个人，还包括参与此项提案酝酿、研究、撰写和提出的全体职工。

122. 职工代表大会提案委员会有哪些职责？

职工代表大会提案委员会（小组）是职工代表大会下设的专门机构，在职工代表大会领导下负责提案工作。提案工作委员会（小组）一般由工会、行政办等部门组成。提案工作委员会（小组）成员应为本届职工代表大会代表，提案工作委员会（小组）办公室设在工会。其主要职责如下。

（1）负责征集职工代表提案。

（2）对职工代表提交的提案进行初审和立案，将立案的提案进行整理，分类登记、编号，按规定的程序分送有关领导和部门受理。

（3）检查、督促提案受理部门的提案处理工作，并在一定时间内向提案人回复提案的处理结果，做到件件有着落、件件有答复。

（4）研究分析提案受理部门的提案处理报告，对各部门处理提案的工作作出客观评价。

（5）根据提案受理部门的工作情况，适时组织职工代表检查提案落实情况。做好提案的反馈工作。

（6）写出提案处理报告，提案工作委员会（小组）负责人在下一届召开的职工代表大会上作专项报告，接受职工代表的审议。

（7）做好提案工作的总结和表彰等工作。

123. 提案征集和处理的程序有哪些？

（1）发出征集提案通知，发放提案征集表。

（2）职工代表填写提案表。

（3）收集提案并送交工会或提案委员会。

（4）对提案进行审查，符合条件的立案，不符合条件的退回并予以说明。

（5）对已立案的提案进行整理、分类登记。

（6）处理。分送有关领导或有关部门负责处理实施。有关重大问题的提案应提交职工代表大会讨论。

（7）监督检查。工会或提案委员会对提案落实情况进行监督检查，并在下届职工代表大会上报告提案处理及落实情况。

124. 提案的基本要求是什么？

提案的基本要求主要如下。

（1）提案内容要紧紧围绕企事业单位生产经营管理发展等中心工作，就事关本单位发展的重大问题和职工关心、关注的热点问题和难点问题，具有较强的针对性、代表性。

（2）提案的内容要符合国家法律法规规章的规定。

（3）提案的内容属于职工代表大会的职权范围。

（4）提案所反映的问题要实事求是，真实可信；提案所提出的解决措施具有较强的针对性、可行性和操作性，便于组织和实施。

（5）提案必须符合职代会提案征集和处理程序，符合基本要求，案名、案由和建议等要素齐全，做到一事一案。

125. 工会在职工代表大会提案工作中有哪些职责？

企事业单位工会作为职工代表大会的工作机构，作为本单位民主管理的组织者，在职代会提案工作中承担着重要职责。其具体职责包括以下几方面。

（1）做好职工代表的选举与业务培训工作。企事业单位工会应做好职工代表选举工作，还要加强对职工代表的教育培训，尤其是业务知识培训，为职工代表撰写高质量提案奠定坚实基础。

（2）在职代会召开前做好充分的动员和重大议题的摸底工作。企事业单位工会要与行政沟通了解年度重点工作，协商确定重大议题，并联合职代会提案工作委员会（小组）下发职代会提案征集通知，动员职工代表积极参与撰写提案工作。在开展摸底调查工作时，工会要听取职工群众的意见和建议，一些特别重要的意见、建议可列为重大议题，并组织职工代表撰写提案，甚至可以组成课题组进行深入分析，以提出有针对性的解决方案。

（3）汇总整理职工关注度高的议题。企事业单位工会通过收集汇总和整理职工代表提案，对职工群众呼声强烈、关注度高的事项，可以与行政方面积极协商，作为职代会正式议题，列入大会议程。

（4）指导、协调提案工作委员会（小组）开展工作。由于提案工作委员会（小组）的成员都是兼职，所以，在具体工作中需要工会的指导和协调、组织。

（5）组织职工代表参与提案的监督与检查工作。为了督促承办部门切实履行好主体责任，工会要联合职代会提案委员会（小组）根据提案落实进展情况的需要，组织职工代表开展监督检查活动，督促有关提案的落实。

（6）做好年度总结工作。每年的提案征集与落实情况都要有专项工作总结，并形成书面报告，在下一次职代会上向全体职工代表通报。

126. 关于职工代表大会会议制度的主要规定是什么？

根据《企业民主管理规定》及有关规定，职工代表大会会议制度的主要规定包括以下几点。

（1）职工代表大会每年至少召开1次，每次必须有2/3以上的职工代表出席。

（2）职工代表大会每届任期为3年或者5年。具体任期由职工代表大会根据本单位的实际情况确定。职工代表大会因故需要提前或者延期换届的，应当由职工代表大会或者其授权的机构决定。

（3）职工代表大会议题和议案应当由企业工会听取职工意见后与企业协商确定，并在会议召开7日前以书面形式送达职工代表。

（4）职工代表大会选举和表决相关事项，必须按照少数服从多数的原则，经全体职工代表的过半数通过。对重要事项的表决，应当采用无记名投票的方式分项表决。

（5）职工代表大会在其职权范围内依法审议通过的决议和事项具有约束力，非经职工代表大会同意不得变更或撤销。企业应当提请职工代表大会审议、通过、决定的事项，未按照法定程序审议、通过或者决定的无效。

127. 召开职工代表大会需要向同级党组织、上一级工会报告吗?

企事业单位召开职工代表大会前，须由职工代表大会筹备机构或企事业单位工会委员会就会议筹备情况向同级党组织报告，并向上一级工会报备。

128. 职工代表大会选举、表决的方式是什么?

选举、表决需要最大限度保证职工代表真实意愿的表达。对于程序性的问题，可采用举手表决或鼓掌通过等方式;对涉及职工切身利益的重大事项必须采用无记名投票的方式分项表决。其中要注意:一是表决事项须获得全体职工代表过半数赞成方为通过;二是如果对多个事项进行表决，应当分项表决，以确保职工代表对每一事项都能准确行使民主权力。

129. 如何做好职工代表大会筹备工作?

企事业单位首次召开职工代表大会或换届前，应当成立由企事业单位党组织、单位行政管理方、工会委员会等方面人员组成的筹备机构。筹备机构主要任务是:起草本单位职工代表大会实施办法(细则);组织选举职工代表;起草职工代表大会筹备工作情况报告;研究确定本次职工代表大会主要议题和议程;听取职工的意见和建议;做好大会的其他筹备工作等。非首次召开职工代表大会或换届，由企事业单位工会委员会牵头完成各项大会筹备工作。

130. 职工代表大会预备会议的主要程序有哪些？

预备会议由工会主持召开，全体职工代表参加。大会主席团选举产生后，即由主席团主持。

预备会议的程序如下。

（1）选举大会主席团。通过大会主席团名单和大会秘书长名单。

（2）由工会主席报告本届（次）职代会的筹备情况，提出大会议题和议程的建议。

（3）通过代表资格审查委员会（小组）作的代表资格审查报告。

（4）讨论通过职代会议题和议程。

（5）决定大会其他有关事项。

131. 召开职工代表大会的程序是什么？

职工代表大会的主要程序一般包括以下几点。

（1）大会执行主席核实出席大会的职工代表人数。到会职工代表超过代表总数的2/3，即可宣布开会。开幕词应简要讲清本次大会的目的、意义、中心议题和主要任务。此后宣布大会议程。

（2）由企事业单位领导人做工作报告。报告主要内容应包括生产经营管理情况、存在的问题及改进措施，企事业发展计划、基本建设和重大技术改造方案，有关改善职工生活福利的情况等。如工作报告已事先发给代表进行过充分讨论，可针对职工代表提出的意见，作出说明。

（3）由企事业行政有关负责人做专题议案的报告。凡应提交职工代表大会审查或审议的方案，均应由行政有关负责人向大会报告，说明制定的依据、目的和具体实施办法，也可针对职工代表对议案的意见，作出说明。

（4）由工会主席及职工代表大会专门小组负责人就上次职工代表大会决议落实情况、职工代表提案处理情况、集体合同执行情况等向大会作出报告。

（5）企事业工会主席就职工代表大会闭会期间，职工代表团（组）长和专门小组负责人联席会议处理的重大事项，向大会作出说明，提请大会确认。

（6）以职工代表团（组）为单位，就以上报告、议案分组进行讨论。同时对大会的各项决议草案和需经大会选举的候选人进行酝酿。

（7）各代表团（组）应指定专人认真记录职工代表的讨论发言，整理归纳后，将讨论意见向主席团汇报。

（8）大会发言。应安排时间让代表在大会上发言，可由各代表团（组）推选代表，在大会上陈述本团（组）讨论审议的意见和建议，也可让职工代表自由发言。

（9）选举。根据有关决定和实际需要，选举参加董事会、监事会、劳动争议调解委员会的职工代表，参加工资集体协商的职工代表和企事业单位领导人等；根据大会主席团的提名，表决通过职工代表大会专门委员会（小组）的人选；表决通过其他需经职工代表大会选举的人员。

（10）对有关的各项方案和大会决议、决定草案进行表决。

（11）致闭幕词，宣布大会结束。

132. 如何认识职工代表大会的决议和决定？

职工代表大会在对企事业单位领导工作报告和提交职工代表大会的各项议案认真审议后，应当由职工代表大会作出相应的决议或决定，形成职工代表大会在其职权范围内依法作出的决议和决定。

职工代表大会的决议和决定，可以分为单项和综合两种形式。单项决议和决定，是指职工代表大会就某一项议题作出的单一性决议和决定。综合决议和决定，则是指职工代表大会就审议的多个议题或全部议题作出的综合性决议和决定。单个决议和决定比较简单，职工代表容易作出表决，而综合性决议和决定由于内容比较多，表决时可能会遇到困难。两者各有优点，职工代表大会可根据实际情况进行选择。

职工代表大会依照法律法规和民主程序作出的各项决议和决定，具有法定的权威性，应当得到尊重，未经职工代表大会同意，任何组织和个人无权修改、变更。

133. 职工代表大会的会后工作主要有哪些?

（1）公示审议通过的事项和决议。

企事业单位工会委员会应当在闭会后将审议通过的事项和决议向全体职工公布。公布的范围应覆盖全体职工；公布的时间要有时效性，一般要求在闭会后 7 日内公布；公布形式可以多样，但需保证信息的完整和真实。

（2）报告同级党组织、上一级工会。

闭会后 7 日内，企事业单位工会委员会将会议有关情况向同级党组织、上一级工会报告。

（3）职工代表大会质量评估。

企事业单位工会委员会设计职工代表大会工作质量评估表，在职工代表大会结束后，组织职工代表填写，汇总数据；召开职工代表座谈会，了解掌握情况；召开党政工专题会议，研究提出整改意见和措施；向下一次职工代表大会报告测评结果及实施整改措施情况，接受职工代表审议，并将有关档案整理归档。

（4）整理归档会议材料。

企事业单位工会委员会应及时梳理、妥善保存会议筹备和召开的相关材料，包括职工代表选举的相关文件，企事业单位主要负责人、工会主席等所作的会议报告，职工代表讨论和发言的记录，选举和表决的程序文件等。

134. 是否可以召开职工代表大会临时会议？

职工代表大会每年至少召开 1 次，闭会期间，有职工代表大会职权范畴内的重大事项，企事业单位行政管理方、企事业单位工会委员会或 1/3 以上职工代表联名提议，可召开职工代表大会临时会议。临时会议具体时间和议题由双方协商确定，程序等要求与正常召开职工代表大会的规定一致。

135. 为什么工会委员会是职工代表大会的工作机构？

《工会法》第 36 条第 2 款规定："国有企业的工会委员会是职工代表大会的工作机构，负责职工代表大会的日常工作，检查、督促职工代表大会决议的执行。"

由于企事业的职工民主管理工作，始终与工会紧密相连，工会在代表和组织职工参加民主管理的过程中，积累了许多经验，有能力充任职工代表大会的工作机构。此外，工会和职工代表大会在民主管理方面的任务和作用有很多一致性。因此，《工会法》规定工会委员会是职工代表大会的工作机构，由工会负责职工代表大会的日常工作。

136. 企业工会委员会作为职工代表大会的工作机构，主要履行哪些职责？

企业工会委员会是职工代表大会的工作机构，负责职工代表大会的日常工作，履行下列职责。

（1）提出职工代表大会代表选举方案，组织职工选举职工代表和代表团（组）长。

（2）征集职工代表提案，提出职工代表大会议题的建议。

（3）负责职工代表大会会议的筹备和组织工作，提出职工代表大会的议程建议。

（4）提出职工代表大会主席团组成方案和组成人员建议名单；提出专门委员会（小组）的设立方案和组成人员建议名单。

（5）向职工代表大会报告职工代表大会决议的执行情况和职工代表大会提案的办理情况、厂务公开的实行情况等。

（6）在职工代表大会闭会期间，负责组织专门委员会（小组）和职工代表就企业职工代表大会决议的执行情况和职工代表大会提案的办理情况、厂务公开的实行情况等，开展巡视、检查、质询等监督活动。

（7）受理职工代表的申诉和建议，维护职工代表的合法权益。

（8）向职工进行民主管理的宣传教育，组织职工代表开展学习和培训，提高职工代表素质。

（9）建立和管理职工代表大会工作档案。

137. 如何推动公司制企业依法建立健全职工代表大会制度，加强民主决策和科学管理？

要督促公司制企业依法建立健全职工代表大会制度，按照《企业民主管理规定》的要求，定期召开职工代表大会，保障职工的知情权、参与权、表达权、监督权等民主权利，夯实公司制企业重要决策的民意基础。

一是发挥职工代表大会在推动董事会民主决策、科学决策方面的积极作用。职工代表大会应当通过职工董事参与董事会的决策过程，充分发挥职工代表大会在了解民心、汇聚民意、形成共识方面的独特作用，真实、充分反映职工的意见建议，使董事会的决策和管理更加符合企业实际，符合大多数职工的意愿，得到广大职工的理解和支持。要督促董事会在经职工代表大会广泛听取职工意见的基础上进行决策。职工代表大会要及时宣传董事会决策精神，推动董事会决策事项的实施。

二是发挥职工代表大会在增强经理层经营管理效能方面的积极作用。职工代表大会应当监督和支持经营管理者依法将生产经营情况、发展规划和管理办法，以及改革发展过程中遇到的问题，通过职工代表大会等形式，向职工报告和说明；在制定、修改或者决定直接涉及劳动者切身利益的规章制度或者重大事项时，必须依法提交职工代表大会审议，集体合同草案必须依法提交职工代表大会审议通过；通过开展"公开解难题、民主促发展"主题活动，广泛征集职工代表提案，组织职工开展劳动技能竞赛和技术攻关、技术革新、发明创造等科技创新活动，群策群力破解经营管理难题、完善经营管理制度，提高企业市场竞争能力。

三是发挥职工代表大会在提高监事会监督实效性方面的积极作用。职工代表大会应当充分发挥民主监督的优势和作用，使职工代表大会广泛、深入的群众性监督与监事会专职、专业的权利性监督优势互补、形成合力。要组织职工代表开展调研巡查，通过对经营管理重大事项及董事和高级管理人员职务行为进行质询，民主评议领导人员等监督检查活动，为监事会及时提供翔实的信息，督促企业执行劳动法律法规和规章，履行社会责任，推动企业健全权力运行的内部民主监督机制，提高监事会监督的效能。

职工代表大会还应当通过由其选举产生的职工董事职工监事影响和监督董事会、监事会的各项活动，督导职工董事职工监事在董事会决策、监事会监督的过程中发挥应有的作用。

138. 分厂、车间的民主管理形式主要有哪些?

分厂、车间民主管理是指分厂、车间根据具体情况，采取职工大会或职工代表大会等形式，对本单位权限范围内的事务行使民主管理的权力。具体形式主要有：

（1）分厂、车间职工代表大会或职工大会；

（2）分厂、车间职工代表组（团）；

（3）厂务公开；

（4）民主恳谈会；

（5）民主座谈会；

（6）民主信箱。

139. 分厂、车间职工大会或职工代表大会的职权是什么?

分厂、车间的职工大会或职工代表大会是分厂、车间实行民主管理的基本形式，是职工行使民主管理权力的机构。分厂、车间职工代表大会或职工大会的主要职权如下。

（1）听取、审议分厂厂长、车间主任的工作报告，并作出相应的决议。

（2）讨论本分厂、车间贯彻厂职工代表大会决议的事宜。

（3）征集提交厂职代会讨论的提案，选举出席厂职代会的代表。

（4）审议通过分厂、车间经济责任制方案，奖金分配办法和重要规章制度及其他关系到车间职工切身利益的重大事项。

（5）检查和监督分厂、车间的行政领导落实在分厂、车间权限范围内可以解决的生产、生活问题和提案整改等工作；评议监督分厂、车间领导干部，向上级提出表彰、奖励、批评、处分的建议，根据厂部的部署，民主选举或推荐分厂、车间的行政领导人。

140. 开展合理化建议活动的意义是什么？

凡是在企事业单位管理的组织、制度、技术、方法和手段等方面，提出带有改进、创新因素的办法和措施，经试验研究或实际应用，对提高企事业单位素质、管理效能、经济效益或对社会效益有明显的作用和成效的，均可作为合理化建议。

合理化建议活动是指发动和依靠广大职工围绕企事业单位生产经营管理中方方面面的问题，各抒己见，畅所欲言，为深化企事业改革、推进技术进步、实行科学管理、融洽人际关系、降低生产成本、提高产品质量，增强企业竞争实力的献计献策活动。开展合理化建议活动，是发扬职工的主人翁精神，激发员工的工作热情，充分发挥员工潜能的有效活动载体，是企事业在激烈的市场经济条件下生存、谋求更大发展的有效途径，也是企事业员工展示自我、体现自身价值的舞台。

开展合理化建议活动，是工会组织围绕党和国家工作大局，立足新发展阶段、贯彻新发展理念、构建新发展格局，推动高质量发展的生动体现；是落实全心全意依靠工人阶级指导方针、尊重职工主人翁地位的重要途径；是引导职工积极参与企事业单位的改革、生产经营和管理的基本要求。开展合理化建议活动，有利于提高劳动者的素质，加强职工队伍建设；有利于推动技术进步，提升企事业单位的技术水平；有利于集中职工群众智慧，发挥职工的聪明才智为企事业发展做贡献，提升企事业单位的核心竞争力；有利于提高企事业单位的知名度和经济效益与社会效益；有利于发挥工会作用、体现工会价值。对合理化建议活动重要意义的认识，是开展好这项活动的思想保障和群众基础。

141. 合理化建议的主要内容是什么？

合理化建议的主要内容包括：

（1）在管理理论、管理技术上有创意，对提高生产经营管理、科研、教学、设计水平，提高经济效益或社会效益有指导作用；

（2）在管理组织、制度、机构等方面提出改革办法或改进方案，对提高工作效率和企事业单位竞争能力或服务能力有显著效果；

（3）应用国内外现代化管理技术和手段，取得经济效益或社会效益；

（4）在岗位责任制范围内提出的建议具有改进、革新因素，并能取得经济效益或社会效益的；

（5）学习、借鉴国内外已有的先进技术、经验、成果，首次应用于采纳单位的；

（6）合理化建议和技术改进项目在提出者所在单位不能采纳时，可向外单位提出，采纳单位应视同本单位人员处理。

142. 班组民主管理有哪些特点？

班组民主管理即班组全体职工依据法律规定，通过一定的组织形式，对班组权限范围内的事务，行使民主管理权力的活动。班组是企业的"细胞"，也是最基本的生产单位。班组民主管理，是职工最直接、最广泛、最经常的民主管理活动，是企事业民主管理的基础，具有十分重要的地位和作用。

班组民主管理具有以下特点。

（1）基础性。企业、车间和班组三级民主管理，班组民主管理是基础。广大职工最直接、最广泛、最经常的民主生活在班组。没有班组民主管理，广大职工的主人翁地位就难以充分体现，企业民主管理也就成了少数人的事情，从而失去民主管理的本来意义。

（2）全员性。与企业、车间职工代表大会不同，班组民主管理不是选举少数职工代表参加，而是由全部班组职工参加。全员参加的原因有二：一是因为班组职工较少，便于组织；二是班组全体职工有能力管理本班组事务。班组职权范围内的事情，都应尽可能由班组全体职工民主讨论决定。

（3）直接性。班组每个职工既是生产者，又是管理者。班组民主管理不仅由班组职工全员直接参加，而且直接与班组每个职工有关，直接与班组内的各项生产管理工作有关，直接关系到发挥班组每个职工的积极性和创造性。

（4）渗透性。班组民主管理与行政管理，不像企业和车间那样职责清楚，分工明确。班组的民主管理和行政管理，工作不分彼此，互帮互助。班组长、几大员，都是班组工人，他们既是行政管理任务的执行者，又是民主管理的直接参加者。

143. 班组民主管理的基本形式是什么？其主要职责有哪些？

班组民主管理的基本形式是班组民主管理会。班组民主管理会由工会小组长主持，全体组员参加，一般每月召开1次，出席人数必须达到2/3以上。

班组民主管理会的主要职责有：

（1）贯彻落实厂部、车间职工代表大会中涉及本班组的有关事宜；

（2）讨论班组生产作业计划、班组经济责任制方案，提出落实措施；

（3）讨论制订和落实班组各项规章制度和改革方案，如班组民主管理会制度、安全文明生产公约；

（4）讨论决定班组奖金分配办法和有关职工生活福利的事项，奖金分配办法应突出"合理、简明、公开"的原则。

（5）听取班组长工作报告，组员民主讲评班组工作；

（6）民主选举班组长、职工代表，民主评选、推荐先进生产（工作）者，并对职工的晋级和奖惩提出建议。

144. 除了班组民主管理会，班组民主管理的其他形式还有哪些?

班组民主管理的其他形式还有以下几点。

（1）设立班组民主管理员，如果班组人数比较多，生产工序比较复杂，可以根据各项工作需要民主推选技术质量员、经济核算员、安全设备员、生活福利员等；如果班组人数比较少，生产工序相对比较单一，则可以采取"一员多职"的办法，减少民主管理员的人数。

（2）开展班组民主评议，一般每季度召开1到2次民主评议会，由工会小组长主持，组员可以围绕产品质量、规章制度、成本与效益、奖金分配等与本班组有关的内容开展评议。

（3）开展班组献计献策活动，让每个组员都动脑筋、想办法，出"金点子"，提高合理化建议的采纳率和实施率。

（4）开展班组民主生活，这是班组成员自我教育、自主管理的有效形式，一般每季度召开1到2次，由工会小组长主持，每个组员都可以提出批评和自我批评，加强沟通和交流，不断提高自己的素质。

（5）班务公开。

145. 班务公开的原则是什么?

班务公开,就是将班组民主管理会讨论、审议和决定的问题以及执行落实的情况,采取一定的形式向班组全体职工公布,听取意见,接受监督。班务公开是新形势下班组民主管理形式的拓展,是班组民主管理范围的延伸,是班组民主管理内容的深化。积极推行班务公开,有利于加强班组管理,有利于搞好班组廉政建设,有利于增强班组员工的主人翁责任感。

班务公开应遵循的原则如下。

(1)坚持共同负责的原则。班组要建立起在民主管理小组领导下,由工(班)长、党小组长、工会小组长、团小组长和"五大员"共同负责,群众全体参与的运行机制。

(2)坚持实事求是的原则。班务公开的内容必须真实可信,杜绝弄虚作假,防止走过场。

(3)坚持简便易行的原则。公开的形式力求简单,便于员工知情、参与和监督。

(4)坚持依规办事的原则。凡法规和上级要求应让员工知情、参与决定和监督的事项,均应公开。

(5)坚持两个维护的原则。班务公开的内容和形式,既要有利于维护企业的整体利益,又要有利于维护员工的个人利益。

146. 班务公开的内容和形式有哪些?

班务公开的内容主要有:上级有关文件和会议精神;班组各项规章制度;班组年、月、日生产任务及完成情况;员工个人每月完成的计件工时;每月安全生产情况;每月生产材料请领和消耗情况;每月设备检修质量评定情况；每月考勤和考核情况；每月对工（班）长和"五大员"的增加工时；班组外委施工和劳务费的提成；班组每月总收入和总支出；班组每月差旅费收支；员工每月计件工资；员工每月奖金；班组每月伙食账目；员工困难补助；各种先进评选；员工处罚；职工代表和"五大员"的选举；工班长和"五大员"的评议结果；业务招待费使用；好人好事。

班务公开的形式主要有：在班组民主管理会上公布；在室内宣传栏里公布；在黑板报上公布；分类装本张挂；内部信息网络发布。

147. 民主恳谈会的内容和形式是什么？

恳谈会，顾名思义即以诚恳心态就大家普遍关注的问题进行洽谈，并达成共识。职工民主恳谈会，即企业经营者与职工通过对话、协商的方式，对一些焦点、难点问题在平等、互信的恳谈中形成双方都能接受与认可的意见。职工民主恳谈会能够较好地沟通企业经营者与职工双方的思想、感情，融洽双方关系，适用于规模小、人员少、流动性大的企业。

（1）民主恳谈会的主要内容

民主恳谈会主要是围绕企业发展和职工权益两大主要议题，就工资报酬、工作时间、劳动保护、生活福利、综合利用、技术革新、节能减排、生产经营、规章制度等问题，企业经营者与职工面对面、心平气和地交流、协商解决。不仅可以维护职工合法权益，也可以减少双方对立情绪，营造平等合作的良好氛围。

（2）民主恳谈会的形式

民主恳谈会可以根据协商的内容定期或不定期召开恳谈会议。参加人员一般由企业经营管理方面和职工方面的人员组成。恳谈会议的议题、时间、地点、主持人等，由双方商定。会议要做好记录，形成纪要，并向全体职工公开恳谈内容和落实情况。

148. 民主质询的内容和形式是什么？

民主质询企事业领导人员，是职工或职工代表的基本权利。民主质询不同于一般的民主对话或咨询，它要求被质询的领导人员必须对所提问题给予回答，因而带有一定的强制性，其实质上仍然是一种民主监督的形式。

民主质询的内容，一般是广大职工普遍关注的企事业单位重大问题和一些热点、难点问题，主要包括：对职工代表大会通过的决议和提案落实情况进行质询，对企事业单位重大决策问题进行质询，对职工关注的每一阶段的重点工作进行质询，对关系职工切身利益的重大问题进行质询，对关系党风廉政建设的重大问题进行质询，对职工民主评议、民主考核干部中反映出来的突出问题进行质询等。

常见的民主质询方式有：根据质询的问题和被质询的对象，召开有关的质询会议，职工代表或者职工当面质询，有关领导当场解答。

149. 民主接待日的基本要求是什么？

由企业党、政、工领导和有关方面负责人定期接待职工群众来访，称之为"民主接待日"。通过民主接待日制度，直接倾听职工群众意见、建议和合理诉求，为职工群众排忧解难。

民主接待日的基本要求：一是在接待日前将接待领导公开告知职工群众，并通知参加接待的有关领导做好接待准备；二是做好来访职工的接待和登记，引导其按秩序参加接待活动；三是认真做好接待日情况记录；四是坚持对信访接待日中交办的事情落实情况进行督查，对落实好的予以表扬，对落实差的通报批评，做到件件有着落，事事有回音。

150. 什么是民主信箱？

民主信箱，即企事业单位设立一个民主信箱，职工群众对本单位工作有什么意见，对本单位领导有什么反映，随时可以写出来投入民主信箱，由企事业单位工会开箱整理后送有关领导或上级有关部门处理。设置民主信箱既是完善、深化、丰富职工民主管理的一项措施，又是了解民情、反映民意，进一步畅通民主管理渠道的有效途径。

三、厂务公开

151. 厂务公开的重要意义是什么？

厂务公开就是把企事业单位的重大决策、生产经营管理的重要问题、涉及职工切身利益的重要事项以及与企事业单位领导班子建设和党风廉政建设密切相关的问题，根据有关法律法规和制度，通过职工代表大会、厂务公开栏等多种形式，向广大职工公开，使职工及时了解厂情，更好地参与企事业单位决策、管理和监督。厂务公开是对所有的企事业单位的公开制度的简称，具体到企事业单位，也可以称企务公开、司务公开、局务公开、院务公开、所务公开、校务公开等。厂务公开是基层民主政治建设的有机组成部分，是一项重要的民主政治制度。

（1）有利于扩大职工民主参与，加强企事业的科学管理。

（2）有利于加强职工民主监督，推进企事业单位的党风廉政建设。

（3）有利于密切企事业单位党群、干群关系，调动干部和职工的积极性。

（4）有利于坚持和完善职工代表大会制度，加强基层民主建设。

（5）有利于引导职工群众以理性合法的形式表达利益诉求，妥善处理各种社会矛盾，避免矛盾激化和发生职工群体性事件，促进社会主义和谐社会建设。

152. 厂务公开的特点有哪些？

厂务公开的特点主要有以下方面。

（1）政治性。厂务公开是加强职工民主管理、提高企事业科学管理水平、推进基层民主政治建设的重要途径。不仅是企事业的经济行为，更是企事业的一种政治行为。是否实行厂务公开不仅是衡量企事业经营管理者"讲政治"与否的重要尺度，也是检验企事业经营管理者能否全面、正确地贯彻党的路线、方针、政策以及企事业经营管理者自身思想政治素质高低的"试金石"。

（2）群众性。厂务公开就是使职工依法享有的民主参与、民主管理、民主监督等权利得到充分的体现，让职工感到"有家可当、有主可做"，切实保障职工的主人翁地位，进一步调动职工的积极性、主动性，并自觉地为推进企事业的发展献计献策，贡献聪明才智。它绝不是经营管理者的个人行为，而是一种群众性的主体行为。

（3）原则性。企事业作为经营管理组织，工作繁多、庞杂。既包括非秘密性的工作，又包括属于国家秘密、商业秘密和经济秘密的工作事项。这就决定了企事业在实施厂务公开活动时，必须把握原则，掌握政策，对哪些事项能进行公开，哪些事项不能进行公开，需要有明确的划分与界定。

（4）多样化。内容决定形式，不同的内容必须有不同的形式与之适应。厂务公开要根据公开事项的不同，选择不同的公开形式，力求形式多样化，才能确保厂务公开不走过场、不流于形式、不做表面文章，收到良好的效果。

（5）真实性。厂务公开的最终目的是解除职工思想上的疑惑，理顺情绪，化解矛盾，消除隔阂，凝聚人心，调动职工的积极性和创造性，充分发挥广大职工的主人翁作用，推动基层民主政治建设，促进企事业发展。这就要求企事业单位在公开厂务时，不能搞假公开，不能避重就轻、避大就小、避实就虚，必须做到公开事项的内容"实""真"。

153. 厂务公开的功能和目的是什么？

厂务公开的功能主要如下。

一是导向作用。厂务公开可以引导、教育职工提高思想认识，明确政治方向，增强听党话、跟党走的思想自觉和行动自觉，进一步坚定走中国特色社会主义道路的信念，牢固树立社会主义核心价值观，增强"四个意识"，坚定"四个自信"，做到"两个维护"，在全面建设社会主义现代化国家中充分发挥工人阶级主力军作用。

二是凝聚作用。厂务公开能够帮助职工克服认识上的障碍，解决思想上的疑虑和困惑，化解心中的"怨气"，消除不满情绪，稳定和凝聚人心，增强职工"当我的家、做我的主"的主人翁责任感，牢牢把握为实现中华民族伟大复兴的中国梦而奋斗的时代主题，进一步改善干群之间的关系，消除隔阂，化解矛盾，增进团结，提高职工群众对经营管理者的信任度，形成强大的凝聚力、向心力。

三是激励作用。厂务公开不仅能够保证职工依法行使自己所享有的民主参与、民主管理、民主监督等权利，使广大职工在参与过程中，进一步鼓舞士气，振奋精神，增强荣誉感、自豪感、使命感，也能够进一步激发广大职工关心企事业、勤勉工作、顽强拼搏的热情，激励职工团结一致、奋发向上、开拓进取，以百倍的信心和勇气，以昂扬向上的精神状态，以求真务实的工作态度，为推动企事业单位高质量发展贡献力量。

四是监督作用。厂务公开的实质是接受职工群众的民主监督。通过厂务公开，促使企事业的经营管理者进一步增强廉洁自律的意识，正确对待和使用权力，做到掌权为公、用权为民，切实提高企事业党风廉政建设的水平。

实行厂务公开制度，是企事业单位民主管理新的实现形式和途径，是职工代表大会制度在新形势下的完善和发展。推行厂务公开的目的是：贯彻落实党的全心全意依靠工人阶级的指导方针，保障职工群众当家作主的权利，调动包括经营管理者在内的全体职工的积极性和创造性，推动企事业单位的改革、发展和稳定。

154. 厂务公开应当遵循的原则是什么？

根据《企业民主管理规定》，企事业实行厂务公开应当遵循的原则是：

（1）合法原则；

（2）及时原则；

（3）真实原则；

（4）有利于职工权益维护和企事业发展的原则。

实行厂务公开应当保守企业商业秘密以及与知识产权相关的保密事项。

155. 厂务公开的主要内容有哪些？

企业应当向职工公开下列事项：

（1）经营管理的基本情况；

（2）招用职工及签订劳动合同的情况；

（3）集体合同文本和劳动规章制度的内容；

（4）奖励处罚职工、单方解除劳动合同的情况以及裁员的方案和结果，评选劳动模范和优秀职工的条件、名额和结果；

（5）劳动安全卫生标准、安全事故发生情况及处理结果；

（6）社会保险以及企业年金的缴费情况；

（7）职工教育经费提取、使用和职工培训计划及执行的情况；

（8）劳动争议及处理结果情况；

（9）法律法规规定的其他事项。

国有企业、集体企业及其控股企业除公开上述相关事项外，还应当公开下列事项。

（1）投资和生产经营管理重大决策方案等重大事项，企业中长期发展规划。

（2）年度生产经营目标及完成情况，企业担保，大额资金使用、大额资产处置情况，工程建设项目的招投标，大宗物资采购供应，产品销售和盈亏情况，承包租赁合同履行情况，内部经济责任制落实情况，重要规章制度制定等重大事项。

（3）职工提薪晋级、工资奖金收入分配情况；专业技术职称的评聘情况。

（4）中层领导人员、重要岗位人员的选聘和任用情况，企业领导人员薪酬、职务消费和兼职情况，以及出国出境费用支出等廉洁自律规定执行情况，职工代表大会民主评议企业领导人员的结果。

（5）依照国家有关规定应当公开的其他事项。

156. "三重一大"指的是什么？

"三重一大"指的是"重大事项决策、重要干部任免、重要项目安排、大额资金的使用，必须经集体讨论做出决定"的制度。重大事项决策，是指按照法律以及其他有关法律法规和党内法规规定的应当由股东大会、董事会、未设董事会的领导班子、职工代表大会和党委决定的事项。重要干部任免事项，是指企业直接管理的领导人员以及其他经营管理人员的职务调整事项。主要包括企业中层以上经营管理人员和下属企业、单位领导班子成员的任免、聘用、解除聘用和后备人选的确定，向控股和参股企业委派股东代表，推荐董事会、监事会成员和经理、财务负责人，以及其他重要人事任免事项。重要项目安排事项，是指对企业资产规模、资本结构、盈利能力以及生产装备、技术状况等产生重要影响的项目的设立和安排。主要包括年度投资计划，融资、担保项目，期权、期货等金融衍生业务，重要设备和技术引进，采购大宗物资和购买服务，重大工程建设项目，以及其他重大项目安排事项。大额度资金的使用，是指超过由企业或者履行国有资产出资人职责的机构所规定的企业领导人员有权调动、使用的资金限额的资金调动和使用。主要包括年度预算内大额度资金调动和使用，超预算的资金调动和使用，对外大额捐赠、赞助，以及其他大额度资金运作事项。

157. 厂务公开的实现形式有哪些？

厂务公开的主要载体是职工代表大会。要按照有关规定，应当认真落实职代会的各项职权。在职代会闭会期间，要发挥职工代表团（组）长联席会议的作用。车间、班组的内部事务也要实行公开。应依照厂务公开的规定，制定车间、班组内部事务公开的实施办法。

厂务公开的日常形式还应包括厂务公开栏、厂情发布会、党政工联席会和企业内部信息网络、广播、电视、厂报、墙报等，并可根据实际情况不断创新。同时，在公开后应注意通过意见箱、接待日、职工座谈会、举报电话等形式，了解职工的反映，不断改进工作。

158. 如何把坚持完善职代会制度作为厂务公开民主管理工作的重要载体？

职工代表大会制度是企事业民主管理的基本形式和厂务公开的主要

载体，在民主管理中具有"龙头"地位和重要作用。坚持落实好职工群众的知情权、参与权、表达权和监督权，是切实保障职工在企事业中的主人翁地位和各项民主权利的具体体现与重要保证。职代会工作的质量直接关系到厂务公开民主管理工作的成效。因此，要进一步规范职代会运作程序，推动企事业重大问题通过职代会票决制，公推直选等形式创新职工代表产生方式，健全职工代表巡视和议事制度，完善职代会议题征集和提案督办落实制度等，尤其要加强对职工代表的教育培训，提高其履职水平和参政议政能力，努力为职代会发挥作用提供良好平台。在坚持和完善职代会制度工作中，要以落实职权为核心，以规范运作为重点，通过"三不"和"把好三关"来确保职代会各项职权的真正落实，即凡属职代会审议范围的事项，不漏项、不混权、不代行职权；在重大决策前，发动群众献计献策，把好集思广益关；重大决策出台时，组织职工代表认真讨论，把好民主审议关；重大决策出台后，依靠职工认真贯彻实施，把好跟踪监督关。要注重引导好、保护好、发挥好广大职工建言献策的积极性、主动性和创造性，既有效推动企事业决策的民主化、科学化，又积极探索新形势下深化厂务公开民主管理的新途径、新举措，不断创新机制，丰富内容，提升质量，使职代会在厂务公开民主管理中发挥更大的作用。

159. 厂务公开的基本程序有哪些？

厂务公开应在厂务公开领导小组的领导下按照严格的程序进行。

（1）收集预审

可由厂务公开专项工作小组整理汇总各专项公开内容，提交领导小组审查确定，保证公开的内容全面、真实。

（2）定时定点公布

根据需要公开的内容，可采取不同形式，逐项进行报告、通报或张榜公布。

（3）征询意见

厂务公开以后，要及时以适当方式听取职工群众的反映和意见。除职工代表大会上充分发扬民主、讨论审议以外，可采取设立意见箱，或通过职工代表向群众直接收集的方式，听取群众的意见。

（4）建立厂务公开档案

将每次公开的内容、时间、承办部门、人员和职工提出的问题及答复、处理结果整理成文字材料，由厂务公开领导小组或工会妥善保存备查。

160. 如何拓宽厂务公开领域、提高厂务公开的实效？

要扩大厂务公开覆盖面，把厂务公开民主管理向企事业重大决策延伸，向职工群众关心的难点、热点、焦点问题延伸，向基层车间和班组延伸，既要公开办事结果和具体内容，又要公开办事依据和程序，全方位、多层次、多形式地开展厂务公开工作。要从企事业实际出发，不断丰富厂务公开载体，拓宽厂务公开渠道，推广实行厂情通报会、民主评议会、厂务质询、公开栏、网络公开、媒体公告以及民主管理会、值班厂长制度、职工代表议事制度、职工代表巡视制度等深受职工欢迎的公开形式，有效落实职工群众的知情权、参与权、表达权和监督权，不断推动厂务公开民主管理工作的深化发展。

提高厂务公开实效应当采取以下措施。

一是公开内容要真实可信。只有领导干部在廉洁自律上敢于亮家底，在涉及职工切身利益的问题上敢于讲真情，对企事业面临的困难敢于说实话，把职工群众关心的所有问题进行公开，不回避矛盾，不回避

"热点"，才能使厂务公开民主管理工作深入持久、创新发展。

二是工作方法要实实在在。要从企事业实际出发，认真开展调查研究，摸清实情，找准切入点，尽量使公开的内容职工群众一目了然，一看就明白，不避重就轻，不避实就虚，不对有关职工切身利益的热点问题"绕道走"。要敢于公开深层次问题，让职工能够全方位地参与监督管理，把真实的数据、真实的内容、真实的企事业状况展现在职工面前。

三是要注重公开的实效性。不能为公开而公开，只重形式不管效果，搞形式主义、做表面文章，更不能等已成既定事实后再通报公开。

四是整改落实要有实际行动。要通过多种形式收集职工反映的意见和建议，对这些问题研究处理后应及时反馈到有关职能部门进行落实整改。整改后再反馈给职工群众，做到件件有回音，事事有落实。

161. 如何推动公司制企业建立健全厂务公开制度，促进信息公开和廉洁从业？

要推动公司制企业实行厂务公开，积极推进厂务公开制度化、规范化建设，充分发挥厂务公开在保障职工民主权利、加强权力运行监督、促进反腐倡廉建设、推动企业健康发展方面的积极作用。

一是要推动所有公司制企业实行厂务公开，建立相应的工作制度。国有独资及其控股的公司制企业必须健全和完善厂务公开制度，并根据企业实际情况不断创新发展。

二是要丰富内容和形式，规范厂务公开制度。公司制企业的厂务公开要以职工代表大会为主要载体，并通过厂务公开栏、厂情发布会、民主议事会、劳资恳谈会和内部信息刊物、网络、广播、电视等形式，将生产经营管理的重大事项、涉及职工切身利益的规章制度和经营管理人员廉洁从业相关情况，按照一定程序向职工公开，听取职工意见，积极争取职工的理解和支持，接受职工监督。

三是要把厂务公开与公司制企业信息披露相结合。要将法定的公司信息披露制度与厂务公开制度紧密结合、同步推进，通过厂务公开将企业经营管理活动置于职工的监督之下，从而使对外公开与对内公开相结合，外部监督与内部监督相促进，保证披露信息和公开事项的真实性，增加职工和投资者的信心，推动企业健康发展。

四、职工董事、职工监事制度

162. 企业制度分哪些类型？

企业制度是指以企业产权制度为基础和核心，包括企业组织制度和管理制度在内的各种制度的总称。企业制度的核心是产权制度，企业组织形式和经营管理制度是以产权制度为基础的，三者分别构成企业制度的不同层次。从企业资产的所有者形式来考察，企业制度分为业主制、合伙制和公司制3种基本类型。

（1）业主制。这一企业制度的物质载体是小规模的企业组织，即通常所说的独资企业。在业主制企业中，出资人既是财产的唯一所有者，又是经营者。企业主可以按照自己的意志经营，并独自获得全部经营收益。这种企业形式一般规模小，经营灵活。正是这些优点，使得业主制这一古老的企业制度一直延续至今。但业主制也有其缺陷，如资本来源有限，企业发展受限制；企业主要对企业的全部债务承担无限责任，经营风险大；企业的存在与解散完全取决于企业主，企业存续期限短等。因此业主制难以适应社会化商品经济发展和企业规模不断扩大的要求。

（2）合伙制。这是一种由两个或两个以上的人共同投资，并分享剩余、共同监督和管理的企业制度。合伙企业的资本由合伙人共同筹集，扩大了资金来源；合伙人共同对企业承担无限责任，可以分散投资风险；合伙人共同管理企业，有助于提高决策能力。但是合伙人在经营决策上也容易产生意见分歧，合伙人之间可能出现偷懒的道德风险。所以合伙制企业一般都局限于较小的合伙范围，以小规模企业居多。

（3）公司制。现代公司制企业的主要形式是有限责任公司和股份有限公司。公司制的特点是公司的资本来源广泛，使大规模生产成为可能；出资人对公司只负有限责任，投资风险相对降低；公司拥有独立的法人财产权，保证了企业决策的独立性、连续性和完整性；所有权与经营权相分离，为科学管理奠定了基础。

163. 公司制企业有哪些特点？公司的形式有哪些？

公司制企业是由法定人数以上的投资者或股东出资建立，自主经营，自负盈亏，具有法人资格的经济组织。公司制企业有以下特点。

（1）公司制企业是法人，在法律上是独立的民事主体，在经济上拥有独立的财产。

（2）公司制企业（如有限责任公司和股份有限公司）实行有限责任制度，以其全部财产为限对公司债务承担有限责任，股东则以其出资额为限对公司债务承担有限责任。

（3）公司制企业的所有权与经营权相分离，作为企业所有者的股东不直接经营管理企业，委托董事会并由董事会聘任总经理来经营管理企业。

（4）股份可转让，流动性好。

（5）可以募集大量资金。

（6）公司有独立的存在期限。

公司的主要形式如下。

（1）无限责任公司：是指全体股东对公司债务承担无限连带清偿责任的公司。

（2）有限责任公司：是指公司全体股东对公司债务仅以各自的出资额为限承担责任的公司。

（3）两合公司：是指公司的一部分股东对公司债务承担无限连带责任，另一部分股东对公司债务仅以出资额为限承担有限责任的公司。

（4）股份有限公司：是指公司资本划分为等额股份，全体股东仅以各自持有的股份额为限对公司债务承担责任的公司。

（5）股份两合公司：是指由1名以上的无限责任股东和有限责任股东组成的公司。有限责任部分资本分为等额股份，发行股票，由股东认购。

164. 公司治理结构指的是什么？

公司治理结构，是一种联系并规范股东（财产所有者）、董事会、高级管理人员权利和义务分配，以及与此有关的聘选、监督等问题的制度框架。简单地说，就是如何在公司内部划分权力。良好的公司治理结构，可解决公司各方利益分配问题，对公司能否高效运转、是否具有竞争力，起到决定性的作用。我国公司治理结构是采用"三权分立"制度，即决策权、经营管理权、监督权分属于股东会、董事会或执行董事、监事会。通过权力的制衡，使三大机关各司其职，又相互制约，保证公司顺利运行。

165. 股东会行使哪些职权？

有限责任公司股东会由全体股东组成。股东会是公司的权力机构，依法行使职权。股东会职权与股份有限公司股东大会职权相同。根据《公司法》第37条规定，股东会行使下列职权：

（1）决定公司的经营方针和投资计划；

（2）选举和更换非由职工代表担任的董事、监事，决定有关董事、监事的报酬事项；

（3）审议批准董事会的报告；

（4）审议批准监事会或者监事的报告；

（5）审议批准公司的年度财务预算方案、决算方案；

（6）审议批准公司的利润分配方案和弥补亏损方案；

（7）对公司增加或者减少注册资本作出决议；

（8）对发行公司债券作出决议；

（9）对公司合并、分立、解散、清算或者变更公司形式作出决议；

（10）修改公司章程；

（11）公司章程规定的其他职权。

166. 董事会的人数是怎样规定的？

董事会是依照有关法律、行政法规和政策规定，按公司或企业章程设立并由全体董事组成的业务执行机关。董事会是公司的执行机构，对内掌管公司事务、对外代表公司的经营决策。公司设董事会，由股东会选举。董事会设董事长 1 人，副董事长若干人，董事长、副董事长由董事会选举产生。董事任期 3 年，任期届满，可连选连任。董事在任期届满前，股东会不得无故解除其职务。董事会成员应当有公司职工的代表，其产生办法由公司章程规定。董事长为公司的法定代表人，董事会对股东会负责。

我国法律分别对有限责任公司和股份有限公司的董事人数作出了规定。《公司法》第 44 条第 1 款规定，有限责任公司设董事会，其成员为 3~13 人。《公司法》第 50 条第 1 款规定，股东人数较少或规模较小的有限责任公司，可以设 1 名执行董事，不设董事会。执行董事可以兼任公司经理。《公司法》第 108 条第 1 款规定，股份有限公司设董事会，其成员为 5~19 人。

167. 董事会有哪些职权？

根据《公司法》第 46 条规定，董事会对股东会负责，行使下列职权：

（1）召集股东会会议，并向股东会报告工作；

（2）执行股东会的决议；

（3）决定公司的经营计划和投资方案；

（4）制订公司的年度财务预算方案、决算方案；

（5）制订公司的利润分配方案和弥补亏损方案；

（6）制订公司增加或者减少注册资本以及发行公司债券的方案；

（7）制订公司合并、分立、解散或者变更公司形式的方案；

（8）决定公司内部管理机构的设置；

（9）决定聘任或者解聘公司经理及其报酬事项，并根据经理的提名决定聘任或者解聘公司副经理、财务负责人及其报酬事项；

（10）制定公司的基本管理制度；

（11）公司章程规定的其他职权。

董事会会议由董事长召集和主持；董事长不能履行职务或者不履行职务的，由副董事长召集和主持；副董事长不能履行职务或者不履行职务的，由半数以上董事共同推举 1 名董事召集和主持。

《公司法》第 45 条规定，董事任期由公司章程规定，但每届任期不得超过 3 年。董事任期届满，连选可以连任。董事任期届满未及时改选，或者董事在任期内辞职导致董事会成员低于法定人数的，在改选出的董事就任前，原董事仍应当依照法律、行政法规和公司章程的规定，履行董事职务。

168. 经理行使哪些职权？

根据《公司法》第49条规定，有限责任公司可以设经理，由董事会决定聘任或者解聘。经理对董事会负责，行使下列职权：

（1）主持公司的生产经营管理工作，组织实施董事会决议；

（2）组织实施公司年度经营计划和投资方案；

（3）拟订公司内部管理机构设置方案；

（4）拟订公司的基本管理制度；

（5）制定公司的具体规章；

（6）提请聘任或者解聘公司副经理、财务负责人；

（7）决定聘任或者解聘除应由董事会决定聘任或者解聘以外的负责管理人员；

（8）董事会授予的其他职权。

公司章程对经理职权另有规定的，从其规定。

经理列席董事会会议。

股份有限公司经理与有限责任公司经理职权相同。

169. 监事会是什么机构？如何组成？

监事会是由股东会或股东大会选举的监事以及由公司职工民主选举的监事组成的，对公司的业务活动进行监督和检查的法定必设和常设机构。

公司设立监事会的主要目的，是代表股东对公司董事会和经营层进行监督，由于公司股东分散，专业知识和能力差别很大，参与公司日常经营管理的机会和渠道有限，为了防止董事会、经理层滥用职权，损害公司和股东利益，就需要设置这种专门监督机构，代表股东行使监督职能。在公司治理中，将行使监督职能的机构称为监事会。

根据《公司法》第51条规定，有限责任公司设监事会，其成员不得少于3人。股东人数较少或者规模较小的有限责任公司，可以设1至2名监事，不设监事会。监事会应当包括股东代表和适当比例的公司职工代表，其中职工代表的比例不得低于1/3，具体比例由公司章程规定。监事会中的职工代表由公司职工通过职工代表大会、职工大会或者其他形式民主选举产生。监事会设主席1人，由全体监事过半数选举产生。监事会主席召集和主持监事会会议；监事会主席不能履行职务或者不履行职务的，由半数以上监事共同推举1名监事召集和主持监事会会议。董事、高级管理人员不得兼任监事。

根据《公司法》第117条规定，股份有限公司设监事会，其成员不得少于3人。监事会应当包括股东代表和适当比例的公司职工代表，其中职工代表的比例不得低于1/3，具体比例由公司章程规定。监事会中的职工代表由公司职工通过职工代表大会、职工大会或者其他形式民主选举产生。监事会设主席1人，可以设副主席。监事会主席和副主席由全体监事过半数选举产生。监事会主席召集和主持监事会会议；监事会主席不能履行职务或者不履行职务的，由监事会副主席召集和主持监事会会议；监事会副主席不能履行职务或者不履行职务的，由半数以上监事共同推举1名监事召集和主持监事会会议。董事、高级管理人员不得兼任监事。

《公司法》第53条规定，监事会、不设监事会的公司的监事行使下列职权：

（1）检查公司财务；

（2）对董事、高级管理人员执行公司职务的行为进行监督，对违反法律、行政法规、公司章程或者股东会决议的董事、高级管理人员提出罢免的建议；

（3）当董事、高级管理人员的行为损害公司的利益时，要求董事、高级管理人员予以纠正；

（4）提议召开临时股东会会议，在董事会不履行本法规定的召集和主持股东会会议职责时召集和主持股东会会议；

（5）向股东会会议提出提案；

（6）依照本法第 151 条的规定，对董事、高级管理人员提起诉讼；

（7）公司章程规定的其他职权。

170. 监事的任期是如何规定的？

《公司法》第 52 条规定，监事的任期每届为 3 年。监事任期届满，连选可以连任。监事任期届满未及时改选，或者监事在任期内辞职导致监事会成员低于法定人数的，在改选出的监事就任前，原监事仍应当依照法律、行政法规和公司章程的规定，履行监事职务。

171. 加强职工董事制度、职工监事制度建设的重要意义是什么？

职工董事制度、职工监事制度，是指依照《公司法》《公司登记管理条例》设立的有限责任公司和股份有限公司通过职工代表大会或职工大会民主选举一定数量的职工代表，分别进入董事会、监事会，代表职工源头参与公司决策和监督的基层民主管理形式。

加强职工董事制度、职工监事制度建设，是贯彻落实党的全心全意依靠工人阶级根本方针，推进社会主义基层民主制度建设，支持职工参与管理和监督的重要措施；是建立现代企业制度，将民主管理融入公司治理结构，推进公司民主决策、科学决策的重要内容；是源头上维护职工合法权益，实现劳动关系双方合作共赢，构建社会主义和谐劳动关系的重要抓手；是加强企业党风廉政建设，促进公司负责人廉洁从业，推动公司健康发展的重要途径。

172. 《公司法》关于职工董事、职工监事是怎样规定的？

《公司法》第44第2款规定，两个以上的国有企业或者两个以上的其他国有投资主体投资设立的有限责任公司，其董事会成员中应当有公司职工代表；其他有限责任公司董事会成员中可以有公司职工代表。董事会中的职工代表由公司职工通过职工代表大会、职工大会或者其他形式民主选举产生。

《公司法》第67条规定，国有独资公司设董事会，依照本法第46条、第66条的规定行使职权。董事每届任期不得超过3年。董事会成员中应当有公司职工代表。董事会成员由国有资产监督管理机构委派；但是，董事会成员中的职工代表由公司职工代表大会选举产生。

《公司法》第108条规定，股份有限公司设董事会，其成员为5人至19人。董事会成员中可以有公司职工代表。董事会中的职工代表由公司职工通过职工代表大会、职工大会或者其他形式民主选举产生。

《公司法》第51条第2款规定，监事会应当包括股东代表和适当比例的公司职工代表，其中职工代表的比例不得低于1/3，具体比例由公司章程规定。监事会中的职工代表由公司职工通过职工代表大会、职工大会或者其他形式民主选举产生。

《公司法》第70条规定，国有独资公司监事会成员不得少于5人，其中职工代表的比例不得低于1/3，具体比例由公司章程规定。监事会成员由国有资产监督管理机构委派；但是，监事会成员中的职工代表由公司职工代表大会选举产生。

《公司法》第117条规定，股份有限公司设监事会，其成员不得少于 3 人。监事会应当包括股东代表和适当比例的公司职工代表，其中职工代表的比例不得低于 1/3，具体比例由公司章程规定。监事会中的职工代表由公司职工通过职工代表大会、职工大会或者其他形式民主选举产生。

173. 职工董事、职工监事候选人的条件是什么？

根据《中华全国总工会关于加强公司制企业职工董事制度、职工监事制度建设的意见》，职工董事、职工监事候选人应符合以下基本条件：与公司存在劳动关系；能够代表和反映职工合理诉求，维护职工和公司合法权益，为职工群众信赖和拥护；熟悉公司经营管理或具有相关的工作经验，熟知劳动法律法规，有较强的协调沟通能力；遵纪守法，品行端正，秉公办事，廉洁自律；符合法律法规和公司章程规定的其他条件。遵循职工董事、职工监事任职回避原则，坚持公司高级管理人员和监事不得兼任职工董事，公司高级管理人员和董事不得兼任职工监事。公司高管的近亲属，不宜担（兼）任职工董事、职工监事。

174. 职工董事、职工监事的人数和具体比例有什么规定？

职工董事、职工监事的人数和具体比例应依法在公司章程中作出明确规定。国有及国有控股公司，其董事会成员中应当有公司职工代表；引导和支持国有及国有控股公司以外的其他公司董事会成员中配备适当比例的职工董事，力促董事会成员中至少有 1 名职工董事。所有公司监事会中职工监事的比例不低于 1/3。督促公司在设立（或改制）的初始阶段，依照相关法律规定在董事会、监事会中预留职工董事、职工监事的席位，并在公司章程中予以明确规定。

175. 职工董事、职工监事产生的程序是什么？

（1）职工董事、职工监事的候选人，可以由公司工会根据自荐、推荐情况，在充分听取职工意见的基础上提名，也可以由 1/3 以上的职工代表或者 1/10 以上的职工联名推举，还可以由职代会联席会议提名。公司工会主席、副主席一般应作为职工董事、职工监事候选人人选。

（2）职工董事、职工监事应由公司职代会以无记名投票方式差额选举，并经职代会全体代表的过半数同意方可当选。尚未建立职代会的，应在企业党组织的领导和上级工会的指导下，先行建立职代会。

（3）职工董事、职工监事由职代会选举产生后，应进行任前公示，与其他董事、监事一样履行相关手续，并报上级工会和有关部门（机构）备案。公司工会应做好向上级工会报备的相关工作。

176. 职工董事、职工监事有哪些职权？

职工董事依法行使下列职权：参加董事会会议，行使董事的发言权和表决权；在董事会研究决定公司重大问题时充分发表意见，确定公司高级管理人员的聘任、解聘时，如实反映职代会民主评议高级管理人员情况；对涉及职工合法权益或大多数职工切身利益的董事会议案、方案提出意见和建议；就涉及职工切身利益的规章制度或者重大事项，提出董事会议题，依法提请召开董事会会议，反映职工合理要求，维护职工合法权益；列席与其职责相关的公司行政办公会议和有关生产经营工作的重要会议；要求公司工会、公司有关部门通报相关情况，提供相关资料；向公司工会、上级工会或有关部门如实反映情况；法律法规、规章制度和公司章程规定的其他权利。

职工监事依法行使下列职权：参加监事会会议，行使监事的发言权和表决权；参与监督检查公司对涉及职工切身利益的法律法规、规章制度和公司章程的贯彻执行情况；监督检查公司职工工资、劳动保护、社会保险、福利及劳动合同、集体合同等制度规定的落实情况；听取和监督公司的经营管理情况；参与对公司的财务检查和对公司董事会、经理层人员履行职责的监督；就涉及职工切身利益的规章制度或者重大事项，提出监事会议题，提议召开监事会会议；列席董事会会议，可对董事会决议事项提出质询或者建议；列席与其职责相关的公司行政办公会议和有关生产经营工作的重要会议；要求公司工会、公司有关部门通报相关情况，提供相关资料；向公司工会、上级工会或有关部门如实反映情况；法律法规、规章制度和公司章程规定的其他权利。

尚未设立职工董事的公司，遇有董事会制订公司合并、分立、解散和变更公司重大方案，或者制订公司利润分配方案等涉及职工切身利益的重要事项时，职工监事应当按照对职工董事的要求主动担负起相应职责。

177. 职工董事、职工监事应当履行哪些义务？

职工董事、职工监事应当履行以下义务：认真学习党的理论和路线方针政策，学习国家法律法规，积极参加相关培训，提高自身思想政治素质和相关业务素质；遵守法律法规和公司章程及各项规章制度，执行股东会、董事会、监事会的决议，保守公司秘密，认真履行职责；及时了解企业管理和发展状况，经常深入职工群众广泛听取意见和建议，在董事会、监事会上真实准确、全面充分地反映职工的合理诉求；执行职代会的决议，在董事会、监事会会议上，按照职代会的相关决议或在充分考虑职代会决议和意见的基础上发表意见，行使表决权；建立履职档案，对履行职责情况进行书面记录并妥善保存；每年至少一次向公司职代会报告工作，接受监督、质询、民主评议；法律法规和公司章程规定的其他义务。

178. 职工董事、职工监事向公司职代会作述职报告的主要内容是什么？

职工董事、职工监事向公司职代会作述职报告的主要内容包括：（1）全年出席董事会、监事会会议情况，包括未出席会议的原因、次数；（2）在董事会、监事会会议上发表意见和参与表决的情况，包括投出弃权或者反对票的情况及原因；（3）对公司劳动关系重大问题和职工切身利益重要事项进行调查，反映职代会意见和职工利益诉求，与董事会、监事会其他成员及公司管理层进行交流磋商等情况；（4）参加教育培训情况；（5）根据相关法律法规、规范性文件和公司章程，履行职工董事、职工监事权利义务其他需要报告的情况。

179. 职工董事、职工监事应担负的责任是什么？

根据中华全国总工会《关于加强公司制企业职工董事制度、职工监事制度建设的意见》，职工董事、职工监事应担负的责任是：董事会、监事会的决议、决定违反法律法规或者公司章程、股东大会决议，致使公司遭受严重损失的，参与决议或决定的职工董事、职工监事应当按照有关法律法规和公司章程的规定，承担相应责任。但经证明在表决时曾表明异议或者代表职代会意见并载于会议记录的，可以免除责任。

职工董事、职工监事在收到董事会、监事会议题议案，审议发现有损害职工利益的内容，或者与已有的职代会意见相悖，必要时应向董事长、监事会主席提出暂缓审议该项议题或议案的建议，并及时向职代会报告。因故不能参加董事会、监事会会议时，应以书面形式委托其他董事、监事代为反映意见，并在委托书中明确授权范围。

180. 职工董事、职工监事的任期是如何规定的？

职工董事、职工监事的任期与其他董事、监事的任期相同，每届任期不超过 3 年，任期届满后可以连选连任。职工董事、职工监事因辞职、患病、工作调动等原因离职的，或因劳动关系变更、终止、解除等原因不能履行职责时，经职代会通过终止其任职资格。

181. 可以罢免职工董事、职工监事吗？

可以。职工董事、职工监事有下列行为之一的，由公司职代会依法罢免：公司职代会对其述职进行无记名民主评议，结果为不称职的；不能如实反映公司职代会的决议、决定，在参与公司决策、履行监督职责时不代表职工利益行使权利，损害职工合法权益的；拒绝向公司职代会报告工作的；有其他不依法履行职工董事、职工监事职责行为的。

罢免职工董事、职工监事，须由 1/3 以上职工代表或者 1/10 以上职工联名提出罢免议案，并经职代会讨论通过。职代会讨论罢免职工董事、职工监事有关事项时，职工董事、职工监事有权在会上提出申辩理由或书面申辩意见。罢免议案须采用无记名投票方式，经职代会全体代表的过半数同意方获通过。罢免案通过后，公司工会应当将罢免结果报上级工会和有关部门备案。

182. 应为职工董事、职工监事履行职责提供哪些必要保障？

职工董事、职工监事履行职责应提供以下必要保障。

（1）履职权益保障。公司应当为职工董事、职工监事依法履行职责提供必要的工作条件，保证其履职所必须的工作时间，其在履行职责期间除享受正常的工资和福利待遇外，履职所发生的费用比照其他董事、监事办理。职工董事、职工监事为履行职责，必要时可聘请律师或会计师等协助其工作，费用应依法参照有关规定由公司或公司工会承担。职工董事、职工监事在任职期间，除法定情形外，公司不得与其解除劳动合同。职工董事、职工监事在任期内和任期届满后，公司不得因其履行职责的原因，对其降职、减薪或采取其他形式进行打击报复。

（2）工作制度保障。公司工会要推动公司依法完善职工董事制度、职工监事制度相关配套制度，为充分发挥职工董事、职工监事的作用提供制度保障。建立培训制度，公司要在职工董事、职工监事任职前和任职期间组织其参加岗位适应性学习培训，不断提高其业务素质和履职能力。建立调研制度，职工董事、职工监事应通过工会和职代会建立起与广大职工群众联系的渠道，通过召开职工群众座谈会、职工代表团（组）长和职代会专门小组（委员会）负责人联席会议、职工代表巡视检查等形式，直接征求和听取职工群众的意见。

（3）信息服务保障。公司应协助职工董事、职工监事全面了解公司情况，及时向职工董事、职工监事提供公司生产经营管理等方面的资料和信息。职代会下设工作机构要及时向职工董事、职工监事提供职代会的议题、议案和决议等材料，协助其开展专题调研和巡视检查，及时反映职工的有关意见和建议。公司工会要通过各种有效途径，为职工董事、职工监事提供专业意见和相关咨询。

183. 如何推动公司制企业依法建立健全职工董事职工监事制度，强化职工参与和内部监督？

要督促公司制企业依照法律法规和政策规定，支持和保证职工董事职工监事与董事会、监事会其他成员平等地参与企业决策、管理和监督，代表和维护职工合法权益。

一是要推动所有设立董事会、监事会的公司制企业建立职工董事职工监事制度。国有独资公司设立董事会的，以及两个以上的国有企业或者其他两个以上的国有投资主体投资设立的有限责任公司设立董事会的，必须依照《公司法》的规定设立职工董事；同时要督促其他设立董事会的公司制企业建立职工董事制度。设立监事会的各类公司制企业都必须设立职工监事，职工监事的比例不得低于监事会成员的 1/3。

二是要坚持职工董事职工监事必须依法由职工代表大会选举产生。职工董事职工监事的候选人应当由公司制企业工会在充分听取职工意见的基础上提名，经职工代表大会全体代表过半数通过方可当选，并报上一级工会组织备案。公司制企业应当依法在公司章程中明确职工董事职工监事在董事会、监事会中的具体比例和人数，并明确工会主席、副主席作为职工董事职工监事候选人人选。

三是要加强对职工董事职工监事的支持与监督。必须明确职工董事职工监事是职工代表，对职工代表大会负责，在董事会、监事会会议上，要按照职工代表大会的有关决议发表意见，全面真实准确地反映职工代表大会的意见和建议，表达和维护职工合法权益和利益诉求；要定期向职工代表大会报告工作，接受职工代表大会的质询和监督。职工董事职工监事不履行职责或者有严重过错的，经 1/3 以上的职工代表联名提议，职工代表大会全体代表的过半数通过，应当予以罢免。

要督促公司制企业依法为职工董事职工监事开展工作提供必要的信息和条件，保障职工董事职工监事依法履行职责应享有的各项权益，以及与公司制企业的其他董事监事享有同等的权利和相应的待遇。职工董事职工监事在任职期间，除法定情形外，企业不得与其解除劳动合同。

五、集体协商与集体合同制度

184. 什么是集体协商与集体合同制度？

集体协商，又称集体谈判，是指劳动者通过自己的组织或代表与相应的雇主、雇主组织或者其代表为签订集体合同进行商谈的行为。在我国，集体协商是指工会或职工代表与企业或企业团体就劳动问题，为签订集体合同进行商谈的行为。集体协商是保护职工合法权益，建立和谐稳定的劳动关系，调动和发挥广大职工积极性、创造性，促进企业和职工加强沟通、共谋发展的重要手段。集体协商是签订集体合同的基础和关键环节。

集体合同，是指用人单位与本单位职工根据法律、法规、规章的规定，就劳动报酬、工作时间、休息休假、劳动安全卫生、职业培训、保险福利等事项，通过平等协商签订的书面协议；专项集体合同是指用人单位与本单位职工根据法律、法规、规章的规定，就集体协商的某项内容签订的专项书面协议。《劳动合同法》第 51 条规定：企业职工一方与用人单位通过平等协商，可以就劳动报酬、工作时间、休息休假、劳动安全卫生、保险福利等事项订立集体合同。《劳动法》第 33 条规定："企业职工一方与企业可以就劳动报酬、工作时间、休息休假、劳动安全卫生、保险福利等事项，签订集体合同。集体合同草案应当提交职工代表大会或者全体职工讨论通过。集体合同由工会代表职工与企业签订；没有建立工会的企业，由职工推举的代表与企业签订。"

185. 集体协商、集体合同有哪些特点？

集体协商具有以下其特点：

（1）集体协商代表的身份对等；

（2）集体协商双方代表的法律地位平等；

（3）集体协商是围绕着改善劳动条件和协调劳动关系的协商；

（4）集体协商是公开、公平、平等的协商；

（5）集体协商是和平协商；

（6）集体协商的结果体现在所签订的集体合同中；

（7）集体协商是在法律、法规规定的范围内协商。

集体合同具有以下特点。

（1）集体合同是特定的当事人之间订立的协议。在集体合同中当事人一方是代表职工的工会组织或职工代表；另一方是用人单位。当事人中至少有一方是由多数人组成的团体。特别是职工方，必须由工会或职工代表参加，集体合同才能成立。

（2）集体合同内容包括劳动报酬、工作时间、休息休假、劳动安全卫生、保险福利等事项。在集体合同中，劳动标准是集体合同的核心内容，对个人劳动合同起制约作用。

（3）集体合同的双方当事人的权利义务不均衡。其基本上都是强调用人单位的义务，如为劳动者提供符合法律规定的劳动设施和劳动条件。

（4）集体合同采取要式合同的形式，需要报送劳动行政部门登记、审查、备案方为有效。

（5）集体合同受到国家宏观调控计划的制约，就效力来说，集体合同效力高于劳动合同，劳动合同规定的职工个人劳动条件和劳动报酬标准，不得低于集体合同的规定。

（6）集体合同是一项劳动法律制度。

（7）集体合同的订立，主要通过劳动关系双方的代表或双方的代表组织自行交涉解决。

（8）集体合同制度的运作十分灵活，没有固定模式，并且经法定程序订立的集体合同，对劳动关系双方具有约束力。

（9）集体合同制度必须遵循的一项重要原则，就是劳动关系双方在平等自愿的基础上相互理解和相互信任。

186. 集体合同与劳动合同有什么区别？

集体合同与劳动合同是劳动法调整的两大合同，都是用来调整劳动关系的。但是，两者有明显的区别。

（1）主体不同。集体合同的当事人一方是用人单位，另一方必须是职工自愿结合而成的工会或者职工推举的代表。而劳动合同的一方当事人是用人单位，而另一方通常是劳动者个人。

（2）内容不同。集体合同的内容是关于用人单位的一般劳动条件标准的约定，以全体劳动者共同权利和义务为内容。劳动合同的内容只涉及单个劳动者的权利义务。

（3）适用范围不同。集体合同适用于用人单位的全体劳动者，即一份集体合同适用于用人单位的每一位劳动者；劳动合同则只适用于劳动者个人，对用人单位其他劳动者没有约束力。

（4）作用不同。集体合同的作用是为劳动关系的各个方面设定具体标准，发展和改善劳动关系。而劳动合同的作用是确立劳动者和用人单位的劳动关系。

（5）签订程序不同。集体合同需由职工代表与用人单位进行平等协商，形成集体合同草案，经职工代表大会或者全体职工讨论通过，并报送劳动保障部门；而劳动合同是由职工本人与用工单位直接签订。

（6）法律效力不同。集体合同的法律效力高于劳动合同的法律效力，它是用人单位与劳动者订立劳动合同的重要依据，劳动者个人与用人单位订立的劳动合同的条款的标准不得低于集体合同的规定。两者出现不一致时，应以集体合同规定的条款为准。同时，集体合同对于签订集体合同的用人单位和全体劳动者都发生效力，而劳动合同只能是对用人单位和单个的劳动者发生效力。

187. 集体协商与集体合同制度的重要作用是什么？

（1）全面推进集体协商与集体合同制度，是建立和谐稳定的劳动关系的需要。用人单位的劳动关系，是用人单位中处于主导地位的核心关系，直接影响着职工的利益和用人单位的发展。当今社会，随着用工方式走向多元化，劳动关系日趋复杂，劳动争议明显增多。推行集体协商与集体合同制度，有利于化解劳资冲突，减少劳资关系中的不稳定因素，协调和规范劳动关系，促进劳动关系和谐稳定。

（2）全面推进集体协商与集体合同制度，是维护职工合法权益的有效机制。工会作为职工利益的代表者和维护者，其基本职责是维护职工合法权益，竭诚服务职工群众。工会维护职工合法权益的有效机制就是集体协商与集体合同制度。工会组织代表职工就涉及职工切身利益的劳动报酬、工作时间、休息休假、劳动安全卫生、保险福利等事项，与企业进行平等协商，最终达成一致，签订集体合同，有利于从源头和整体上维护职工的合法权益。

（3）全面推行集体协商与集体合同制度，是促进经济社会发展的重要保障。通过集体协商，签订集体合同，使劳动关系更加和谐稳定，使职工的合法权益得到切实维护，有利于充分调动和发挥职工的积极性、主动性、创造性，激发职工的劳动热情，提高劳动生产率，推动经济社会发展。

（4）全面推行集体协商与集体合同制度，是更好发挥工会作用的基本途径。全面推行集体协商与集体合同制度，是工会组织履行基本职责的要求，有利于更好地发挥工会在协调企业劳动关系中的积极作用，使工会协调劳动关系和维护职工劳动权益的职能发挥得更直接、更生动、更有效；使工会的"维权"职能实现法治化，并带动工会全面工作的开展。

188. 集体合同的种类有哪些？

按照不同的标准，集体合同可以划分为不同的种类。根据主体和适用范围不同，可以分为基层（企业）集体合同、区域性集体合同、行业性（产业性）集体合同以及全国性集体合同；根据内容不同，可以分为专项集体合同和综合性集体合同；根据签订程序不同，可以分为自由集体合同和强制集体合同。

189. 平等协商和签订集体合同应当遵守哪些原则？

平等协商、签订集体合同应当遵守以下原则。

（1）合法原则

平等协商和签订集体合同双方主体的资格、程序、内容、形式等必须符合《劳动法》和其他有关法律、法规的规定。

（2）平等合作和协商一致的原则

参与协商的工会组织与用人单位不存在隶属关系，双方法律地位是平等的。任何一方不能倚仗权势，通过胁迫手段把自己的意志强加给对方，订立不平等合同。双方要本着合作的态度，力求协商一致解决问题。

（3）权利与义务相结合的原则

《劳动法》虽然是以保障劳动者权益为宗旨的，但这种权利是与义务相结合的。因此，参加平等协商的双方既享有权利又承担义务。

（4）兼顾各方利益的原则

工会在代表职工同用人单位进行协商谈判时，既要维护职工的合法利益，又要从用人单位实际出发，把改善职工劳动、生活条件与本单位的发展结合起来。

（5）维护正常生产、工作秩序的原则

在平等协商的过程中，双方应保持良好的合作态度。当意见僵持难以形成统一时，可暂时休会。休会期间必须保证生产经营的正常秩序。

190. 什么是集体协商代表？集体协商代表如何产生？

集体协商代表，是指按照法定程序产生并有权代表本方利益进行集体协商的人员。这个定义中，集体协商代表有 3 个要素：第一，按照法定程序产生；第二，有权代表本方利益；第三，参加集体协商。

协商代表每方至少 3 人，双方协商代表人数应当对等。协商双方各确定 1 名首席代表。

职工一方的协商代表由本单位工会选派。未建立工会的，由本单位职工民主推荐，并经本单位半数以上职工同意。职工一方的首席代表由本单位工会主席担任。工会主席可以书面委托其他协商代表代理首席代表。工会主席空缺的，首席代表由工会主要负责人担任。未建立工会的，职工一方的首席代表从协商代表中民主推举产生。

用人单位一方的协商代表，由用人单位法定代表人指派，首席代表由单位法定代表人担任或由其书面委托的其他管理人员担任。

双方首席代表可以书面委托专家、学者、律师等专业人员作为本方的协商代表，但委托人数不得超过本方代表的1/3。

用人单位协商代表与职工协商代表不得相互兼任。

191. 集体协商代表的职责是什么？

集体协商代表的职责主要如下。

（1）参加平等协商。

（2）接受本方人员质询，及时向本方人员公布协商情况并征求意见。

（3）提供与平等协商有关的情况和资料。

（4）代表本方参加平等协商争议处理。

（5）监督集体合同或专项集体合同的履行。

（6）保守在平等协商过程中知悉的用人单位的商业秘密以及协商过程中个人意见。

（7）维护本单位正常的生产、工作秩序。

（8）法律、法规和规章规定的其他职责。

192. 集体协商代表有哪些权利和义务？

集体协商代表享有以下权利。

（1）企业内部的协商代表参加集体协商视为提供了正常劳动。

（2）职工一方协商代表在其履行协商代表职责期间劳动合同期满的，劳动合同期限自动延长至完成履行协商代表职责之时，除出现法定情形的，用人单位不得与其解除劳动合同。

（3）职工一方协商代表履行协商代表职责期间，用人单位无正当理由不得调整其工作岗位。

集体协商代表应当履行以下义务。

（1）维护本单位正常的生产、工作秩序，不得采取威胁、收买、欺骗等行为。

（2）应当保守在集体协商过程中知悉的用人单位的商业秘密。

193. 如何加强对职工协商代表的保护？

要加强对职工协商代表的保护。企业应当保证职工协商代表履行职责必要的工作时间，其工资和其他待遇不受影响。职工协商代表在本人劳动合同期限内，除严重违反劳动纪律、企业规章制度和严重失职、营私舞弊、给企业利益造成重大损害以及被追究刑事责任外，企业不得与其解除劳动合同。职工协商代表在任期内，劳动合同期满的，企业原则上应当与其续签劳动合同至任期届满。职工代表的任期与当期集体合同的期限相同。企业不当变更或解除职工协商代表劳动合同的，劳动保障部门应当责令限期改正。

194. 集体协商代表可以更换吗？

根据《集体合同规定》第 30、31 条规定，工会可以更换职工一方协商代表；未建立工会的，经本单位半数以上职工同意可以更换职工一方协商代表。用人单位法定代表人可以更换用人单位一方协商代表。

集体协商代表因更换、辞任或遇有不可抗力等情形造成空缺的，应在空缺之日起 15 日内按照本规定产生新的代表。

195. 集体合同主要包括哪些内容？

根据《集体合同规定》，集体合同的主要内容包括以下方面。

（1）劳动报酬。主要包括：用人单位工资水平、工资分配制度、工资标准和工资分配形式；工资支付办法；加班加点工资及津贴、补贴标准和奖金分配办法；工资调整办法；试用期及病、事假等期间的工资待遇；特殊情况下职工工资（生活费）支付办法；其他劳动报酬分配办法。

（2）工作时间。主要包括：工时制度；加班加点办法；特殊工种的工作时间；劳动定额标准。

（3）休息休假。主要包括：日休息时间、周休息日安排、年休假办法；不能实行标准工时职工的休息休假；其他假期。

（4）劳动安全与卫生。主要包括：劳动安全卫生责任制；劳动条件和安全技术措施；安全操作规程；劳保用品发放标准；定期健康检查和职业健康体检。

（5）补充保险和福利。主要包括：补充保险的种类、范围；基本福利制度和福利设施；医疗期延长及其待遇；职工亲属福利制度。

（6）女职工和未成年工特殊保护。主要包括：女职工和未成年工禁忌从事的劳动；女职工的经期、孕期、产期、哺乳期及更年期的劳动保护；女职工、未成年工定期健康检查；未成年工的使用和登记制度。

（7）职业技能培训。主要包括：职业技能培训项目规划及年度计划；职业技能培训费用的提取和使用；保障和改善职业技能培训的措施。

（8）劳动合同管理。主要包括：劳动合同签订时间；确定劳动合同期限的条件；劳动合同变更、解除、续订的一般原则及无固定期限劳动合同的终止条件；试用期的条件和期限。

（9）奖惩。主要包括：劳动纪律；考核奖惩制度；奖惩程序。

（10）裁员。主要包括：裁员的方案；裁员的程序；裁员的实施办法和补偿标准。

（11）集体合同期限。集体合同期限一般为 1 至 3 年。

（12）变更、解除集体合同的程序。

（13）履行集体合同发生争议时的协商处理办法。

（14）违反集体合同的责任。

（15）双方认为应当协商的其他内容。

196. 集体协商的基本程序有哪些？

集体协商程序，是指集体协商从启动到集体合同成立生效所经过的过程。根据《集体合同规定》的规定，集体协商应按下列程序进行。

（1）提出协商要求。集体协商任何一方均可就签订集体合同或专项集体合同以及相关事宜，以书面形式向对方提出进行集体协商的要求。一方提出进行集体协商要求的，另一方应当在收到集体协商要求之日起 20 日内以书面形式给予回应，无正当理由不得拒绝进行集体协商。

（2）准备工作。包括：熟悉与集体协商内容有关的法律、法规、规章；了解与集体协商内容有关的情况和资料；拟定集体协商议题；产生集体协商代表；确定集体协商的时间、地点等。

（3）协商。根据《集体合同规定》，集体协商主要采取协商会议的形式。

（4）审议通过。根据《集体合同规定》，经双方协商代表协商一致的集体合同草案或专项集体合同草案应当提交职工代表大会或者全体职工讨论。

（5）签字。集体合同草案或专项集体合同草案经职工代表大会或者职工大会通过后，由集体协商双方首席代表签字。

（6）报送、登记、审查。根据《集体合同规定》，集体合同或专项集体合同签订或变更后，应当自双方首席代表签字之日起 10 日内，由用人单位一方将文本 1 式 3 份报送劳动保障行政部门审查。

（7）生效、公布。劳动保障行政部门自收到文本之日起 15 日内未提出异议的，集体合同或专项集体合同即行生效。生效的集体合同或专项集体合同，应当自其生效之日起由协商代表及时以适当的形式向本方全体人员公布。

197. 集体协商前的准备工作有哪些？

协商代表在集体协商前应进行下列准备工作：

（1）熟悉与集体协商内容有关的法律、法规、规章和制度；

（2）了解与集体协商内容有关的情况和资料，收集用人单位和职工对协商意向所持的意见；

（3）拟定集体协商议题，集体协商议题可由提出协商一方起草，也可由双方指派代表共同起草；

（4）确定集体协商的时间、地点等事项；

（5）共同确定一名非协商代表担任集体协商记录员。记录员应保持中立、公正，并为集体协商双方保密。

198. 集体协商会议如何召开？

集体协商主要采取协商会议的形式。集体协商会议由双方首席代表轮流主持，并按下列程序进行：

（1）宣布议程和会议纪律；

（2）一方首席代表提出协商的具体内容和要求，另一方首席代表就对方的要求作出回应；

（3）协商双方就商谈事项发表各自意见，开展充分讨论；

（4）双方首席代表归纳意见。达成一致的，应当形成集体合同草案或专项集体合同草案，由双方首席代表签字。

集体协商未达成一致意见或出现事先未预料的问题时，经双方协商，可以中止协商。中止期限及下次协商时间、地点、内容由双方商定。

199. 集体合同草案提交职工代表大会审议通过的基本程序是什么？

（1）经双方协商代表协商一致的集体合同草案或专项集体合同草案应当提交职工代表大会或者全体职工讨论；

（2）职工代表大会或者全体职工讨论集体合同草案或专项集体合同草案，应当有 2/3 以上职工代表或者职工出席，且须经全体职工代表半数以上或者全体职工半数以上同意，集体合同草案或专项集体合同草案方获通过；

（3）集体合同草案或专项集体合同草案经职工代表大会或者职工大会通过后，由集体协商双方首席代表签字。

200. 集体合同文本向劳动保障行政部门报送的材料有哪些？

集体合同或专项集体合同签订后，由用人单位一方将签字的集体合同文本及说明材料 1 式 3 份，在集体合同签订后的 10 日内报送县级以上政府劳动保障行政部门审查。说明材料应包括用人单位的营业执照、工会的社团法人证明材料、双方代表的身份证（均为复印件）、委托授权书、职工代表的劳动合同书、相关审议会议通过的集体合同的决议、集体合同条款的必要说明等。

201. 劳动保障行政部门如何对报送的集体合同或专项集体合同进行审查？

劳动保障行政部门应当对报送的集体合同或专项集体合同的下列事项进行合法性审查：

（1）集体协商双方的主体资格是否符合法律、法规和规章规定；

（2）集体协商程序是否违反法律、法规、规章规定；

（3）集体合同或专项集体合同内容是否与国家规定相抵触。

劳动保障行政部门对集体合同或专项集体合同有异议的，应当自收到文本之日起 15 日内将《审查意见书》送达双方协商代表。《审查意见书》应当载明以下内容：

（1）集体合同或专项集体合同当事人双方的名称、地址；

（2）劳动保障行政部门收到集体合同或专项集体合同的时间；

（3）审查意见；

（4）作出审查意见的时间。

《审查意见书》应当加盖劳动保障行政部门印章。

用人单位与本单位职工就劳动保障行政部门提出异议的事项经集体协商重新签订集体合同或专项集体合同的，用人单位一方应当根据《集体合同规定》第 42 条的规定将文本报送劳动保障行政部门审查。

202. 集体合同履行的原则是什么？

集体合同的履行，是指在集体合同依法签订后，双方当事人按照集体合同约定的时间、地点和方法，全面完成集体合同规定的义务。当事人完成了集体合同规定的全部义务，叫集体合同的全部履行；只完成了集体合同规定的部分义务，叫集体合同的部分履行；没有完成集体合同规定的义务，叫集体合同未履行。集体合同一旦生效，就具有法律效力，双方当事人必须遵守执行，无法定理由拒不履行合同的，应当承担违约责任。

集体合同一经生效，集体合同双方应当履行。履行集体合同过程中出现的问题，应当协商解决。

集体合同履行应坚持以下原则。

（1）全面履行原则。即集体合同生效后，当事人双方按照集体合同规定的时间、地点、数量以及履行方式等，全面完成集体合同规定的义务。

（2）实际履行的原则。即当事人完全按照集体合同约定的义务履行，合同中规定了什么义务就履行什么义务，除了法律、法规有规定或征得对方当事人同意外，不得用完成另外的义务来代替约定的义务。一方违约时，也不得用其他方式代替履行。对方要求继续履行时，仍应完成集体合同规定的义务。

（3）协作履行的原则。协作履行原则是指集体合同当事人不仅适当履行自己的义务，而且应基于诚实信用原则的要求协助对方当事人履行其义务的履行原则。只有双方当事人在合同履行过程中相互配合、相互协作，集体合同才会得到适当履行。

203. 工会可以对集体合同的履行进行监督吗？

集体合同的履行要接受工会和职工群众的监督。各级劳动保障部门要依法加强对集体合同制度履行情况的行政监察工作，把劳动保障监察同工会劳动法律监督紧密结合起来，对无正当理由拒绝平等协商、违反集体合同的企业，要责令其限期改正，依法处理。

204. 集体合同的变更或解除分哪几种？

集体合同的变更是指双方当事人在集体合同没有履行或虽已开始履行但尚未完全履行之前，因订立集体合同的主客观条件发生了变化，依照法律规定的条件与程序，对原合同中的部分条款进行修改、补充的法律行为。集体合同的解除是指集体合同依法签订后，未履行完毕前，由于某种原因导致当事人一方或双方提前终止集体合同的法律效力，停止履行双方劳动权利义务关系的法律行为。

一般来说，集体合同的变更或者解除可以分为法定和约定的变更或解除。

（1）约定变更或解除。根据《集体合同规定》第 39 条的规定，双方协商代表协商一致，可以变更或解除集体合同或专项集体合同。

（2）法定变更或解除。根据《集体合同规定》第 40 条规定，有下列情形之一的，可以变更或解除集体合同或专项集体合同：

①用人单位因被兼并、解散、破产等原因，致使集体合同或专项集体合同无法履行的；

②因不可抗力等原因致使集体合同或专项集体合同无法履行或部分无法履行的；

③集体合同或专项集体合同约定的变更或解除条件出现的；

④法律、法规、规章规定的其他情形。

变更或解除集体合同程序：根据《集体合同规定》规定，变更或解除集体合同或专项集体合同适用本规定的集体协商程序。

205. 集体协商发生争议如何处理？

集体协商过程中发生争议，双方当事人不能协商解决的，当事人一方或双方可以书面向劳动保障行政部门提出协调处理申请。未提出申请的，劳动保障行政部门认为必要时也可以进行协调处理。

劳动保障行政部门应当组织同级工会和企业组织等三方面的人员，共同协调处理集体协商争议。

协调处理集体协商争议，应当自受理协调处理申请之日起 30 日内结束协调处理工作。期满未结束的，可以适当延长协调期限，但延长期限不得超过 15 日。

协调处理集体协商争议应当按照以下程序进行：

（1）受理协调处理申请；

（2）调查了解争议的情况；

（3）研究制定协调处理争议的方案；

（4）对争议进行协调处理；

（5）制作《协调处理协议书》。

《协调处理协议书》应当载明协调处理申请、争议的事实和协调结果，双方当事人就某些协商事项不能达成一致的，应将继续协商的有关事项予以载明。《协调处理协议书》由集体协商争议协调处理人员和争议双方首席代表签字盖章后生效。争议双方均应遵守生效后的《协调处理协议书》。

206. 履行集体合同争议怎么处理?

《劳动法》第 84 条第 2 款规定："因履行集体合同发生争议，当事人协商解决不成的，可以向劳动争议仲裁委员会申请仲裁；对仲裁裁决不服的，可以自收到仲裁裁决书之日起 15 日内向人民法院提起诉讼。"

207. 《中华人民共和国劳动合同法》规定的专项集体合同有哪几种?

专项集体合同是指用人单位与劳动者根据法律、法规、规章的规定,就集体协商的某项内容签订的专项书面协议。专项集体合同的订立、效力及发生争议的处理同集体合同。《劳动合同法》第 52 条规定:"企业职工一方与用人单位可以订立劳动安全卫生、女职工权益保护、工资调整机制等专项集体合同。"可见,劳动合同法规定的专项集体合同包括:劳动安全卫生专项集体合同、女职工权益保护专项集体合同、工资专项集体合同。

208. 工资集体协商的重要作用是什么?

工资集体协商,是指职工代表与企业代表依法就企业内部工资分配制度、工资分配形式、工资收入水平等事项进行平等协商,在协商一致的基础上签订工资协议的行为。工资协议,是指专门就工资事项签订的专项集体合同。已订立集体合同的,工资协议作为集体合同的附件,并与集体合同具有同等效力。工资集体协商是实现劳动关系双方共同参与、共同决定劳动者工资的一种收入分配方式,是工资正常增长机制和支付保障机制中的重要组成部分。

开展工资集体协商是建立现代企业制度、构建和谐劳动关系的需要。一方面能够维护职工的劳动经济权益,使工资增长与企业效益提高相适应,确保职工群众共享经济发展的成果;另一方面有利于调动广大职工的积极性、主动性、创造性,促进企业高质量发展。

209. 我国工资分配的原则是什么?

工资分配的原则,是由立法确认的贯穿于整个工资制度的基本准则,是实现工资制度立法目的的核心组成部分。《劳动法》第 46 条规定:"工资分配应当遵循按劳分配原则,实行同工同酬。工资水平在经济发展的基础上逐步提高。国家对工资总量实行宏观调控。"这一规定,明确了我国工资分配的原则。

(1)按劳分配原则

按劳分配是分配个人消费品的社会主义原则,是指把劳动量作为个人消费品分配的主要标准和形式,按照劳动者的劳动数量和质量分配个人消费品,多劳多得,少劳少得。实行按劳分配原则,要体现奖勤罚懒,奖优罚劣,多劳多得,少劳少得。在我国以公有制为基础的市场经济条件下,按劳分配原则是工资分配的核心原则,我国劳动法的基本工资制度,就是依据这一原则建立的。

(2)同工同酬原则

同工同酬是指用人单位对于从事相同工作岗位、付出相同劳动、取得相同工作业绩的劳动者,支付大体相同的劳动报酬。实行同工同酬,要求对所有劳动者不分性别、年龄、种族、民族,只要付出同等劳动,就付给同等的劳动报酬。同工同酬必须具备 3 个条件:一是劳动者的工作岗位、工作内容相同;二是在相同的工作岗位上付出了与别人同样的劳动工作量;三是同样的工作量取得了相同的工作业绩。

(3)工资水平适应经济发展原则

生产决定分配,只有经济发展才能提供更多的可分配的社会产品;只有社会生产力发展了,才能有提高工资水平的物质基础。因此工资水平必须与经济发展水平相适应。

（4）工资总量宏观调控原则

工资总量宏观调控是指国家根据既定的宏观经济、社会目标，对地区、部门（产业）、单位工资总量的确定和相互关系，综合运用经济、行政和法律等多种手段进行调节和控制，以实现资源优化配置和国民经济协调发展，使消费基金的增长与生产基金的增长相协调，消费与生产比例关系趋于合理。工资总量宏观调控的内容主要包括：界定工资总额，调控地区、部门（行业）工资水平以及调控用人单位工资总额等几个方面。

210. 劳动报酬权包括哪些基本内容？

劳动报酬权是指劳动者依照劳动法律关系，履行劳动义务，由用人单位根据按劳分配的原则及劳动力价值支付报酬的权利。劳动报酬权包括劳动报酬协商权、劳动报酬请求权和劳动报酬支配权三方面基本内容。

（1）劳动报酬协商权

劳动报酬协商权，是指劳动者与用人单位依法通过协商确定劳动报酬的形式和水平的权利。其核心是依法确定劳动者自己的劳动报酬。依法是指双方在确定劳动报酬时，不得违背国家法律法规的规定。劳动者与用人单位协商确定的劳动报酬不能低于国家的最低工资标准，在此基础上可自由协商确定报酬水平。

（2）劳动报酬请求权

劳动报酬请求权，是指劳动者在与用人单位建立劳动关系、付出了劳动之后，有权请求用人单位按时足额支付劳动报酬。劳动报酬请求权在性质上属优先权，即优先受偿权。优先权是指依法律规定，特种债的债权人在债务人的全部财产或特定财产上享有的优先受偿的权利。这是根据劳动报酬具有生存保障价值而赋予的优先于债权而获得受偿的权利，也是人权优先的体现。尤其是在用人单位歇业、清算或者宣告破产时，劳动者的劳动报酬请求权得到法律的绝对优先保护。

（3）劳动报酬支配权

劳动报酬支配权，是指劳动者独立支配管理和处分自己劳动报酬的权利。劳动报酬支配权具有民法物权的属性，即劳动者有权自主地支配处分其劳动报酬，任何人都不能干涉和侵犯。否则，就构成了侵权。

211. 工资集体协商有哪些特点？

（1）工资集体协商的主体是特定的。一方是用人单位，一方是用人单位的职工，职工一方由工会代表。

（2）工资集体协商双方的地位是平等的。地位平等是协商公平的前提和基础。双方协商代表要以平等的身份进行协商，双方享有平等的建议权、否决权和陈述权。为保证双方地位的平等，工会就应当是相对独立的，工会的协商代表应当不受管理层制约和影响。

（3）工资集体协商程序是法定的。工资集体协商是通过法定的程序决定用人单位内部工资分配问题，确定劳动者的工资收入水平。工资集体协商有严格的程序性要求，协商程序应当合法、规范。

（4）工资集体协商的结果是签订工资专项集体合同。工资专项集体合同具有法律效力。

（5）工资专项集体合同是一种组织行为和法律行为。工资专项集体合同应以国家宏观调控政策为基础，遵循国家法律法规并结合国家有关工资法律法规政策来规范协商内容和程序。

212. 企业建立工资集体协商制度一般应当具备哪些条件？

企业建立工资集体协商制度一般应当具备以下条件：

（1）企业生产经营正常，产权关系明晰，具有工资分配自主权，具备独立承担民事责任的法人实体；

（2）企业领导班子健全，管理人员素质较高，民主意识强，基础管理工作较好，统计数据、统计分析等基础资料齐全，有较严格的责任制体系；

（3）企业建立了工会组织和职工代表大会制度，工会干部素质较高，对企业劳动工资业务熟悉，职工参与民主管理意识较强；

（4）企业工会和经营者（董事会）均有通过集体协商确定职工劳动报酬的愿望和要求。

213. 工会推进工资集体协商的重要意义是什么？

（1）推进工资集体协商是工会参与社会利益协调、解决企业工资分配问题的必然选择。工资分配历来是劳动关系中最敏感、最核心的内容，是职工最关心最直接最现实的利益问题，当前已成为企业职工利益诉求的焦点。在政府不直接干预企业工资分配的情况下，构建与市场经济环境相适应的企业工资分配机制已迫在眉睫。建立一个由企业经营者和劳动者通过工资集体协商来确定劳动报酬的共决机制，符合"市场机制调节、企业自主分配、职工民主参与、政府监控指导"的企业工资分配体制的要求，也是目前市场经济国家解决企业工资分配问题的通行做法。

（2）推进工资集体协商是工会维护职工合法权益的有效机制。维护职工合法权益、竭诚服务职工群众是工会的基本职责，是工会工作的重中之重，是工会安身立命之本。工会只有做好维护职工合法权益和服务职工群众工作，才能赢得职工群众的信赖和支持。工资作为职工生活的主要的或者唯一的来源，是工会维护职工切身利益的主要内容之一。

目前，我国工资分配存在的问题比较突出，主要是工资水平偏低，增长缓慢，差距过大。之所以出现上述问题，除了受到劳动力市场竞争因素的影响，主要是由于企业工资共决机制不健全，实质上形成了企业单方决定工资的局面，致使资本分配和劳动分配严重扭曲。而建立以工资集体协商为主要形式的企业工资共决机制，就能促进职工工资增长与企业效益增长相协调，逐步提高劳动报酬在初次分配中的比重，使广大职工共享改革发展成果，不断提高职工生活水平。所以，工资集体协商是工会维护职工合法权益的有效机制。

（3）推进工资集体协商是工会推动经济发展方式转变的重要途径。通过开展工资集体协商，使职工工资水平和消费水平逐步提高，会倒逼企业进行技术创新，改善管理水平，调整产品结构，节能降耗，促进经济增长由主要依靠投资、出口拉动向依靠消费、投资、出口协调拉动转变，由主要依靠增加物质资源消耗向主要依靠科技进步、劳动者素质提高、管理创新转变。而且，通过工资集体协商解决好工资分配问题，可以调动职工积极性、主动性、创造性，激发创新活力，促进企业劳动生产率和经济效益提高。

（4）推进工资集体协商是工会促进劳动关系和谐稳定的基本手段。劳动关系实质上是一种利益关系，协调劳动关系实质上是协调劳动关系双方的利益关系，而工资是这种利益关系的核心内容。工资分配既是一个经济问题，又是一个政治问题；既关系职工的切身利益，又关系到企业的发展。工资问题解决的好坏，直接关系到劳动关系能否和谐稳定。如果工资分配不合理，就会引发劳资矛盾，不仅会影响企业的稳定和发展，还会影响一个地区的稳定和发展。做好劳动关系协调工作，构建和谐稳定劳动关系，应当积极推行工资集体协商，坚持和谐发展、互利共赢的理念，理顺分配关系，实现分配公平，预防劳动争议的发生，促进劳动关系的和谐稳定。

　　各级工会要充分认识全面深入推行工资集体协商制度的重要性、必要性和紧迫性，将其作为建立工资正常增长机制和支付保障机制、实现职工收入正常增长和预防、化解劳动关系矛盾与冲突的重要制度保障，在扩大工资集体合同覆盖面的同时，进一步建立健全工资集体协商机制，切实增强工资集体协商的针对性和实效性。

214. 工资集体协商如何提出？

　　职工和企业任何一方均可以书面形式提出进行职工工资集体协商的意向，对方应当自接到协商要约书之日起 20 日内书面答复。同意协商的，双方应当约定协商开始的日期。

　　工资集体协商的提出方应向另一方提交书面的协商要约书，明确工资集体协商的时间、地点、内容和需要对方提供的资料等。

215. 工资集体协商的主要内容有哪些？

　　根据《工资集体协商试行办法》第 7 条规定，工资集体协商一般包括以下内容：

　　（1）工资协议的期限；

　　（2）工资分配制度、工资标准和工资分配形式；

　　（3）职工年度平均工资水平及其调整幅度；

　　（4）奖金、津贴、补贴等分配办法；

　　（5）工资支付办法；

　　（6）变更、解除工资协议的程序；

　　（7）工资协议的终止条件；

　　（8）工资协议的违约责任；

　　（9）双方认为应当协商约定的其他事项。

216. 如何理解工资水平和工资调整幅度?

工资水平是指一定区域和一定时间内劳动者平均工资收入的高低程度。职工平均工资指企业、事业、机关单位的职工在一定时期内平均每人所得的货币工资额，是一定时期内全部职工工资总额除以这一时期内职工人数后所得的平均工资，一般分为年平均工资，月平均工资，其与每个人自己拿到的工资或工资单上的工资是有差别的，是反映职工工资水平的主要指标。工资水平分为企业工资水平和个人实得工资水平。工资集体协商只解决企业工资水平调整问题。

工资调整幅度，指的是劳动者的工资调整的比例，通常计算方法为：调整前的工资/调整后的工资×100%。

《劳动法》第 47 条规定："用人单位根据本单位的生产经营特点和经济效益，依法自主确定本单位的工资分配方式和工资水平。"第 46 条也规定："工资水平在经济发展的基础上逐步提高。国家对工资总量实行宏观调控。"因此，确定工资水平和调整幅度的总原则应为：企业工资总额的增长幅度低于经济效益增长幅度，职工实际平均工资增长幅度低于劳动生产率增长幅度，同时要符合当地的工资相关政策（最低工资标准、工资指导线）。

217. 协商确定职工年度工资水平应当参考哪些因素?

根据《工资集体协商试行办法》第 8 条规定，协商确定职工年度工资水平应符合国家有关工资分配的宏观调控政策，并综合参考下列因素：

(1) 地区、行业、企业的人工成本水平；

(2) 地区、行业的职工平均工资水平；

（3）当地政府发布的工资指导线、劳动力市场工资指导价位；

（4）本地区城镇居民消费价格指数；

（5）企业劳动生产率和经济效益；

（6）国有资产保值增值；

（7）上年度企业职工工资总额和职工平均工资水平；

（8）其他与工资集体协商有关的情况。

218. 工资集体协商代表如何产生？

工资集体协商代表应依照法定程序产生。职工一方由工会代表。未建工会的企业由职工民主推举代表，并得到半数以上职工的同意。企业代表由法定代表人和法定代表人指定的其他人员担任。

协商双方各确定 1 名首席代表。职工首席代表应当由工会主席担任，工会主席可以书面委托其他人员作为自己的代理人；未成立工会的，由职工集体协商代表推举。企业首席代表应当由法定代表人担任，法定代表人可以书面委托其他管理人员作为自己的代理人。

工资集体协商双方可书面委托本企业以外的专业人士作为本方协商代表。委托人数不得超过本方代表的 1/3。首席代表不得由非本单位人员担任。

用人单位协商代表与职工协商代表不得相互兼任。

219. 集体协商代表的职责是什么？

（1）参加工资集体协商。

（2）接受本方人员质询，及时向本方人员公布协商情况并征求意见。

（3）提供与工资集体协商有关的情况和资料。

（4）代表本方参加工资集体协商争议的处理。

（5）监督工资专项集体合同的履行。

（6）法律、法规和规章规定的其他职责。

220. 工资集体协商代表有哪些权利？

工资集体协商代表有以下权利。

（1）提出工资集体协商的要求及协商事项。

（2）要求对方提供与工资集体协商有关的情况和资料。

（3）对协商规则等程序性事项提出意见和建议。

（4）依法进行工资集体协商。

（5）代表本方参与订立、变更、解除工资专项集体合同。

（6）接受首席代表委托，代签工资专项集体合同。

（7）企业内的协商代表参加工资集体协商视为提供了正常劳动。

221. 工资集体协商代表有哪些义务？

工资集体协商代表应履行下列义务。

（1）应当维护本单位正常的生产、工作秩序，不得采取威胁、收买、欺骗等行为。

（2）应当如实向对方提供与工资集体协商有关情况和资料。

（3）应当保守在工资集体协商过程中知悉的用人单位的商业秘密。

（4）依照有关法律、法规和平等合作的原则，从企业的实际情况出发，进行工资集体协商。

（5）尊重对方协商代表的人格，不得采取歧视性、胁迫性行为。

（6）切实代表本方的利益，及时与所代表方沟通工资集体协商的情况。

（7）协商代表和记录员对协商过程中的个人意见保密。

222. 工资集体协商会议的主要程序包括哪些？

工资集体协商会议的主要程序有：宣布议程和会议纪律；一方首席代表提出协商的具体内容和要求，另一方首席代表就对方的要求做出回应；协商双方就商谈事项发表各自意见，开展充分讨论；双方首席代表归纳意见。根据双方达成的一致意见，形成工资专项集体合同草案，由双方首席代表签字。

223. 工资集体协商的主要类型有哪些？

工资集体协商的主要类型如下。

（1）企业工资集体协商。以企业为单位，根据本企业的实际情况，经企业工会或职工代表与企业代表依法进行工资集体协商，签订本企业工资专项集体合同。

（2）行业（产业）工资集体协商。以行业（产业）为单位通过行业（产业）工会与对应的企业经营方代表依法进行工资集体协商，签订覆盖本行业（产业）的工资专项集体合同。

（3）区域性工资集体协商。以行政区域为单位（如区、镇、村、街道、经济开发区等），通过区域工会或企业工会联合会与对应的地区企业经营方授权组织，依法进行工资集体协商，签订覆盖本地区所有企业的区域性工资专项集体合同。

224. 变更、解除工资专项集体合同的程序是什么？

工资协议变更，是指工资专项集体合同依法订立后，在合同尚未履行或者尚未履行完毕之前，经劳动关系双方当事人协商同意，对工资专项集体合同内容作部分修改、补充或者删减的法律行为。

在履行工资专项集体合同的过程中，由于企业生产经营和市场条件的不断变化，订立工资专项集体合同所依据的客观情况发生变化，使得工资专项集体合同难于履行或者难于全面履行，这就需要劳动关系双方对工资专项集体合同的部分内容进行适当的调整。否则，在工资专项集体合同与实际情况相脱节的情况下，若继续履行，有可能会对当事人的正当利益造成损害。因此劳动关系双方当事人在一定条件下可以变更工资专项集体合同。

工资专项集体合同的变更是在原合同的基础上对原工资专项集体合同内容作部分修改、补充或者删减，而不是签订新的工资专项集体合同。原工资专项集体合同未变更的部分仍然有效，变更后的内容就取代了原合同的相关内容，经双方协商新达成的变更合同条款与原合同中其他条款具有同等法律效力，对双方当事人都有约束力。

工资专项集体合同解除，是指工资专项集体合同依法订立后，尚未全部履行以前，由于某种原因导致工资专项集体合同一方或双方当事人提前消灭工资专项集体合同效力的法律行为。工资专项集体合同解除分法定解除和协商解除。

变更、解除工资专项集体合同的条件和程序可以由工会与企业平等协商，在工资专项集体合同中进行约定。

225. 工资专项集体合同的终止条件是什么？

工资专项集体合同终止，是指由于一定法律事实的出现而使工资专项集体合同当事人之间的权利义务关系消灭。一般工资专项集体合同终止的主要原因有工资专项集体合同因完全履行而终止、工资专项集体合同期满而终止、工资专项集体合同当事人一方发出解约通知而终止、工资专项集体合同因免除而终止、企业因被依法宣告破产或者被吊销营业执照、责令关闭、撤销而终止。

226. 如何开展工资专项集体合同履行情况的监督检查？

工资专项集体合同履行情况的监督检查是指劳动保障行政部门、上级工会、企业以及职工群众等对已生效的工资专项集体合同履行进行检查监督的行为。监督检查是建立和完善工资集体协商制度、全面履行工资专项集体合同的基本保障，也是充分发挥工资集体协商作用的重要手段。

工资专项集体合同履行情况监督检查的形式主要有：建立联合监督检查小组、企业行政对工资专项集体合同履行情况的监督检查、企业工会对工资专项集体合同履行情况的监督检查、上级工会对工资专项集体合同履行情况的监督检查等。

工资集体协商双方可以协商约定对工资专项集体合同履行情况监督检查的形式、方式、内容等。

227. 劳动安全卫生专项集体合同的主要内容是什么？

劳动安全卫生专项集体合同，是指用人单位与本单位职工根据法律、法规、规章的规定，通过就劳动安全卫生方面的内容进行集体协商签订的专项书面协议。劳动安全卫生专项集体合同，对用人单位和本单位的全体职工具有法律约束力。

劳动安全卫生专项集体合同主要内容包括：劳动安全卫生责任制；劳动条件（包含现场职业病危害情况）、防护措施和安全投入；安全操作规程；安全卫生教育培训制度；劳保用品发放标准；定期健康检查和职业性健康监护；女职工和未成年工的特殊保护；休息和休假；安全生产和职业病防治经费；双方约定的其他事项。

228. 劳动者在安全生产方面的基本权利有哪些?

根据《安全生产法》规定,劳动者在安全生产方面的基本权利如下。

(1) 生产经营单位与从业人员订立的劳动合同,应当载明有关保障从业人员劳动安全、防止职业危害的事项,以及依法为从业人员办理工伤保险的事项。生产经营单位不得以任何形式与从业人员订立协议,免除或者减轻其对从业人员因生产安全事故伤亡依法应承担的责任。

(2) 生产经营单位的从业人员有权了解其作业场所和工作岗位存在的危险因素、防范措施及事故应急措施,有权对本单位的安全生产工作提出建议。

(3) 从业人员有权对本单位安全生产工作中存在的问题提出批评、检举、控告;有权拒绝违章指挥和强令冒险作业。生产经营单位不得因从业人员对本单位安全生产工作提出批评、检举、控告或者拒绝违章指挥、强令冒险作业而降低其工资、福利等待遇或者解除与其订立的劳动合同。

(4) 从业人员发现直接危及人身安全的紧急情况时,有权停止作业或者在采取可能的应急措施后撤离作业场所。生产经营单位不得因从业人员在上述紧急情况下停止作业或者采取紧急撤离措施而降低其工资、福利等待遇或者解除与其订立的劳动合同。

(5) 生产经营单位发生生产安全事故后,应当及时采取措施救治有关人员。因生产安全事故受到损害的从业人员,除依法享有工伤保险外,依照有关民事法律尚有获得赔偿的权利的,有权提出赔偿要求。

229. 劳动者在安全生产方面的基本义务有哪些?

根据《安全生产法》规定,劳动者在安全生产方面的基本义务如下。

（1）从业人员在作业过程中，应当严格落实岗位安全责任，遵守本单位的安全生产规章制度和操作规程，服从管理，正确佩戴和使用劳动防护用品。

（2）从业人员应当接受安全生产教育和培训，掌握本职工作所需的安全生产知识，提高安全生产技能，增强事故预防和应急处理能力。

（3）从业人员发现事故隐患或者其他不安全因素，应当立即向现场安全生产管理人员或者本单位负责人报告；接到报告的人员应当及时予以处理。

230. 工会在安全生产方面的基本职责是什么？

《安全生产法》第7条规定："工会依法对安全生产工作进行监督。生产经营单位的工会依法组织职工参加本单位安全生产工作的民主管理和民主监督，维护职工在安全生产方面的合法权益。生产经营单位制定或者修改有关安全生产的规章制度，应当听取工会的意见。"

《安全生产法》第60条规定："工会有权对建设项目的安全设施与主体工程同时设计、同时施工、同时投入生产和使用进行监督，提出意见。工会对生产经营单位违反安全生产法律、法规，侵犯从业人员合法权益的行为，有权要求纠正；发现生产经营单位违章指挥、强令冒险作业或者发现事故隐患时，有权提出解决的建议，生产经营单位应当及时研究答复；发现危及从业人员生命安全的情况时，有权向生产经营单位建议组织从业人员撤离危险场所，生产经营单位必须立即作出处理。工会有权依法参加事故调查，向有关部门提出处理意见，并要求追究有关人员的责任。"

231. 女职工权益保护专项集体合同的主要内容有哪些?

女职工权益保护专项集体合同,是用人单位与本单位女职工根据法律、法规、规章的规定,就女职工合法权益和特殊利益方面的内容通过集体协商签订的专项协议,它对用人单位和本单位的全体女职工具有法律约束力。签订女职工权益保护专项集体合同是工会女职工组织维护女职工合法权益和特殊利益的一项重要机制,也是全国总工会力推的一项重点工作。

女职工权益保护专项集体合同的主要内容有以下几点。

(1)女职工的劳动权利:劳动就业、同工同酬、休息休假、保险福利待遇等。

(2)女职工的特殊利益:女职工禁忌劳动范围、"四期"保护、妇科疾病普查、生育待遇等。

(3)女职工的政治、文化、教育、发展权利:职业教育、技术培训、晋职晋级、参与企业民主管理等。

(4)双方认为应当协商的其他内容。

232. 工会女职工委员会的基本任务是什么?

根据《工会女职工委员会工作条例》规定,工会女职工委员会的基本任务如下。

(1)加强思想政治引领,组织女职工认真学习习近平新时代中国特色社会主义思想,开展理想信念教育,承担团结引导女职工听党话、跟党走的政治责任。教育女职工践行社会主义核心价值观,树立自尊、自信、自立、自强精神,不断提高思想道德素质、科学文化素质、技术技能素质和身心健康素质,建设有理想、有道德、有文化、有纪律的女职工队伍。

（2）按照"五位一体"总体布局和"四个全面"战略布局要求，践行新发展理念，把握为实现中华民族伟大复兴的中国梦而奋斗的工人运动时代主题，弘扬劳模精神、劳动精神、工匠精神，动员和组织广大女职工在改革发展稳定第一线建功立业。

（3）依法维护女职工在政治、经济、文化、社会和家庭等方面的合法权益和特殊利益，同一切歧视、虐待、摧残、迫害女职工的行为作斗争。

（4）参与有关保护女职工权益的法律、法规、规章、政策的制定和完善，监督、协助有关部门贯彻实施。代表和组织女职工依法依规参加本单位的民主管理和民主监督。参与平等协商、签订集体合同和女职工权益保护等专项集体合同工作，并参与监督执行。指导和帮助女职工与用人单位签订并履行劳动合同。参与涉及女职工特殊利益的劳动关系协调和劳动争议调解，及时反映侵害女职工权益问题，督促和参与侵权案件的调查处理。做好对女职工的关爱服务，加强对困难女职工的帮扶救助。

（5）开展家庭文明建设工作，围绕尊老爱幼、男女平等、夫妻和睦、勤俭持家、邻里团结等内容，充分发挥女职工在弘扬中华民族家庭美德、树立良好家风方面的独特作用。

（6）推动营造有利于女职工全面发展的社会环境，发现、培养、宣传和推荐优秀女性人才，组织开展五一巾帼奖等评选表彰。

（7）会同工会有关部门和社会有关方面共同做好女职工工作。在有关方面研究决定涉及女职工利益问题时，积极提出意见建议。

（8）与国际组织开展交流活动，为促进妇女事业发展作出贡献。

233. 用人单位在招聘时，不招聘女职工是否属于就业歧视？

《劳动法》第 13 条规定：妇女享有与男子平等的就业权利。在录用职工时，除国家规定的不适合妇女的工种或者岗位外，不得以性别为由拒绝录用妇女或者提高对妇女的录用标准。

《中华人民共和国就业促进法》（以下简称《就业促进法》）第 27 条规定，国家保障妇女享有与男子平等的劳动权利。用人单位招用人员，除国家规定的不适合妇女的工种或者岗位外，不得以性别为由拒绝录用妇女或者提高对妇女的录用标准。由此可知，女职工与男职工在就业中享有同等的劳动权益，任何单位或个人都不得对其进行区别对待，歧视就业。如果用人单位存在歧视女性就业的问题，女职工可以依法向用人单位所在地的人民法院提起诉讼，维护自身的合法权益。

《中华人民共和国妇女权益保障法》（以下简称《妇女权益保障法》）第 42 条规定："各级人民政府和有关部门应当完善就业保障政策措施，防止和纠正就业性别歧视，为妇女创造公平的就业创业环境，为就业困难的妇女提供必要的扶持和援助。"第 43 条规定："用人单位在招录（聘）过程中，除国家另有规定外，不得实施下列行为：（一）限定为男性或者规定男性优先；（二）除个人基本信息外，进一步询问或者调查女性求职者的婚育情况；（三）将妊娠测试作为入职体检项目；（四）将限制结婚、生育或者婚姻、生育状况作为录（聘）用条件；（五）其他以性别为由拒绝录（聘）用妇女或者差别化地提高对妇女录（聘）用标准的行为。"

234. 女职工在"三期"期间，用人单位能否降低其工资标准？

未经双方协商同意，在女职工"三期"期间，用人单位不能随意降低其工资标准。

根据《妇女权益保障法》第 48 条的规定，用人单位不得因结婚、怀孕、产假、哺乳等情形，降低女职工的工资和福利待遇，限制女职工晋职、晋级、评聘专业技术职称和职务，辞退女职工，单方解除劳动（聘用）合同或者服务协议。女职工在怀孕以及依法享受产假期间，劳动（聘用）合同或者服务协议期满的，劳动（聘用）合同或者服务协议期限自动延续至产假结束。但是，用人单位依法解除、终止劳动（聘用）合同、服务协议，或者女职工依法要求解除、终止劳动（聘用）合同、服务协议的除外。用人单位在执行国家退休制度时，不得以性别为由歧视妇女。

根据《女职工劳动保护特别规定》第 5 条的规定，用人单位不得因女职工怀孕、生育、哺乳降低其工资、予以辞退、与其解除劳动或者聘用合同。由此可知，女职工在结婚、怀孕、产假、哺乳等期间，用人单位不得降低其工资标准。

235. 用人单位不得安排女职工从事哪些方面的工作？

根据《女职工劳动保护特别规定》的规定，用人单位不得安排女职工从事的工作有：（1）矿山井下作业；（2）体力劳动强度分级标准中规定的第 4 级体力劳动强度的作业；（3）每小时负重 6 次以上、每次负重超过 20 公斤的作业，或者间断负重、每次负重超过 25 公斤的作业。

236. 我国体力劳动强度的级别是怎么划分的？

体力劳动强度分级，是国家制定的劳动保护工作科学管理的一项基础标准，是确定体力劳动强度大小的根据。应用这一标准，可以明确工人体力劳动强度的重点工种或工序，以便有重点、有计划地减轻工人的体力劳动强度，提高劳动生产率。

原《体力劳动强度分级》按劳动强度指数大小分为 4 级。

Ⅰ级体力劳动：8 小时工作日平均耗能值为 3558.8 千焦耳/人，劳动时间率为 61%，即净劳动时间为 293 分钟，相当于轻劳动。

Ⅱ级体力劳动：8 小时工作日平均耗能值为 5560.1 千焦耳/人，劳动时间率为 67%，即净劳动时间为 320 分钟，相当于中等强度劳动。

Ⅲ级体力劳动：8 小时工作日平均耗能值为 7310.2 千焦耳/人，劳动时间率为 73%，即净劳动时间为 350 分钟，相当于重强度劳动。

Ⅳ级体力劳动：8 小时工作日平均耗能值为 11304.4 千焦耳/人，劳动时间率为 77%，即净劳动时间为 370 分钟，相当于"很重"强度劳动。

237. 用人单位不得安排女职工在经期从事哪些劳动？

用人单位不得安排女职工在经期从事下列劳动。

（1）冷水作业分级标准中规定的第 2 级、第 3 级、第 4 级冷水作业

根据国家冷水作业分级（GB/T14439）规定，操作人员接触冷水（属于身体如手脚等局部受冷作业）温度等于或小于 12℃的作业，为冷水作业。

（2）低温作业分级标准中规定的第 2 级、第 3 级、第 4 级低温作业

按照国家低温职业分级（GB/T4440）的规定，工作环境平均气温等于或低于 5℃的作业，即属于低温职业。例如各类冷冻冷藏作业、寒冷季节野外（户外）作业等属于全身性受冷的作业。低温职业享受劳动保护待遇。

（3）体力劳动强度分级标准中规定的第 3 级、第 4 级体力劳动强度

的作业

第 3 级、第 4 级体力劳动强度的作业是指国家标准《体力劳动强度分级》（BG3869-83）中规定的第 3 级、第 4 级的体力劳动强度作业。

（4）高处作业分级标准中规定的第 3 级、第 4 级高处作业。

高处作业是指人在一定位置为基准的高处进行的作业。国家标准（GB/T3608—2008）《高处作业分级》规定高处作业是"在距坠落高度基准面 2m 或 2m 以上有可能坠落的高处进行的作业"。

238. 女职工在孕期禁忌从事的劳动范围是什么？

（1）作业场所空气中铅及其化合物、汞及其化合物、苯、镉、铍、砷、氰化物、氮氧化物、一氧化碳、二硫化碳、氯、己内酰胺、氯丁二烯、氯乙烯、环氧乙烷、苯胺、甲醛等有毒物质浓度超过国家职业卫生标准的作业。

（2）从事抗癌药物、己烯雌酚生产，接触麻醉剂气体等的作业

抗癌药物、己烯雌酚对胚胎有毒性作用，抗癌药可致胚胎发育异常（染色体突变）而导致自然流产率增高。己烯雌酚容易导致儿童期恶性肿瘤（癌症）患病率增高，是国际上公认的人类经胎盘致癌原。也就是说，抗癌药物和己烯雌酚有致突变致癌作用，孕妇不宜接触。

（3）非密封源放射性物质的操作，核事故与放射事故的应急处置

非密封放射性物质在工业生产方面主要见于核能、核燃料生产、使用与回收；在医药卫生方面主要见于核医学研究、放射性同位素治疗与科学实验室放射性同位素的使用；在农业方面主要见于诸如采用同位素示踪技术等。

（4）高处作业分级标准中规定的高处作业。

（5）冷水作业分级标准中规定的冷水作业。

（6）低温作业分级标准中规定的低温作业。

（7）高温作业分级标准中规定的第3级、第4级的作业。

（8）噪声作业分级标准中规定的第3级、第4级的作业。

（9）体力劳动强度分级标准中规定的第3级、第4级体力劳动强度的作业。

（10）在密闭空间、高压室作业或者潜水作业，伴有强烈振动的作业，或者需要频繁弯腰、攀高、下蹲的作业。

239. 高温作业指的是什么？

高温作业是指工作地点有生产性热源，当室外实际出现本地区夏季通风室外计算温度时，工作地点的气温高于室外2℃或2℃以上的作业。高温作业分以下几种类型。①高温、强热辐射作业：如冶金工业的炼焦、炼铁、轧钢等车间；机械制造工业的铸造、锻造、热处理等车间；陶瓷、玻璃、搪瓷、砖瓦等工业的炉窑车间；火力发电厂和轮船的锅炉间等。这些生产场所的气象特点是气温高、热辐射强度大，而相对温度较低，形成干热环境。②高温、高湿作业：其特点是高气温、气湿，而热辐射强度不大。主要是由于生产过程中产生大量水蒸气或生产上要求车间内保持较高的相对湿度所致。例如印染、缫丝、造纸等工业中液体加热或蒸煮时，车间气温可达35℃以上，相对湿度常达90%以上。潮湿的深矿井内气温可达30℃以上，相对湿度达95%以上。如通风不良就形成高温、高湿和低气流的不良气象条件，亦即湿热环境。③夏季露天作业：夏季的农田劳动、建筑、搬运等露天作业，除受太阳的辐射作用外，还受被加热的地面的周围物体放出的热辐射作用。露天作业中的热辐射强度虽较高温车间为低，但其作用的持续时间较长，加之中午前后气温升高，就形成高温、热辐射的作业环境。

240. 噪声作业指的是什么？

噪声是指有损听力、有害健康或有其他危害的声音。我国法规规定，职工每天 8 小时或者每周 40 小时接触噪声在 85 分贝以上即是噪声作业。

噪声除对人体听力有影响外，还会影响血压，增加心脏血管疾病的发生机率，也会影响消化功能，导致消化性溃疡，还会造成头疼、头晕、疲劳、情绪困扰、失眠等。而且长期暴露在噪声环境引起的听力受损目前还没有方法治疗。

241. 女职工在哺乳期禁止安排从事哪些劳动？

女职工在哺乳期禁忌从事的劳动范围如下：

（1）孕期禁忌从事的劳动范围的第一项、第三项、第九项；

（2）作业场所空气中锰、氟、溴、甲醇、有机磷化合物、有机氯化合物等有毒物质浓度超过国家职业卫生标准的作业。

因为锰、氟、溴、甲醇、有机磷化合物、有机氯化合物等有毒物质可以通过衣物、用具和身体带回家，通过乳汁、皮肤侵入婴儿体内，影响胎儿、婴儿成长发育，所以女职工在哺乳期内禁忌从事此类作业。

242. 女职工经期的保护措施主要有哪些？

女职工月经期间，除不得安排女职工从事国家规定的禁忌从事的劳动外，对女职工集中的单位，应当建立有冲洗设备的女职工卫生室。患有重度痛经及月经过多的女职工，经医疗或妇幼保健机构确诊后，月经期间可适当给予 1 至 2 天的休假。用人单位还应当给予女职工特殊卫生保护，向女职工发放必要的卫生用品。应当建立女职工生理卫生保健制度，定期为女职工进行妇科检查。要注重女职工月经期的保健，宣传普及月经卫生知识。

243. 女职工在孕期进行产前检查的时间是否计入工作时间？

根据《女职工劳动保护的特别规定》第 6 条的规定，怀孕女职工在劳动时间内进行产前检查，所需时间计入劳动时间。

怀孕女职工进行产前检查的次数：为了保证孕妇和胎儿的健康，应按卫生部门的要求做产前检查。一般规定时间如下：（1）由开始妊娠至第 6 个月末，每月检查 1 次；（2）由第 7 个月初至第 8 个月末，每月检查 2 次；（3）最后一个月每周检查 1 次，有特殊病者不在此列。当然，怀孕女职工的产检次数还应当以主治医生出具的医嘱为准。

244. 女职工孕期劳动保护的措施有哪些？

根据《女职工劳动保护特别规定》，女职工在孕期不能适应原劳动的，用人单位应根据医疗机构的证明，予以减轻劳动量或者安排其他能够适应的劳动。

对怀孕 7 个月以上的女职工，用人单位不得延长劳动时间或者安排夜班劳动，并应当在劳动时间内安排一定的休息时间。夜班是相对白天而言的，泛指在夜间进行工作和从事劳动的时间，同时也指企业在实行多班制的情况下，轮到夜间生产的班次。对于夜班的具体时间如何认定，1989 年 1 月 20 日原劳动部《关于〈女职工劳动保护规定〉问题的解答》（劳安字［1989］1 号），作出了明确解释：夜班劳动系指在当日 22 点至次日 6 点时间从事劳动和工作。

245. 产假是多少天？

产假是指在职女性产期前后的休假待遇。根据《女职工劳动保护特别规定》，女职工生育享受 98 天产假，其中产前可以休假 15 天；难产的，增加产假 15 天；生育多胞胎的，每多生育 1 个婴儿，增加产假 15 天。

我国基础产假期为 98 天，但《中华人民共和国人口与计划生育法》明确规定，对于符合法律、法规规定生育子女的夫妻，可以获得延长生育假的奖励或者其他福利待遇。落实到地方，各地新计划生育条例中都对产假天数有所延长。

关于女职工流产的产假。根据《女职工劳动保护的特别规定》第 7 条的规定，女职工怀孕未满 4 个月流产的，享受 15 天产假；怀孕满 4 个月流产的，享受 42 天产假。

246. 女职工生育津贴和生育医疗费用怎么支付？

女职工产假期间的生育津贴，对已经参加生育保险的，按照用人单位上年度职工月平均工资的标准由生育保险基金支付；对未参加生育保险的，按照女职工产假前工资的标准由用人单位支付。

女职工生育或者流产的医疗费用，按照生育保险规定的项目和标准，对已经参加生育保险的，由生育保险基金支付；对未参加生育保险的，由用人单位支付。

247. 关于女职工哺乳期的保护措施有哪些？

根据《女职工劳动保护特别规定》，对哺乳未满 1 周岁婴儿的女职工，用人单位不得延长劳动时间或者安排夜班劳动。

用人单位应当在每天的劳动时间内为哺乳期女职工安排 1 小时哺乳时间；女职工生育多胞胎的，每多哺乳 1 个婴儿每天增加 1 小时哺乳时间。

248. 《女职工劳动保护特别规定》中关于女职工劳动保护设施有什么规定？

根据《女职工劳动保护特别规定》的规定，女职工比较多的用人单位应当根据女职工的需要，建立女职工卫生室、孕妇休息室、哺乳室等设施，妥善解决女职工在生理卫生、哺乳方面的困难。

249. 女职工权益保护专项集体合同的形式及签订程序是什么？

女职工权益保护专项集体合同签订的形式，可以是单独签订女职工权益保护专项集体合同，也可以是将女职工权益保护专项协议作为集体合同的附件。

平等协商和签订女职工权益保护专项集体合同，应按照平等协商和签订集体合同的法定程序进行，并注意做好以下工作。

（1）准备工作。包括：协商代表、首席代表的产生；开展专项培训；起草集体合同草案。

（2）协商签约。工会和工会女职工组织代表与企业行政方代表就《女职工权益保护专项集体合同（草案）》开展平等协商。经双方协商一致同意，将《女职工权益保护专项集体合同（草案）》提交职工代表大会或职工大会审议通过后，由双方的首席代表签字。

（3）报送与审查。女职工权益保护专项集体合同签订后，要报送当地劳动保障行政部门进行审查。劳动保障行政部门自收到文本之日起15 日内未提出异议的，女职工权益保护专项集体合同即行生效。

（4）履约及监督检查。生效的女职工权益保护专项集体合同，应当自其生效之日起由协商代表及时以适当的形式向本方全体人员公布，用人单位和全体女职工都要严格执行。集体合同监督检查小组应有工会女职工组织的代表参加，尚未建立工会或工会女职工组织的，要有女职工代表参加，共同对女职工权益保护专项集体合同履行情况定期进行检查和监督。

250. 区域性行业性平等协商和集体合同有什么特点？

区域性行业性平等协商是指在一定区域和行业范围内，由街道、乡镇、社区以及行业工会组织，与相应的企业组织或所属企业，依据法律法规，就劳动报酬、工作时间、休息休假、劳动安全卫生、保险福利等事项，开展平等协商签订集体合同的行为。协商范围主要是在小型企业或同行业企业比较集中的乡镇、街道、社区和工业园区开展。

区域性行业性平等协商和集体合同与企业的集体协商和集体合同相比，有以下几个特点。

（1）主体不同。企业平等协商和集体合同的主体一方是企业或企业化管理的事业单位工会，另一方是企业。而区域性行业性平等协商和集体合同的主体一方是地方工会联合会或乡镇、街道工会或行业工会组织，另一方是相应的企业组织或所属企业。

（2）内容不同。虽然两者的内容都是有关劳动标准、职工劳动权益问题，但企业平等协商和集体合同是从企业的实际情况出发，确定本企业的劳动标准，解决本企业职工的劳动问题，内容比较具体、特定。而区域性行业性平等协商和集体合同确定的是带有共性的劳动问题，内容比较宽泛。

（3）作用不同。企业平等协商和集体合同调整本企业的劳动关系，区域性行业性平等协商和集体合同调整本地区或本行业的劳动关系。

（4）效力不同。企业平等协商和集体合同只适用于本企业，对企业劳动关系双方具有约束力。而区域性行业性平等协商和集体合同适用于本地区本行业，本地区本行业的有关企业都应当执行。

六、区域（行业）职工代表大会、企业集团职代会制度

251. 推行区域（行业）职工代表大会制度的重要意义是什么？

区域（行业）性职工代表大会是指在同一区域（乡镇、街道、村、社区、开发区、科技园区、工业园区等），或者同一行业以及性质相近的几个行业内规模较小、职工人数较少的企业，建立联合职工代表大会，协商解决带有共性的问题，维护职工合法权益的民主管理制度。它是区域、行业内企业实行民主管理的基本形式，是协调区域、行业内企事业劳动关系以及厂务公开、事务公开的主要载体，是职工行使民主管理权力的机构。《中国工运事业和工会工作"十四五"发展规划》提出：深化创新区域（行业）职工代表大会制度，强化分类指导，积极扩大民主管理工作对中小微企业的有效覆盖。

大力推行区域（行业）职工代表大会制度，对于认真贯彻落实党的全心全意依靠工人阶级的指导方针，扩大职工参与民主管理的覆盖面，充分调动、发挥区域（行业）内中小企业职工投身改革发展的积极性和创造性；对于畅通职工理性合法表达利益诉求的渠道，加强厂务公开民主管理制度建设，切实维护职工合法权益；对于促进企业健康发展，推动所在地区经济社会的协调发展等，具有十分重要的意义。各级工会要站在工会工作全局的高度，充分认识推行区域（行业）职工代表大会制度的重要性和紧迫性，采取有效措施，大力推行区域（行业）

职工代表大会制度，为职工参与企业管理，构建和谐稳定的劳动关系，促进区域经济和企业的健康发展作出新的贡献。

252. 推行区域（行业）职工代表大会制度的原则是什么？

推行区域（行业）职工代表大会制度，要坚持以下原则。

一是坚持党的领导。各级工会在推行区域（行业）职工代表大会制度中，要在区域（行业）党组织的领导下进行，认真贯彻落实党和政府的有关方针政策。

二是坚持实事求是。要根据所在地区经济社会发展和不同行业中小企业的实际情况，因区域、行业、企业制宜，加强区域（行业）职工代表大会制度建设。

三是坚持借鉴创新。根据区域（行业）职工代表大会所覆盖企业的性质和特点，认真借鉴企业职工代表大会制度的经验，从制度内容、形式、方法等方面进行创新，并在实践中不断完善。

四是坚持协调合作。区域（行业）工会组织与相关部门、区域（行业）内企业职工和经营管理者应依照法律法规和有关政策加强协调、密切合作，共同推进区域（行业）职工代表大会制度建设。

253. 区域（行业）职工代表大会的职责是什么？

要通过建立和完善区域（行业）职工代表大会，组织职工参与企业管理，行使民主管理权利，推进政务公开、厂务公开；促进区域（行业）内企业经营管理者与职工进行有效沟通协调，推动平等协商、集体合同制度的建立与实施，维护职工民主权利和劳动经济利益，构建和谐稳定的劳动关系，促进企业改革发展和所在地区经济社会协调发展。

区域（行业）职工代表大会的主要职责：

（1）听取区域（行业）执行国家有关劳动法规政策情况报告，区域（行业）劳动关系状况报告，并提出意见和建议；

（2）讨论区域（行业）内企业有关劳动报酬、工作时间、休息休假、劳动安全卫生、保险福利、职工培训、劳动纪律以及劳动定额管理等直接涉及职工切身利益的重大问题，提出意见和建议；

（3）讨论通过区域（行业）集体合同草案和专项集体合同草案；

（4）审议监督区域（行业）内企业执行劳动法律法规和区域（行业）职工代表大会决定事项情况，签订和履行劳动合同、集体合同情况，缴纳社会保险费情况，实行厂务公开情况等；

（5）审议决定区域（行业）职工代表大会的其他事项。

254. 区域（行业）职工代表大会的工作制度和组织制度有哪些？

区域（行业）职工代表大会的工作制度和组织制度主要有以下几点。

（1）区域（行业）职工代表大会的职工代表经区域（行业）工会与有关方面协调形成推选方案后，由区域（行业）内的企业职工民主选举产生。区域（行业）职工代表大会的职工代表应当有充分的代表性，应在企业经营管理者、工人、技术人员和区域（行业）工会、企业代表组织以及管理部门中合理分配代表名额，企业工人代表人数不得少于代表总人数的 50%。

（2）区域（行业）职工代表大会届期为 3 年至 5 年，具体届期由区域（行业）职工代表大会确定。如需要提前或者延期换届的，应当由区域（行业）职工代表大会决定。区域（行业）职工代表大会的职工代表任期与区域（行业）职工代表大会届期相同。

（3）区域（行业）职工代表大会每年至少召开 1 次。区域（行业）职工代表大会每次会议必须有 2/3 以上的职工代表出席。

（4）区域（行业）职工代表大会应当召开预备会议，选举产生主席团。主席团负责主持召开大会，协调处理有关事宜。

（5）区域（行业）职工代表大会根据需要，可以设立若干专门委员会（小组），负责办理区域（行业）职工代表大会交办的事项。

（6）区域（行业）职工代表大会进行选举和表决时，实行少数服从多数的原则，以无记名投票方式经全体职工代表过半数通过。

（7）区域（行业）工会组织作为区域（行业）职工代表大会的工作机构，要认真负责地做好区域（行业）职工代表大会的日常工作，包括征集职工代表提案，提出区域（行业）职工代表大会议题的建议；负责区域（行业）职工代表大会的筹备工作和组织工作，提出大会的议程和日程建议；提出区域（行业）职工代表大会主席团、专门委员会（小组）的设立方案和组成人员建议名单；在区域（行业）职工代表大会闭会期间，负责组织职工代表开展巡视、检查、质询等活动，监督区域（行业）职工代表大会决议的执行情况；对职工代表进行劳动法律法规和民主管理方面知识的宣传教育，组织职工代表开展学习和培训，提高职工代表素质。

255. 如何发挥职工代表大会在推动董事会民主决策科学决策方面的积极作用？

职工代表大会应当通过职工董事参与董事会的决策过程，充分发挥职工代表大会在了解民心、汇聚民意、形成共识方面的独特作用，真实、充分反映职工的意见建议，使董事会的决策和管理更加符合企业实际，符合大多数职工的意愿，得到广大职工的理解和支持。要督促董事会在经职工代表大会广泛听取职工意见的基础上进行决策。职工代表大会要及时宣传董事会决策精神，推动董事会决策事项的实施。

256. 如何发挥职工代表大会在增强经理层经营管理效能方面的积极作用？

职工代表大会应当监督和支持经营管理者依法将生产经营情况、发展规划和管理办法，以及改革发展过程中遇到的问题，通过职工代表大会等形式，向职工报告和说明；在制定、修改或者决定直接涉及劳动者切身利益的规章制度或者重大事项时，必须依法提交职工代表大会审议，集体合同草案必须依法提交职工代表大会审议通过；通过开展"公开解难题、民主促发展"主题活动，广泛征集职工代表提案，组织职工开展劳动和技能竞赛与技术攻关、技术革新、发明创造等科技创新活动，群策群力破解经营管理难题、完善经营管理制度，提高企业市场竞争能力。

257. 如何发挥职工代表大会在提高监事会监督实效性方面的积极作用？

职工代表大会应当充分发挥民主监督的优势和作用，使职工代表大会广泛、深入的群众性监督与监事会专职、专业的权利性监督优势互补、形成合力。要组织职工代表开展调研巡查，通过对经营管理重大事项及董事和高级管理人员职务行为进行质询，民主评议领导人员等监督检查活动，为监事会及时提供翔实的信息，督促企业执行劳动法律法规和规章，履行社会责任，推动企业健全权力运行的内部民主监督机制，提高监事会监督的效能。

258. 推行企业集团职代会制度的重要意义是什么?

企业集团是现代企业的高级组织形式,是以一个或多个实力强大、具有投资中心功能的大型企业为核心,以若干个在资产、资本、技术上有密切联系的企业、单位为外围层,通过产权安排、人事控制、商务协作等纽带所形成的一个稳定的多层次经济组织。根据《企业集团登记管理暂行规定》,企业集团是指以资本为主要联结纽带的母子公司为主体,以集团章程为共同行为规范的母公司、子公司、参股公司及其他成员企业或机构共同组成的具有一定规模的企业法人联合体。企业集团不具有企业法人资格。

集团职工代表大会是指企业集团总部和所属基层单位按照一定比例选举产生职工代表,对涉及企业集团改革发展和职工权益有关事项履行民主程序、行使相应职权的职工代表大会。

推行企业集团职代会制度的重要意义主要如下。

(1)推行企业集团职代会制度是新形势下健全充满活力的基层群众自治制度的必然要求。

(2)推行企业集团职代会制度是加快完善中国特色现代企业制度的内在需要。

(3)推行企业集团职代会制度是企业集团构建和谐劳动关系的有效途径。

259. 推行企业集团职代会制度的基本原则是什么?

根据中华全国总工会《关于推行企业集团职工代表大会制度的意见》,推行企业集团职代会制度应遵守的基本原则包括以下方面。

(1)坚持加强党的领导。要坚持以习近平新时代中国特色社会主义思想为指导，认真贯彻落实党的基本理论、基本路线、基本方略，坚持党委统一领导，坚持重大问题事前请示，坚持全心全意依靠职工办企业，在党组织的统筹协调下推进企业集团和所属基层单位职代会制度建设，确保集团职代会制度建设沿着正确的方向发展。

（2）坚持依法有序推进。要依照相关法律法规，推动对所属基层单位在重大决策、经营管理、干部任免、薪酬福利、人力资源等方面拥有管控权限的企业集团建立职代会制度，保证职工通过企业集团和所属基层单位等多层级职代会行使民主管理权力。不能以企业集团总部职代会替代集团职代会。在此基础上积极推进制度化规范化建设，使集团职代会制度更加健全、运行程序更加规范、作用发挥更加有效。

（3）坚持融入公司治理。要推动企业集团在制定公司章程时，落实职代会在公司治理结构中的地位，明确其主体权责，并与其他公司治理主体有效衔接。要以集团职代会为牵引，建立与企业管控模式相适应、上下配套、层次清晰、各司其职、独立运行的企业集团内部多层级职代会制度体系，把民主管理制度融入企业生产经营管理活动之中，推动加快完善中国特色现代企业制度。

（4）坚持协同联动推进。集团职代会的内容要更加侧重涉及企业集团改革发展的全局性、根本性、指导性的重大事项，以及涉及职工切身利益带有普遍性、倾向性的重大问题。所属基层单位要在遵循集团职代会基本原则基础上，从本单位实际出发，细化和完善本单位职代会制度。要准确把握和处理上下级职代会之间的关系，充分发挥企业集团内各层级职代会的职能作用。

260. 关于企业集团职代会职工代表构成比例和产生方式是如何规定的？

企业集团职代会职工代表的名额数量应以企业集团职工人数为基

数，依据《企业民主管理规定》第 8 条有关规定确定。其中，集团中层以上管理人员和领导人员，原则上不超过职工代表总数的 20%，所属单位多、分布广的集团中层以上管理人员和领导人员一般不超过代表总数的 35%。职工代表中应有适当比例的劳模先进、高技能领军人才、女职工、青年职工、农民工的代表。

参加集团职代会的职工代表可以在企业集团总部和各所属基层单位职代会的职工代表中选举产生，也可以在企业集团全体职工中直接选举产生。

261. 关于企业集团职代会的届期和会议召开有什么规定？

企业集团职代会每届届期为 3 年至 5 年，具体届期由职代会根据实际情况确定，每年应至少召开 1 次。在条件允许的情况下，要合理规划职代会会期、内容，与董事会、年度工作会议等有机衔接。职工人数众多、地域分布广的企业，在集团职代会召开形式上可探索线上和线下相结合的方式，但在涉及重要事项表决时，应集中现场开会，以保障职工真实意愿的表达。

262. 企业集团职代会闭会期间的工作制度是什么？

企业集团工会是集团职代会的工作机构，负责集团职代会的日常工作。闭会期间，遇有确需经集团职代会审议或审议通过的重大事项，按规定召开临时集团职代会；有需要临时解决涉及职工切身利益的重要问题可由企业集团工会组织召集职工代表团（组）长和专门委员会（小组）负责人联席会议协商处理。联席会议必须有各代表团（组）长参加；协商讨论解决属于集团职代会职权范围内的事项必须由集团职代会授权，并提请下一次集团职代会确认；企业集团改革改制方案必须经集

团职代会审议，国有及其控股企业集团职工安置方案必须经集团职代会
审议通过，不可由联席会议替代集团职代会行使职权。

263. 企业集团职代会的职权有哪些？

根据《中华全国总工会关于推行企业集团职工代表大会制度的意
见》，企业集团职代会的职权主要包括以下几点。

（1）审议建议权

企业集团职代会应听取企业集团工作报告，审议企业集团经营方
针、中长期发展规划、年度计划、财务预决算、安全生产等重要事项的
报告；审议企业集团改制方案和重大改革措施；审议企业集团员工持股
方案；审议企业集团制定、修改或者决定的有关劳动报酬、工作时间、
休息休假、劳动安全卫生、保险福利、职工培训、劳动纪律以及劳动定
额管理等直接涉及职工切身利益的规章制度或者重大事项方案，提出意
见和建议。

（2）审议通过权

企业集团职代会应审议企业集团民主管理制度实施办法；审议企业
集团集体合同草案、专项合同草案、企业年金方案、住房制度改革方
案；审议职工奖惩办法、劳动模范推荐人选等重大事项。在审议的基础
上，进行投票表决，形成通过或不通过的决议。国有及其控股企业集团
产权转让、合并、分立、改制、解散、破产实施方案中职工的裁减、分
流和安置方案也应当经集团职代会审议通过。

（3）监督评议权

企业集团职代会应监督企业集团及所属基层单位建立和健全完善职
代会和厂务公开等民主管理制度情况；监督企业集团职代会决议贯彻执
行情况和提案落实情况；审查监督企业集团及所属基层单位执行劳动法

律法规和劳动规章制度的情况；审查监督企业集团及所属基层单位履行集体合同的情况；民主评议集团职工董事、职工监事。国有及其控股企业集团应当通过集团职代会民主评议集团领导人员。

（4）民主选举权

企业集团职代会应依法选举或罢免企业集团职工董事、职工监事；选举集团职代会专门委员会（小组）成员；选举依法进入破产程序企业集团的债权人会议和债权人委员会中的职工代表；选举法律法规规定或者企业集团党委、行政与工会协商确定应当由集团职代会选举产生的其他人员。

（5）法律法规赋予职代会的其他权利

在推进企业集团改革改制过程中，特别是在国有企业集团推进混合所有制改革过程中，要重点规范改革调整重大事项的集团职代会审议建议程序。涉及企业集团改革调整的重大事项，应当通过集团职代会履行审议建议权的民主程序，提出意见建议。所属基层单位在此基础上细化方案，提交本级职代会审议并履行相应的民主程序。要重点规范涉及企业集团职工切身利益重要事项的集团职代会审议通过程序。涉及企业集团职工安置等职工切身利益的重要事项，应当通过集团职代会严格履行审议通过权的民主程序，根据所属基层单位实际，提出统一要求与分类指导相结合的原则，表决通过后实施。所属基层单位按照集团职代会决议细化方案，提交本级职代会审议通过后实施。

七、非公有制企业民主管理

264. 什么是非公有制经济？

非公有制经济是相对于公有制经济而产生的一个名词。它是中国现阶段除了公有制经济形式以外的所有经济结构形式。它也是社会主义市场经济的重要组成部分。非公有制经济主要包括个体经济、私营经济、外资经济等。个体经济，是由劳动者个人或家庭占有生产资料，从事个体劳动和经营的所有制形式。它是以劳动者自己劳动为基础，劳动成果直接归劳动者所有和支配。它是社会主义初级阶段一种重要的非公有制经济。私营经济，是以生产资料私有和雇佣劳动为基础，以取得利润为目的所有制形式。它也是社会主义初级阶段一种重要的非公有制经济。外资经济，是我国发展对外经济关系，吸引外资建立起来的所有制形式。它包括中外合资经营企业、中外合作经营企业中的境外资本部分，以及外商独资企业。它也是社会主义初级阶段一种重要的非公有制经济。

《宪法》第 6 条第 2 款规定："国家在社会主义初级阶段，坚持公有制为主体、多种所有制经济共同发展的基本经济制度，坚持按劳分配为主体、多种分配方式并存的分配制度。"第 11 条规定："在法律规定范围内的个体经济、私营经济等非公有制经济，是社会主义市场经济的重要组成部分。国家保护个体经济、私营经济等非公有制经济的合法的权利和利益。国家鼓励、支持和引导非公有制经济的发展，并对非公有制经济依法实行监督和管理。"

265. 非公有制企业为什么要实行民主管理?

非公有制企业是非公有制经济的主要市场主体,是非公有制经济组织的主要组成部分,是指归我国内地公民私人所有或归外商、港澳台商所有的经济成分占主导或相对主导地位的企业。占主导地位是指外商、港澳台商独资或占股份50%以上,处于绝对控股状态。占相对主导地位是指其所占股份虽不足50%,但其股份所占比例最大,相对于其他股东对企业起到控股作用。按企业注册类型划分,非公有制企业包括:私营企业;港澳台商投资企业;外商投资企业;非公经济成分占主导或相对主导地位的股份合作企业、其他联营企业、有限责任公司、股份有限公司和其他企业。但不包括个体工商户。

非公有制企业实行民主管理的重要性和必要性如下。

(1)非公有制企业实行职工民主管理,是由我们党和国家的性质决定的。

工人阶级是党的阶级基础,是国家的领导阶级。广大职工群众参与国家、社会事务和企事业管理,是宪法和法律赋予的权利。非公有制企业的职工是我国工人阶级的重要组成部分,是以国家主人的身份在这些企业工作的,应当按照法律和政策的规定参与企业民主决策、民主管理和民主监督。

(2)非公有制企业实行职工民主管理是生产社会化和管理现代化的必然趋势。

人力资本理论认为,资本应划分为以厂房、机器设备为代表的实物资本和以劳动力为代表的人力资本两类。人力资本是指经过一定的教育培训后形成的劳动者的知识和能力,是劳动者的劳动能力资源。在现代社会和知识经济时代,人力资本是活的生产要素,是创造价值的生产要素，是起着决定性因素的生产要素。由此可见，职工参与企业管理是社会化大生产的必然产物，与生产资料所有制并无必然联系，不能与资产所有权完全画等号。

（3）非公有制企业实行民主管理是贯彻落实党的全心全意依靠工人阶级指导方针的重要举措。

全心全意依靠工人阶级，是由我们党和国家的性质和工人阶级的地位决定的，是我们党的一个突出政治优势和一贯主张。坚持全心全意依靠工人阶级，就要保障和发展工人阶级的民主权利。非公有制企业的职工是我国工人阶级的重要组成部分，在非公有制企业贯彻依靠工人阶级指导方针，坚持发展社会主义民主，就要坚持和完善职工民主管理制度，保障职工依法、有序、广泛参与企业民主管理，切实保障职工群众的民主权利。

（4）非公有制企业实行民主管理是建立现代企业制度，促进非公有制企业健康发展的客观需要。

非公有制企业职工通过参与企业民主决策、民主管理、民主监督，可以集中群众智慧，使企业决策减少盲目性、随意性、风险性，增强科学性、可行性、安全性，使企业决策更加正确、科学、完善，避免因决策失误而造成的风险和损失。而且，通过实行民主管理，可以充分发挥一切利益相关者的才能和积极性，改善企业的经营管理状况，提高企业的核心竞争力，促进企业高质量发展。

（5）非公有制企业实行民主管理是维护职工合法权益的有效机制。

在非公有制企业实行民主管理，有关职工合法权益的重要事项依法提交职工代表大会审议，或者由工会代表职工与企业进行平等协商，充分听取职工群众的意见和建议，使劳动关系在民主化、制度化、规范化、程序化的轨道上运行，使职工的合法权益得到可靠的制度保障。

2012 年中央纪委等 6 部委联合发布了《企业民主管理规定》，最大的突破在于明确了在社会主义市场经济条件下，所有的企业都要实行民主管理。这意味着非公有制企业建立职工代表大会、厂务公开制度，公司制企业设立职工董事、职工监事有了强有力的法律和政策支持保障，非公有制企业职工将能够规范有效地行使民主管理权力。

266. 推进非公有制企业民主管理的工作原则是什么？

根据中华全国总工会《关于深入推进非公有制企业民主管理工作的意见》，推进非公有制企业民主管理的工作原则如下。

（1）坚持融入管理，促进企业发展。把民主管理有效融入企业生产经营管理活动之中，使民主管理成为企业管理的重要组成部分，成为非公有制企业破解经营管理难题、加快产业转型升级、增强核心竞争力的推动力量和有效途径。

（2）坚持以人为本，维护职工权益。牢固树立全心全意依靠职工办企业的理念，尊重职工主体地位，支持职工参与企业管理，推动解决职工最关心、最直接、最现实的利益问题，让职工在企业改革发展中有更多的获得感。

（3）坚持因企制宜，实施分类指导。针对非公有制企业实际，把握多样性、差异性和渐进性的特点，由易到难、由浅入深，循序渐进推动非公有制企业民主管理工作深入发展。

（4）坚持以点带面，实现整体推进。充分发挥先进典型的示范引领作用，带动更多的非公有制企业建立健全以职代会为基本形式的民主管理制度，以点带面、点面结合，不断提升非公有制企业民主管理工作的整体水平。

267. 非公有制企业如何建立健全职代会制度？

非公有制企业可以根据自身实际，制定职代会实施细则或操作办法，完善职工代表选举制度、提案制度、表决制度、各专门委员会（工作小组）工作制度和决议落实制度等。规范选举职工代表，鼓励和探索职工代表竞选制度。职工代表中应当有适当比例的女职工、农民工、劳务派遣工代表。规范职代会提案的征集、办理、反馈环节。按照《企业民主管理规定》的规定，落实职代会各项职权，对重要事项应当采用无记名投票方式分项表决。充分发挥各专门委员会（工作小组）在职代会闭会期间的作用，组织职工代表巡视检查，推动职代会决议的贯彻落实。在经济开发区、工业园区、高新技术园区和乡镇（街道）等中小微型企业集中的区域和产业集群，大力推行区域（行业）职代会制度。逐步规范区域（行业）职代会的职权内容、工作制度、组织制度，使区域（行业）职代会在构建和谐劳动关系中有效发挥作用。

268. 非公有制企业职工代表大会有哪些职权？

非公有制企业的职代会依法行使知情、参与、监督等民主管理的权利，具体职权如下。

（1）听取企业生产经营和改革发展情况的报告，涉及企业职工切身利益的重要事项落实情况的报告，提出意见和建议。

（2）审议通过工会与企业行政平等协商的有关职工工资、工作时间、休息休假、劳动安全卫生、保险和福利、女职工和未成年工保护、奖惩办法、裁员方案等涉及职工切身利益重大问题的集体合同或专项集体合同草案，审议企业重要规章制度草案，做出同意或否决的决定。

（3）监督企业贯彻执行国家法律和政策的情况，监督企业实行厂务公开和执行职代会决议的情况，监督企业依法缴纳社会保险费的情况。

（4）法律、政策和企业制度规定以及企业授权和集体协商议定的其他权利。

269. 非公有制企业如何推进厂务公开制度?

非公有制企业应当根据有关规定,结合本企业实际,制定厂务公开具体实施办法、健全组织机构、明确工作职责,完善监督检查、意见反馈、考核评估、责任追究等工作制度。在强化职代会主渠道的同时,拓宽公开方式,通过厂情通报会、厂务公开栏,企业内部网站、电子信箱、手机短信、微博、微信等途径,及时、真实、全过程公开企业改革发展中的重大问题和职工关心的热点难点问题,广泛征求职工的意见建议。

270. 非公有制企业如何推行职工董事、职工监事制度?

要推动设立董事会、监事会的公司建立职工董事、职工监事制度。职工董事、职工监事应由职代会以无记名投票方式差额选举,经全体代表过半数同意方可当选。职工董事、职工监事要向公司职代会报告工作,接受职代会监督、质询和民主评议。在董事会、监事会研究决定公司重大问题时,职工董事、职工监事应按照职代会的相关决议发表意见,维护职工和公司的合法权益。

271. 如何不断丰富非公有制企业民主管理工作内容?

中华全国总工会《关于深入推进非公有制企业民主管理工作的意见》提出,要主动适应经济发展新常态,围绕推动企业改革发展和维护职工合法权益,引导企业和职工积极开展多种形式的民主管理活动,促进企业和职工共同发展。

(1)引导和组织非公有制企业职工广泛开展民主管理活动,为实施创新驱动发展战略、实现企业转型升级献计献策。顺应加快推进实施

"中国制造2025"行动纲领和"互联网+"的发展趋势，把民主管理贯穿于企业实施创新驱动、实现转型升级的全过程。指导企业深入开展"公开解难题、民主促发展"主题活动，制定"民主管理立新功、职工代表在行动""我为企业发展献一计""金点子""优秀职工代表提案""职工代表大讨论""职工大课堂"等灵活具体、形式多样的活动实施办法，鼓励职工投身技术革新、技术创新、合理化建议等活动，组织职工为企业转型升级多想招、为加快发展多出力，用实际行动为企业提高自主创新能力和市场竞争力贡献智慧和力量。

（2）指导和督促非公有制企业将民主管理与专业管理深度融合，完善经营管理制度，提高企业管理科学化水平。在企业决策制定、规章制度、人事安排、绩效考核、物资采购、招标投标等经营管理过程中，通过职代会、厂务公开等民主形式，广泛听取职工的意见和建议，不断完善管理制度，提高管理水平。鼓励和推动非公有制企业开展职代会民主评议管理人员活动，完善企业内部权力运行制约和监督机制，降低管控风险。充分发挥职工董事、职工监事在源头参与企业重大决策和监督中的作用，完善企业法人治理结构，推动企业在市场竞争中做大做强。

（3）指导和督促非公有制企业严格履行民主程序，为企业改革发展营造良好的稳定环境。指导企业制定、修改或者决定有关劳动报酬、工作时间、休息休假、劳动安全卫生、保险福利、职业培训、劳动纪律和劳动定额管理等涉及劳动者切身利益的规章制度或者重大事项方案，提交职代会审议通过，着力解决欠薪、超时加班、劳动保护措施不到位等突出问题。在推进供给侧结构性改革及化解钢铁、煤炭行业过剩产能过程中，指导督促相关企业加强厂务公开工作，按照国家有关法律法规和政策制定并落实职工安置方案，依法履行民主程序，充分听取职工意见。职工安置方案应按规定经职工代表大会或全体职工讨论通过后公布实施，对职工安置方案不完善、资金保障不到位以及职工安置方案未经职工代表大会或全体职工讨论通过的，不得实施。引导职工理解改革、支持改革、参与改革，推动企业改革顺利进行。

（4）引导和组织非公有制企业职工通过民主管理制度平台，依法、理性、有序表达利益诉求。针对职工权利意识明显增强、利益诉求更加多元的新特点，通过职代会等民主管理形式，引导职工认清企业改革发展中面临的困难，正确看待自身利益与企业集体利益的关系，将职工零散无序的利益诉求纳入制度框架内，使之规范有序进行表达。在讨论决定涉及职工切身利益的重要事项时，统筹兼顾企业内部不同职工群体特别是青年职工和农民工、劳务派遣工的利益诉求，将劳动关系中可能出现的矛盾和问题化解在基层、化解在萌芽状态。

272. 如何提高非公有制企业民主管理工作实效？

（1）坚持问题导向。把问题意识、问题导向贯穿于推进工作全过程，深入研究、切实解决经济发展新常态下非公有制企业改革发展和职工权益实现面临的突出问题。

（2）运用法治思维。积极推动企业民主管理立法工作，督促企业贯彻执行相关法律法规。

（3）狠抓工作落实。进一步转变工作作风，深入企业，动员、指导和帮助非公有制企业建立健全民主管理制度，探索建立激励约束机制，推动非公有制企业民主管理开展。

八、国有文化企事业单位、学校
职工代表大会制度

273. 国有文化企事业单位必须建立职工代表大会制度吗？

根据《国有文化企事业单位职工代表大会实施办法（暂行）》第2条、第3条规定：职工代表大会是国有文化企事业单位实行民主管理的基本形式，是职工行使民主管理权力的机构，也是文化企事业单位治理结构的重要组成部分。国有文化企事业单位必须建立和健全职工代表大会（或职工大会，下同）制度和其他职工民主管理制度，实行院（团、馆）务公开，依法设立职工董事和职工监事，推行民主管理。国有文化企事业单位应当尊重和保障职工依法享有的知情权、参与权、表达权和监督权等民主权利，支持职工参加文化企事业单位管理活动，发挥职工在参与审议文化企事业单位重大决策、监督行政管理、维护自身合法权益等方面的作用。

274. 国有文化企事业单位职工代表大会的职权有哪些？

根据《国有文化企事业单位职工代表大会实施办法（暂行）》第8条规定，国有文化企事业单位职工代表大会行使下列职权。

（1）听取本单位行政负责人的工作报告，讨论审议本单位年度工作报告、发展长远规划和近期目标、重大改革方案、财务预决算报告、收入分配方案，并作出决议。

（2）审议通过岗位责任制、劳动用工、劳动报酬、工作时间、休息休假、劳动安全卫生、保险福利、职工培训、劳动纪律，以及其他涉及职工切身利益的规章制度或者重大事项等。

（3）审议通过集体合同草案，对集体合同履行情况进行监督检查。

（4）审议决定职工福利基金的使用方案和其他有关职工生活福利的重大事项；对职工参加社会保险及各项社会保险费缴纳情况进行监督。

（5）民主评议和监督领导班子成员，并向相关部门提出奖惩和任免的建议；主管机关任命或者免除行政领导人员的职务时，必须充分考虑职工代表的意见。

（6）选举职工董事、职工监事；推选劳动模范和先进工作者。

（7）其他法律和行政法规规定的须经职工代表大会讨论、审议或者决定的事项。

275. 国有文化企事业单位职工代表大会主席团的组成有什么规定？

根据《国有文化企事业单位职工代表大会实施办法（暂行）》，国有文化企事业单位职工代表大会可以选举主席团主持会议，处理会议期间的相关事项。主席团成员在职工代表中产生。主席团成员应当有领导人员、演职人员（工人）、技术人员、管理人员和其他方面的职工。其中，中层以上管理人员不得超过主席团成员半数。领导人员一般不超过职工代表总数的1/5。

276. 国有文化企事业单位职工代表大会可以设哪些专门小组？

根据《国有文化企事业单位职工代表大会实施办法（暂行）》，职工代表大会可以根据需要，设立提案组、职工保险福利组、财务审查组、规章制度监督组、平等协商组、民主评议组等若干专门小组。各专门小组的人选，一般在职工代表中提名，也可以聘请非职工代表，但必须经职工代表大会表决通过。各专门小组对职工代表大会负责。专门小组进行活动需要占用工作时间的须经领导同意，方可享受正常出勤同样的待遇。

277. 国有文化企事业单位职工代表大会的职工代表人数、比例有什么规定？

根据《国有文化企事业单位职工代表大会实施办法（暂行）》，国有文化企事业单位可以根据职工人数确定召开职工代表大会或者职工大会。召开职工代表大会的，职工代表人数按照不少于全体职工人数的5%确定，但最少不少于30人。职工代表人数超过100人的，超出的代表人数可以由文化企事业单位与工会协商确定。职工代表中应当有领导人员、演职人员（工人）、技术人员、管理人员和其他职工；中层以上管理人员不得高于20%；青年职工和女职工应占一定比例；有劳务派遣职工的企事业单位，职工代表中应当有适当比例的劳务派遣职工代表。

278. 国有文化企事业单位的职工代表有哪些权利和义务？

根据《国有文化企事业单位职工代表大会实施办法（暂行）》规定，职工代表的权利如下。

（1）有选举权、被选举权、建议权、表决权、知情权、监督权和提案权。

（2）参加职工代表大会及其工作机构组织的各项活动；参加单位对执行职工代表大会决议和提案落实情况的检查；参加对行政领导班子

成员的民主评议和监督。

（3）因参加职工代表大会的各项活动而占用生产或者工作时间，视为正常出勤。

（4）依照其他法律法规的规定行使民主权利。

职工代表的义务如下。

（1）努力学习和掌握党的方针、政策和国家有关法律、法规以及业务知识，不断提高思想觉悟、业务水平和参加管理的能力。

（2）代表职工合法权益，如实反映职工群众的意见和要求，认真执行职工代表大会的决议，做好职工代表大会交办的各项工作。

（3）职工董事、职工监事和参加平等协商、签订集体合同的职工代表向职工代表大会负责，并报告工作。

（4）遵守国家法律、法规和企事业单位规章制度，做好本职工作。

（5）其他法律法规规定的义务。

279. 教职工代表大会代表有哪些权利和义务？

根据《学校教职工代表大会规定》第 13 条规定，教职工代表大会代表享有以下权利：

（1）在教职工代表大会上享有选举权、被选举权和表决权；

（2）在教职工代表大会上充分发表意见和建议；

（3）提出提案并对提案办理情况进行询问和监督；

（4）就学校工作向学校领导和学校有关机构反映教职工的意见和要求；

（5）因履行职责受到压制、阻挠或者打击报复时，向有关部门提出申诉和控告。

根据《学校教职工代表大会规定》第 14 条规定，教职工代表大会代表应当履行以下义务：

（1）努力学习并认真执行党的路线方针政策、国家的法律法规、党和国家关于教育改革发展的方针政策，不断提高思想政治素质和参与民主管理的能力；

（2）积极参加教职工代表大会的活动，认真宣传、贯彻教职工代表大会决议，完成教职工代表大会交给的任务；

（3）办事公正，为人正派，密切联系教职工群众，如实反映群众的意见和要求；

（4）及时向本部门教职工通报参加教职工代表大会活动和履行职责的情况，接受评议监督；

（5）自觉遵守学校的规章制度和职业道德，提高业务水平，做好本职工作。

280. 关于教职工代表大会召开的时间有什么规定？

《学校教职工代表大会规定》第 17 条规定，教职工代表大会每学年至少召开 1 次。遇有重大事项，经学校、学校工会或 1/3 以上教职工代表大会代表提议，可以临时召开教职工代表大会。

《学校教职工代表大会规定》第 16 条规定，学校应当遵守教职工代表大会的组织规则，定期召开教职工代表大会，支持教职工代表大会的活动。

281. 关于教职工代表大会的出席人数有什么规定？

《学校教职工代表大会规定》第 19 条规定，教职工代表大会须有 2/3 以上教职工代表大会代表出席。

教职工代表大会根据需要可以邀请离退休教职工等非教职工代表大

会代表，作为特邀或列席代表参加会议。特邀或列席代表在教职工代表大会上不具有选举权、被选举权和表决权。

《学校教职工代表大会规定》第 21 条规定，教职工代表大会的选举和表决，须经教职工代表大会代表总数半数以上通过方为有效。

282. 教职工代表大会的议题如何确定？

根据《学校教职工代表大会规定》第 20 条规定，教职工代表大会的议题，应当根据学校的中心工作、教职工的普遍要求，由学校工会提交学校研究确定，并提请教职工代表大会表决通过。

283. 教职工代表大会可以选举产生执行委员会吗？

根据《学校教职工代表大会规定》第 24 条规定，教职工代表大会根据实际情况和需要，可以在教职工代表大会代表中选举产生执行委员会。执行委员会中，教师代表应占多数。

教职工代表大会闭会期间，遇有急需解决的重要问题，可由执行委员会联系有关专门委员会（工作小组）与学校有关机构协商处理。其结果向下一次教职工代表大会报告。

284. 学校工会承担哪些与教职工代表大会相关的工作职责？

学校工会为教职工代表大会的工作机构。根据《学校教职工代表大会规定》第 26 条规定，学校工会承担以下与教职工代表大会相关的工作职责：

（1）做好教职工代表大会的筹备工作和会务工作，组织选举教职工代表大会代表，征集和整理提案，提出会议议题、方案和主席团建议人选；

（2）教职工代表大会闭会期间，组织传达贯彻教职工代表大会精神，督促检查教职工代表大会决议的落实，组织各代表团（组）及专门委员会（工作小组）的活动，主持召开教职工代表团（组）长、专门委员会（工作小组）负责人联席会议；

（3）组织教职工代表大会代表的培训，接受和处理教职工代表大会代表的建议和申诉；

（4）就学校民主管理工作向学校党组织汇报，与学校沟通；

（5）完成教职工代表大会委托的其他任务。

选举产生执行委员会的学校，其执行委员会根据教职工代表大会的授权，可承担前款有关职责。

九、工会基础知识

285. 如何理解工会的性质?

工会的性质,是指工会的本质属性或本质特征,是工会组织区别于其他社会组织的根本标志。工会的性质决定了工会的地位、作用、职能、任务以及工会的权利与义务等。正确认识工会的性质,对于更好地履行工会的职责、发挥工会的作用、推动工会工作的开展、促进工运事业的发展有着非常重要的意义。

工会,也称劳工总会、工人联合会。工会原意是指基于共同利益而自发组织的社会团体。在西方国家,"工会是以维护和改善雇工的劳动条件、提高雇工的经济地位为主要目的,由雇工自愿组织起来的团体或联合团体"。

工会是工人阶级的群众组织,是在工人阶级和资产阶级的斗争过程中产生和发展起来的。工人阶级同资产阶级的利益是对立的,工人阶级在反抗资本家压迫和剥削的斗争中,认识到必须团结起来,联合起来,才能适应同资产阶级斗争的需要,才能维护自身的利益,取得斗争的胜利。因而,根据工人阶级斗争的需要,便产生了工会。

中国工会是在中国工人运动发展的基础上诞生的。中国工人阶级诞生于 1840 年以后,是在近代工业企业中开始诞生并逐渐发展壮大的。在 1919 年五四运动中,以上海为中心的全国工人总同盟罢工,推动了爱国运动取得决定性胜利,标志着中国工人阶级以独立的姿态登上了历史舞台。1921 年 8 月中国共产党成立后不久，就成立了中国劳动组合书记部，作为全国工会的通信联络机关。1922 年 5 月中国劳动组合书记部在广州召开了第一次全国劳动大会，确定筹备全国性工会组织。1925 年 5 月 1 日在广州召开了第二次全国劳动大会，正式成立了中华全国总工会。抗日战争时期暂停使用中华全国总工会的名称，成立陕甘宁边区总工会和各抗日根据地总工会。解放战争时期边区总工会和各根据地总工会联合为解放区总工会。1948 年 8 月 1 日由解放区总工会和国民党统治区工会在哈尔滨联合召开了第六次全国劳动大会，决定恢复中华全国总工会。中华人民共和国建立后，在社会主义革命和建设时期，我国工会主要进行的是组织和引导工人群众当家作主，学习管理经济、管理国家，改善工人生活福利，加速发展社会生产力，推进社会主义的物质文明和精神文明建设。在改革开放时期，我国工会在中国共产党领导下，坚定不移地走中国特色社会主义工会发展道路，在党和国家工作大局中充分发挥自身作用，不断加强自身建设与改革，推动工会工作焕发出新的生机和活力，开创了党的工运事业繁荣发展的新局面。

关于我国工会的性质，《工会法》第 2 条规定："工会是中国共产党领导的职工自愿结合的工人阶级群众组织，是中国共产党联系职工群众的桥梁和纽带。中华全国总工会及其各工会组织代表职工的利益，依法维护职工的合法权益。"《中国工会章程》开宗明义规定："中国工会是中国共产党领导的职工自愿结合的工人阶级群众组织，是党联系职工群众的桥梁和纽带，是国家政权的重要社会支柱，是会员和职工利益的代表。"这一规定表明了中国工会的本质属性是阶级性、群众性和政治性的相互统一。

（1）工会的阶级性。工会的阶级性，是指工会是真正的工人阶级组织，并以工人阶级作为自己的阶级基础。工会的阶级性主要体现在以下两个方面。

第一，工会会员必须是工人阶级成员。《中国工会章程》第1条规定："凡在中国境内的企业、事业单位、机关、社会组织中，以工资收入为主要生活来源或者与用人单位建立劳动关系的劳动者，不分民族、种族、性别、职业、宗教信仰、教育程度，承认工会章程，都可以加入工会为会员。"《工会法》也明确规定了这一点。由此可见，确定是否可以成为工会会员的标准只有一个，即以工资收入为主要生活来源或者与用人单位建立劳动关系的劳动者。这就把工会成员的构成仅仅限于工人阶级范围之内，把工人阶级作为工会的阶级基础，充分说明工会具有鲜明的阶级性。

第二，工会必须维护工人阶级利益。工会是工人阶级利益的代表者和维护者，工会的成立和发展体现了工人阶级的利益要求，工会是为工人阶级的利益而奋斗的，工会要把维护职工合法权益、竭诚服务职工群众作为自己的基本职责。

（2）工会的群众性。工会的群众性，是指工会是工人阶级在本阶级范围内最广泛的组织。工会的群众性主要体现在以下几个方面。

首先，工会的群众性体现在工会的会员构成具有工人阶级范围内的广泛性。工会并不是个别行业或者个别部门内职工的组织，它最大限度地团结、联合了广大职工群众。工会始终是工人阶级实现阶级联合的最广泛的组织。

其次，工会的群众性体现在工会代表广大会员和职工群众的正当利益，维护职工群众的合法权益方面。工会代表广大会员和职工群众的正当利益、维护职工群众的合法权益是工会群众性的核心问题。职工群众是工会组织的主体，是工会赖以存在和发展的基础，广大会员和职工群众对工会的信赖和支持是工会最基本的力量源泉。如果工会不能切实代表和维护职工群众的合法权益，就会失去本阶级群众，那也就谈不上工会的群众性。

再次，工会的群众性还体现在工会组织内部的民主性方面。工会内部生活的民主性是工会群众性的必然要求和具体体现。工会内部生活的民主性，一般包括以下几个方面。一是工会组织内部成员之间的地位和权利是平等的，工会内部的事务应当由会员群众当家作主，实行会员群众办工会。二是工会内部应该具有更充分、更广泛的民主生活。工会工作要依靠广大的积极分子和会员群众，工会的活动要从会员群众的意愿和要求出发。工会的一切问题都要经过民主程序，工会的一切工作和活动都要置于会员和职工群众的参与、监督之中。三是工会在工作方法上必须采取和国家机关、行政部门不同的工作方法，即采用吸引的方法、说服的方法和群众自我教育的方法。

最后，工会的群众性还体现在工会组织的自愿性方面。工会不是按照某种指令组织起来的，而是职工群众为了谋求共同利益，实现共同愿望自觉自愿地组织起来的群众团体。工会组织的自愿性包括两个方面：一是坚持职工自愿入会的原则，只要是工人阶级成员，都可以自愿加入工会组织；二是工会组织或者开展的一切活动，必须适合大多数群众的觉悟，建立在群众自觉自愿的基础上。

（3）工会的政治性。工会自觉接受中国共产党的领导，鲜明地体现了我国工会具有高度的政治性。习近平总书记强调："工会工作做得好不好、有没有取得明显成效，关键看有没有坚持正确政治方向"。正确政治方向，核心就是要坚持中国共产党领导和社会主义制度。坚持正确政治方向，是工会做好工作、发挥作用的根本，也是工会作为党领导下的工人阶级群众组织的历史使命。

政治性是工会组织的灵魂，是第一位的。工会作为党领导的群团组织，必须始终把政治性放在首要位置，引导广大职工群众坚定不移听党话、跟党走，巩固党执政的阶级基础和群众基础。

工会是阶级性、群众性和政治性的有机统一。工会的阶级性、群众性和政治性不是分割的，而是辩证地统一在一起的。阶级性离不开群众性，以群众性为基础；群众性也离不开阶级性，受阶级性的制约；工会的阶级性和群众性以政治性为方向和保障。始终坚持党的领导，坚持走中国特色社会主义工会发展道路，这是中国工会的显著特点。

286. 哪些人有依法参加和组织工会的权利？

《工会法》第 3 条规定：在中国境内的企业、事业单位、机关、社会组织（以下统称用人单位）中以工资收入为主要生活来源的劳动者，不分民族、种族、性别、职业、宗教信仰、教育程度，都有依法参加和组织工会的权利。任何组织和个人不得阻挠和限制。工会适应企业组织形式、职工队伍结构、劳动关系、就业形态等方面的发展变化，依法维护劳动者参加和组织工会的权利。

287. 劳动者参加工会的基本程序是什么？

根据中华全国总工会印发的《工会会员会籍管理办法》规定，职工加入工会的基本程序如下。

（1）本人自愿申请。凡是符合条件的职工，均可自愿申请加入工会。职工申请加入工会的方式主要有两种。①口头或书面申请入会，即由职工本人通过口头或书面形式提出入会申请，填写《中华全国总工会入会申请书》和《工会会员登记表》，报基层工会委员会。②网上申请入会，即由职工通过网站、微博、邮件等网络渠道，向工会组织提供相关信息，表达自己的入会愿望；工会按照线上申请、线下受理、分级审核、全程跟踪等程序，及时受理职工需求，办理相关审批手续。尚未建立工会组织的用人单位职工，按照属地和行业就近原则，可以向上级工会提出入会申请，在上级工会的帮助指导下加入工会。用人单位建立工会后，应及时办理会员会籍接转手续。非全日制等形式灵活就业的职工，可以申请加入所在单位工会，也可以申请加入所在地的乡镇（街道）、开发区（工业园区）、村（社区）工会和区域（行业）工会联合会等。会员会籍由上述工会管理。农民工输出地工会应当开展入会宣传，启发农民工入会意识；输入地工会按照属地管理原则，广泛吸收农民工加入工会。农民工会员变更用人单位时，应及时办理会员会籍接转手续，不需重复入会。

（2）基层工会委员会审核。基层工会委员会接到职工入会申请书后，应及时召开会议，研究审查接纳职工入会事项。审查的主要内容有：（1）申请人是否符合入会条件；（2）是否自愿；（3）是否符合入会手续。符合条件和手续的，应当接纳入会，并在职工入会申请书上签署意见。

（3）基层工会委员会批准并发给会员证。经基层工会委员会审核批准，即为中华全国总工会会员，发给《中华全国总工会会员证》（以下简称"会员证"），取得会员会籍，享有会员权利，履行会员义务。工会会员卡（以下简称"会员卡"）也可以作为会员身份凭证。基层工会可以通过举行入会仪式、集体发放会员证或会员卡等形式，增强会员意识。基层工会应当建立会员档案，实行会员实名制，动态管理会员信息，保障会员信息安全。

劳务派遣工可以在劳务派遣单位加入工会，也可以在用工单位加入工会。劳务派遣单位没有建立工会的，劳务派遣工在用工单位加入工会。在劳务派遣工会员接受派遣期间，劳务派遣单位工会可以与用工单位工会签订委托管理协议，明确双方对会员组织活动、权益维护等方面的责任与义务。加入劳务派遣单位工会（含委托用工单位管理）的会员，其会籍由劳务派遣单位工会管理。加入用工单位工会的会员会籍由用工单位工会管理。

目前，各地在发展农民工入会过程中，为了方便职工入会，简化职工入会手续，采取集体登记入会、劳动力市场入会、街道和社区直接吸收职工入会等方式，有效地提高了工会组建率和职工入会率，最大限度地把职工组织到工会中来。

288. 工会会员的权利有哪些?

根据《中国工会章程》第 3 条规定，会员享有以下权利：

（1）选举权、被选举权和表决权；

（2）对工会工作进行监督，提出意见和建议，要求撤换或者罢免不称职的工会工作人员；

（3）对国家和社会生活问题及本单位工作提出批评与建议，要求工会组织向有关方面如实反映；

（4）在合法权益受到侵犯时，要求工会给予保护；

（5）工会提供的文化、教育、体育、旅游、疗休养、互助保障、生活救助、法律服务、就业服务等优惠待遇；工会给予的各种奖励；

（6）在工会会议和工会媒体上，参加关于工会工作和职工关心问题的讨论。

289. 工会会员有哪些义务?

《中国工会章程》第 4 条规定，会员履行下列义务：

（1）认真学习贯彻习近平新时代中国特色社会主义思想，学习政治、经济、文化、法律、科技和工会基本知识等；

（2）积极参加民主管理，努力完成生产和工作任务，立足本职岗位建功立业；

（3）遵守宪法和法律，践行社会主义核心价值观，弘扬中华民族传统美德，恪守社会公德、职业道德、家庭美德、个人品德，遵守劳动纪律；

（4）正确处理国家、集体、个人三者利益关系，向危害国家、社会利益的行为作斗争；

（5）维护中国工人阶级和工会组织的团结统一，发扬阶级友爱，搞好互助互济；

（6）遵守工会章程，执行工会决议，参加工会活动，按月交纳会费。

290. 中国特色社会主义工会发展道路的内涵是什么？

中国特色社会主义工会发展道路内涵十分丰富，主要包括以下方面。

（1）坚持自觉接受党的领导。坚持自觉接受党的领导，这是中国工会的根本政治原则，也是中国工会区别于西方工会的显著标志。坚持自觉接受党的领导，就是要以马克思主义和马克思主义中国化成果为指导，在思想上、政治上、行动上和以习近平同志为核心的党中央保持高度一致，认真贯彻党的各项路线方针政策，服从服务于党和国家工作大局，坚持工人阶级团结和工会组织统一，把坚持党的领导与独立自主创造性开展工作结合起来，始终做密切党和政府与职工群众联系的桥梁纽带。

（2）坚持工会的社会主义性质。我国社会主义制度决定了中国工会的社会主义性质。坚持中国特色社会主义工会性质，就是要坚持中国特色社会主义道路、理论体系和制度，牢牢把握鲜明阶级性、广泛群众性和高度政治性的统一，在支持改革开放、推动高质量发展，参与加强和创新社会管理、保持社会和谐，维护职工合法权益、促进社会公平正义等方面发挥积极作用。通过各种途径和形式，参与管理国家事务、管理经济和文化事业、管理社会事务；协助人民政府开展工作，维护工人阶级领导的、以工农联盟为基础的人民民主专政的社会主义国家政权。

（3）坚持发展工人阶级先进性。我国工人阶级是先进生产力和生产关系的代表，是推进中国特色社会主义伟大事业的主力军。坚持发展工人阶级先进性，就是要推动党的全心全意依靠工人阶级根本方针的贯彻落实，倡导勤奋劳动、诚实劳动、创新劳动，弘扬工人阶级伟大品格和劳模精神、劳动精神、工匠精神，在全社会形成依靠主力军、建设主力军、发展主力军的浓厚氛围。充分发挥工会"大学校"作用，全面提高职工队伍的思想道德素质、科学文化素质和技术技能素质。

（4）坚持构建和谐劳动关系。工会是发展和谐劳动关系的重要推动力量，承担着重要的社会责任。坚持构建和谐劳动关系，就是要以规范有序、公正合理、互利共赢、和谐稳定为目标，把劳动关系的建立、运行、监督、调处都纳入法治轨道。坚持党政主导的和谐劳动关系构建格局，主动站在协调劳动关系第一线，坚持依照法律通过协商、协调、沟通的办法化解劳动关系矛盾，不采取过激手段解决劳动纠纷。充分发挥工会与政府联席会议制度、协调劳动关系三方机制等作用，加强劳动合同、集体合同和职代会制度建设，深化创新厂务公开民主管理工作，促进企业与职工协商共事、机制共建、效益共创、利益共享，始终做发展社会主义新型劳动关系的重要社会力量。

（5）坚持维护职工群众合法权益。坚持维护职工群众合法权益，就是要贯彻落实"组织起来、切实维权"工作方针，牢固树立"以职工为本，主动依法科学维权"工会维权观，坚持"促进企事业发展、维护职工权益"企事业工会工作原则，推动健全党政主导的职工群众权益维护机制，把维权工作贯穿于推动改革、促进发展、积极参与、大力帮扶的全过程，始终做职工合法权益的代表者和维护者。

（6）坚持完善社会主义劳动法律体系。我国劳动法律法规是中国特色社会主义法律体系的重要组成部分，《工会法》《劳动法》《劳动合同法》等一系列劳动法律法规为履行工会各项职能、实现职工全面发展提供了法治保障。坚持完善社会主义劳动法律体系，就是要加强源头参与力度，代表和组织职工积极参与立法，大力推动劳动法律法规的制定实施，从制度上、源头上维护职工各项权益，保障职工当家作主权利。主动加大工会劳动法律监督力度，积极配合人大、政府、政协加强劳动法律执法检查、监察和视察工作，推动实现有法可依、有法必依、违法必究。大力开展法治宣传教育，使职工群众和工会干部增强法治观念，学会运用法律；充分运用法律武器履行工会职责，加强法律援助工作，把法律赋予的权利用好用足，始终做组织职工参与社会主义民主法治建设的重要渠道。

（7）坚持推动形成国际工运新秩序。工会对外工作是工会全局工作的重要组成部分，是国家民间外交的重要方面。必须高举和平、发展、合作、工人权益的旗帜，遵循独立自主、互相尊重、求同存异、加强合作、增进友谊的方针，加强与国际、地区和各国工会的交往、交流与合作，切实维护我国国家利益和职工权益。要服从服务于国家总体外交和工会全局工作，坚持学习不照搬、借鉴不接轨，拓展中国工会国际舞台，扩大中国工会国际影响，提高中国工会国际地位，始终做推动形成公正合理、民主和谐国际工运新秩序的积极力量。

（8）坚持以改革创新精神加强工会自身建设。坚持以改革创新精神加强工会自身建设，就是要充分激发工会组织特别是基层工会生机活力，提高工会服务科学发展、服务社会和谐、服务职工群众的能力本领，不断创新工会组织体制、运行机制和活动方式，建设学习型、服务型、创新型工会，始终做广大职工信赖的"职工之家"。

以上8个方面相互联系、有机结合，构成中国特色社会主义工会发展道路的完整体系，是一个不可分割的整体，其核心是坚持自觉接受党的领导，根本是坚持中国工会的社会主义性质，关键是坚持维护职工群众合法权益。

各级工会要深入学习、广泛宣传、积极实践、不断丰富中国特色社会主义工会发展道路，要保持战略定力，增强坚持和拓展这条道路的责任心和使命感，坚定信念、增强信心，勇于实践、积极探索，始终坚持走中国特色社会主义工会发展道路。要团结动员亿万职工积极建功新时代，加强对职工的思想政治引领，加大对职工群众的维权服务力度，深入推进工会改革创新，勇于担当、锐意进取，积极作为、真抓实干，不断开创我国工运事业和工会工作新局面。

291. 我国工会的工作方针是什么?

《中国工会章程》总则中规定了中国工会"坚持组织起来、切实维权的工作方针"。"组织起来、切实维权"工作方针是新时代工会工作总的要求和发展方向，体现了习近平总书记关于工人阶级和工会工作重要论述精神的本质要求，是工会组织坚持政治性、先进性、群众性的重要保障，是党的路线、方针、政策在工会组织的具体化，是对工会的社会职能和基本职责的理论化，紧紧抓住了为实现中华民族伟大复兴中国梦而奋斗的工人运动时代主题，集中反映了工会组织生存与发展的内在要求，突出了工会组织在新时代的神圣使命和历史作用。

"组织起来"，就是要把职工群众最广泛地组织到党领导的工会中来，把工会组织的活力最充分地激发出来，维护职工队伍的团结和工会组织的统一，把广大职工群众更加紧密地团结在党的周围，增强党的阶级基础，扩大党的群众基础，巩固党的执政地位。要不断创新组织形式，理顺组织体制，构建纵横交织、覆盖广泛的工会组织体系。坚持以党建带工建为引领，完善党委领导、政府支持、工会主导、社会力量参与的建会入会工作格局，着力扩大工会组织覆盖面，实现组建工会和发展会员工作持续稳步发展。在巩固传统领域建会入会基础上，重点加强"三新"领域工会组织建设，不断拓展建会入会新的增长点。着力推进规模较大的非公有制企业和社会组织依法规范建立工会组织。要切实加强区域性、行业性工会联合会建设，健全乡镇（街道）—村（社区）—企业"小三级"工会组织体系，不断扩大对小微企业的有效覆盖。要持续深化"八大群体"入会工作，聚焦货车司机、网约车司机、快递员、外卖配送员等重点群体，开展新就业形态劳动者入会集中行动。要探索单独建会、联合建会、行业建会、区域建会等建会方式，创新方式、优化程序，推行网上申请入会、集中入会仪式等做法，最大限度吸引新就业形态劳动者加入工会组织。要着力破解建会入会难题，最大限度地把农民工、灵活就业、新就业形态劳动者组织到工会中来。要不断提高基层工会组织的建设质量，更好地发挥工会组织的作用。

"切实维权"，就是要认真履行"维护职工合法权益，竭诚服务职工群众"的基本职责，切实把职工合法权益实现好、维护好、发展好，增强职工群众获得感幸福感安全感。工会要协助党和政府解决劳动就业、收入分配、社会保障和劳动安全卫生等涉及职工切身利益的重大问题，积极参与涉及职工利益的法律法规政策的制定，不断完善工会维权机制，强化工会维权手段，提高工会维权的科学化水平。要把竭诚服务职工群众作为工会一切工作的出发点和落脚点，顺应职工对美好生活的新期待，健全服务职工体系，拓宽服务职工领域，提高服务职工能力，满腔热情地做好服务职工工作。要建立联系广泛、服务职工的工会工作体系，密切联系职工群众，听取和反映职工的意见和要求，关心职工的生活，帮助职工解决困难，全心全意为职工服务，不断提升职工生活品质。要加大新就业形态劳动者合法权益维护力度，聚焦新就业形态劳动者"急难愁盼"问题,从思想政治引领、建会入会、权益维护、强化服务、素质提升等方面加强工作,为新就业形态劳动者体面劳动、舒心工作保驾护航。要积极推动新就业形态劳动者参加社会保险制度,推动研究出台新就业形态劳动者职业伤害保障办法等相关政策措施。推动灵活用工集中的行业制定劳动定额指导标准。加强平台网约劳动者收入保障,推动平台企业、关联企业与劳动者就劳动报酬、支付周期、休息休假和职业安全保障等事项开展集体协商。推动平台网约劳动者民主参与,督促平台运营企业建立争议处理、投诉机制。各级工会特别是地方工会、行业工会,要注重通过集体协商、民主管理、相关争议联合处置、工会劳动法律监督、平台企业社会责任宣传等途径,更好地履行工会的职责,从根本上保障新就业形态劳动者合法权益。

"组织起来、切实维权"是相互联系、相互依存、互相补充、不可分割的统一整体。"组织起来"是"切实维权"的前提和基础,"切实维权"是"组织起来"的目标和宗旨;通过组织起来不断壮大力量,通过切实维权不断凝聚人心。只有实现两者的有机统一,才能全面、准确地把握"组织起来、切实维权"的科学内涵。各级工会必须把全面贯彻工会工作方针与推动新时代中国特色社会主义工会事业发展紧密结合起来,进一步理清工作思路,坚定正确的政治方向,不断深化工会改革创新,进一步增强工会工作和工会组织的政治性、先进性、群众性,推动工会工作的创新发展。

292. 企事业单位、社会组织工会工作的原则是什么?

《中国工会章程》规定:"中国工会在企业、事业单位、社会组织中,按照促进企事业和社会组织发展、维护职工权益的原则,支持行政依法行使管理权力,组织职工参与本单位民主选举、民主协商、民主决策、民主管理和民主监督，与行政方面建立协商制度，保障职工的合法权益，调动职工的积极性，促进企业、事业单位、社会组织的发展。"据此可见，企事业单位工会工作的原则是：促进企事业单位、社会组织发展、维护职工权益。

职工利益与企事业单位、社会组织的利益根本上是一致的，与企事业单位、社会组织的发展是紧密相关的。企事业单位、社会组织是职工从事劳动生产、取得劳动收入的主要载体，只有企事业单位、社会组织发展了，经济效益提高了，职工的利益才能得到实现，职工才能共享发展成果，职工的工资收入和福利待遇才能逐步提高。所以，促进企事业单位、社会组织发展是维护职工利益的根本保证。而广大职工是企事业单位、社会组织发展的力量源泉，是企事业单位、社会组织创造财富、实现高质量发展的主体，只有切实维护好职工合法权益，充分调动职工的积极性、主动性、创造性，充分发挥职工的聪明才智，依靠广大职工共同努力，才能促进企事业单位、社会组织高质量发展。所以，维护职工合法权益是促进企事业单位、社会组织发展的重要基础。可见，离开了企事业单位、社会组织的发展，职工利益的实现就失去了前提；而离开了职工利益的实现，企事业单位、社会组织发展就会失去根本动力。企事业单位、社会组织的发展离不开职工，职工的成长也离不开企事业单位、社会组织。职工与企事业单位、社会组织是利益共同体、事业共同体、命运共同体。

促进企事业单位、社会组织发展，就要教育引导职工不断增强主人翁责任感，关心支持企事业单位、社会组织的改革发展，不断提高自身素质和劳动技能。要围绕国家重大战略、重大工程、重大项目、重点产业和企事业单位、社会组织的中心任务、重点工作，广泛深入持久开展"建功'十四五'、奋进新征程"主题劳动和技能竞赛。组织职工积极参加技术革新、技术协作、发明创造、合理化建议、网上练兵和"小发明、小创造、小革新、小设计、小建议"等群众性创新活动。大力弘扬劳模精神、劳动精神、工匠精神，加大对劳动模范和先进工作者的宣传力度，讲好劳模故事、讲好劳动故事、讲好工匠故事，营造劳动光荣的社会风尚和精益求精的敬业风气。形成尊重劳动、尊重知识、尊重人才、尊重创造良好氛围。引导广大职工立足本职、爱岗敬业、艰苦奋斗、拼搏奉献，追求卓越，推动企事业单位、社会组织不断发展壮大，为实现职工的利益奠定更加坚实的物质基础。

维护职工权益，就要倡导企事业单位、社会组织经营管理者树立依靠职工办企事业单位、社会组织、办好企事业单位、社会组织为职工的理念，督促企事业单位、社会组织依法经营、依法用工、关爱职工，切实尊重职工的主体地位，保障职工的合法权益，积极履行社会责任，努力实现职工体面劳动、舒心工作、全面发展。企事业单位、社会组织工会要认真履行基本职责，高举维护职工合法权益旗帜，建立健全民主管理、集体协商等维权机制，加大对职工就业、收入分配、社会保障、劳动安全卫生等权益的维护力度，切实把职工权益实现好、维护好、发展好，增强职工群众获得感、幸福感、安全感。

293. 工会的社会职能有哪些？

工会的社会职能，是指由工会性质地位所决定，并在其社会活动中体现出来的职责和功能，它反映了工会活动、工会工作的基本内容。根据《工会法》《中国工会章程》规定，归纳起来，工会的社会职能有以下4项。

（1）维护和服务职能

《工会法》规定："维护职工合法权益、竭诚服务职工群众是工会的基本职责。工会在维护全国人民总体利益的同时，代表和维护职工的合法权益。"维护职工合法权益、竭诚服务职工群众是我国工会的性质决定的，是工会服务于党和国家中心任务的主要手段，是工会一切工作的出发点和落脚点。工会要赢得职工群众信任和支持，必须高举维护职工合法权益、竭诚服务职工群众的旗帜，切切实实维护好职工合法权益，扎扎实实解决好职工群众最忧虑最急迫的实际问题，使改革发展成果更多更公平惠及职工群众。从本质上讲，工会做好了维护和服务工作，就是维护了党与职工群众的血肉联系，就是维护了改革发展稳定的大局，就是维护了执政党的执政地位和执政基础。工会必须建立健全维权机制，积极参与协调劳动关系，切实把职工群众合法权益实现好、维护好、发展好；工会必须建立联系广泛、服务职工的工会工作体系，密切联系职工群众，听取和反映职工的意见和要求，关心职工的生活，帮助职工解决困难，全心全意为职工服务。

（2）建设职能

工会的建设职能，是指工会吸引和组织职工群众参加建设与改革，努力完成经济和社会发展任务的职能。《工会法》规定："工会动员和组织职工积极参加经济建设，努力完成生产任务和工作任务。"工会的建设职能不仅是在生产领域，而且要不断地深入到交换、分配、消费的各个领域；工会履行建设职能的目的，不仅要促进生产力的发展和技术进步，而且要促进生产关系的变革。工会要立足新发展阶段、贯彻新发展理念、构建新发展格局，围绕推动高质量发展，深入开展以劳动创造幸福为主题的宣传教育，弘扬社会主义核心价值观，组织开展"建功'十四五'、奋进新征程"主题劳动和技能竞赛，大力开展合理化建议、职工技术协作、技术革新活动，拓展"五小"竞赛活动，大力弘扬工人阶级伟大品格和劳模精神、劳动精神、工匠精神，充分调动广大职工的积极性、主动性、创造性，为全面建设社会主义现代化国家贡献力量。

（3）参与职能

工会的参与职能，是指工会代表和组织职工参与国家和社会事务管理，参与企事业单位的民主管理的职能。《工会法》规定："工会组织和教育职工依照宪法和法律的规定行使民主权利，发挥国家主人翁的作用，通过各种途径和形式，参与管理国家事务、管理经济和文化事业、管理社会事务；协助人民政府开展工作，维护工人阶级领导的、以工农联盟为基础的人民民主专政的社会主义国家政权。"工会履行参与职能有两层含义：一是各级工会机构成为职工群众有组织地参政议政的民主渠道；二是基层工会要做好以职工代表大会或职工大会为基本形式的职工民主管理日常工作机构的工作。工会履行参与职能的主要形式和途径有：参与立法和政策的制定；工会与政府及其有关部门召开联席会议；发挥工会代表和委员在各级人大、政协中的作用；加强基层职工民主管理，完善基层协调劳动关系的机制；参加协调劳动关系三方会议；畅通信息渠道；民主监督等。

（4）工会的教育职能

工会的教育职能，是指工会帮助职工不断提高思想政治觉悟和文化技术素质，成为职工群众在实践中学习共产主义的学校的职能。《工会法》规定：工会"教育职工不断提高思想道德、技术业务和科学文化素质，建设有理想、有道德、有文化、有纪律的职工队伍。"工会履行教育职能的主要内容有：牢固树立社会主义核心价值观；提高职工思想道德素质；提高职工技术业务素质；提高职工科学文化素质。履行教育职能的主要途径有：大力开展职工素质工程活动；深入开展社会主义核心价值观教育；协助政府和行政部门不断加强对职工职业培训，促进和完善继续教育制度，为职工素质的提高创造良好的条件；继续在职工中深入开展读书自学活动、群众性经济技术创新活动和建设"职工之家"活动。工会教育职能的目标是建设有理想、有道德、有文化、有纪律的

"四有"职工队伍，建设知识型、技能型、创新型劳动者大军。

294. 工会的基本职责是什么？

《工会法》第 6 条第 1 款规定："维护职工合法权益、竭诚服务职工群众是工会的基本职责。工会在维护全国人民总体利益的同时，代表和维护职工的合法权益。"

维护职工合法权益、竭诚服务职工群众是工会组织的基本职责，也是发挥广大职工积极性、主动性、创造性最重要最基础的工作。维护职工合法权益、竭诚服务职工群众体现了中国工会的性质和特点，反映了党的要求和职工群众的愿望，是坚持党的"全心全意为人民服务"宗旨的重要体现，是协调劳动关系、推动构建社会主义和谐社会的必然途径，是法律赋予工会的神圣职责。工会要赢得职工群众信任和支持，必须高举维权服务的旗帜，扎扎实实解决好职工群众最忧虑最急迫的实际问题，使改革发展成果更多更公平惠及职工群众；要坚持职工利益无小事的理念，顺应职工对美好生活的新期待，把工作重心放在广大职工身上，从大处着眼、小处着手，满腔热情做好服务职工工作，不断提升维权服务的质量和水平，切实提升职工群众的获得感、幸福感、安全感。习近平同志在同中华全国总工会新一届领导班子成员集体谈话时指出，工会要坚持以职工为中心的工作导向，抓住职工群众最关心最直接最现实的利益问题，认真履行维护职工合法权益、竭诚服务职工群众的基本职责，把群众观念牢牢根植于心中，哪里的职工合法权益受到侵害，哪里的工会就要站出来说话。我国工会始终将维护职工合法权益的大旗牢牢掌握在手中，把竭诚服务职工群众作为一切工作的出发点和落脚点。事实证明，只有竭诚服务职工群众，工会才能密切联系职工群众，把广大职工群众团结、凝聚在党的周围。

295. 工会维权的主要内容是什么？

根据有关规定，工会维权的主要内容如下。

（1）劳动经济权益。这是劳动关系的核心内容。主要包括：劳动就业权，工资分配权，休息休假权，劳动安全卫生保护权、社会保障权，等。

（2）民主政治权利。主要包括：民主管理权，依法参加和组织工会的权利，等。

（3）精神文化权利。精神文化权利是指职工依法在接受教育培训，不断丰富精神文化生活，努力提高自身思想道德和科学文化素质，增强创业能力和竞争能力等方面享有的权益。各级工会要全面实施职工素质建设工程，广泛开展职工文化体育活动，保障职工的学习权、教育培训权和发展权。

（4）社会权利。工会组织和代表职工参与社会事务管理和社会利益关系协调的各项活动，保障职工在社会生活领域拥有的各项权益，享受社会公共事业服务与保障。

（5）生态文明权益。工会要大力推进生态文明建设，维护环境权益，弘扬环境文化，促进人与人、人与自然和谐。还要关注和维护女职工与未成年工的特殊利益。

296. 工会维权服务的工作机制有哪些？

工会要履行好基本职责，必须不断完善工作机制。根据《工会法》规定，工会维护职工合法权益、竭诚服务职工群众的相关制度和工作机制主要包括如下内容。

（1）劳动合同制度。劳动合同是确立劳动关系的依据，是劳动者权利义务主要载体。工会应当帮助、指导职工与用人单位签订劳动合同。用人单位单方面解除职工劳动合同时，应当事先将理由通知工会，工会认为用人单位违反法律、法规和有关合同，要求重新研究处理时，用人单位应当研究工会的意见，并将处理结果书面通知工会。

（2）平等协商与集体合同制度。《工会法》第6条规定，"工会通过平等协商和集体合同制度等，推动健全劳动关系协调机制，维护职工劳动权益，构建和谐劳动关系。"

（3）职工民主管理制度。工会要依照法律规定通过职工代表大会或者其他形式，组织职工参与本单位的民主选举、民主协商、民主决策、民主管理和民主监督。

（4）劳动法律监督制度。工会要依法对用人单位执行劳动法律法规的情况进行监督，用人单位违反劳动法律法规规定，侵犯职工劳动权益的，工会应当代表职工与用人单位进行交涉，要求采取措施予以改正。

（5）劳动争议调处制度。工会要积极参加企业的劳动争议调解工作。地方劳动争议仲裁组织应当有同级工会代表参加。职工认为用人单位侵犯其劳动权益而申请劳动争议仲裁或者向人民法院提起诉讼的，工会应当给予支持和帮助。

（6）建立联系广泛、服务职工的工会工作体系。《工会法》第6条第4款规定："工会建立联系广泛、服务职工的工会工作体系，密切联系职工，听取和反映职工的意见和要求，关心职工的生活，帮助职工解决困难，全心全意为职工服务。"

新时代新起点，工会维权服务的途径、平台、形式、内容可能在变，但用心用情、担当作为的底色不变。只有忠诚履职、奋力作为，切实加大对职工群众的维权服务力度，工会组织才能成为名副其实的"职工之家"，工会干部才能真正成为职工群众信赖的娘家人、贴心人。

297. 什么是法人？

法人是具有民事权利能力和民事行为能力，依法独立享有民事权利和承担民事义务的组织。法人可以以自己的名义从事各种民事活动，且法人具有独立的权益。

按照《中华人民共和国民法典》（以下简称《民法典》）的规定，可以将法人分为营利法人、非营利法人和特别法人。（1）营利法人：以取得利润并分配给股东等出资人为目的成立的法人。包括有限责任公司、股份有限公司和其他企业法人等。（2）非营利法人：为公益目的或者其他非营利目的成立，不向出资人、设立人或者会员分配所取得利润的法人。非营利法人包括事业单位、社会团体、基金会、社会服务机构等。（3）特别法人：《民法典》规定的机关法人、农村集体经济组织法人、城镇农村的合作经济组织法人、基层群众性自治组织法人，为特别法人。

298. 工会是法人吗？

关于工会的法人资格，《工会法》第 15 条规定："中华全国总工会、地方总工会、产业工会具有社会团体法人资格。基层工会组织具备民法典规定的法人条件的，依法取得社会团体法人资格。"按照《民法典》的规定，工会是社会团体法人，属于非营利法人。

由于各工会组织的具体情况差别较大，所以《工会法》对工会的法人资格问题分两种情况作了规定。

（1）中华全国总工会、地方总工会、产业工会，具有社会团体法人资格。

《工会法》规定中华全国总工会、地方总工会、产业工会具有社会团体法人资格，是由于它们具备了社会团体法人的条件。按照《民法典》的规定，我国社会团体法人成立的方式有两种，一种是依法不需要办理法人登记的，从成立之日起，具有法人资格。另一种是依法需要办理法人登记的，经核准登记，取得法人资格。《工会法》规定中华全国总工会、地方总工会、产业工会具有社会团体法人资格，意思是这些法人的成立，不需办理法人登记手续。这里所说的产业工会，是指同一行业或者性质相近的几个行业，根据需要建立的全国的或者地方的产业工会。

（2）基层工会组织具备民法典规定的法人条件的，依法取得社会团体法人资格。

由于基层工会情况千差万别，并不是所有的基层工会都具备《民法典》规定的法人条件，所以，《工会法》规定基层工会组织具备民法典规定的法人条件的，要依法取得法人资格。

299. 基层工会如何取得法人资格？

根据《基层工会法人登记管理办法》（总工办发〔2020〕20号）规定，基层工会申请取得工会法人资格应当具备以下条件：

（1）依照《中华人民共和国工会法》和《中国工会章程》的规定成立；

（2）有自己的名称、组织机构和住所；

（3）工会经费来源有保障。

基层工会取得法人资格，不以所在单位是否具备法人资格为前提条件。

基层工会法人登记按照属地原则，根据工会组织关系、经费收缴关系，实行分级管理：

（1）基层工会组织关系隶属于地方工会的，或与地方工会建立经费收缴关系的，由基层工会组织关系隶属地或经费关系隶属地相应的省级、市级或县级地方总工会负责登记管理；

（2）基层工会组织关系隶属于铁路、金融、民航等产业工会的，由其所在地省级总工会登记管理或授权市级总工会登记管理；

（3）中央和国家机关工会联合会所属各基层工会、在京的中央企业（集团）工会由中华全国总工会授权北京市总工会登记管理；京外中央企业（集团）工会由其所在地省级总工会登记管理或授权市级总工会登记管理。

登记管理机关之间因登记管理权限划分发生争议，由争议双方协商解决；协商解决不了的，由双方共同的上级工会研究确定。

凡具备《基层工会法人登记管理办法》规定条件的基层工会，应当于成立之日起 60 日内，向登记管理机关申请工会法人资格登记。基层工会申请工会法人资格登记，应当向登记管理机关提交下列材料：

（1）工会法人资格登记申请表；

（2）上级工会的正式批复文件；

（3）其他需要提交的证明、文件。

登记管理机关自受理登记申请之日起 15 日内完成对有关申请文件的审查。审查合格的，颁发《工会法人资格证书》，赋予统一社会信用代码；申请文件不齐备的，应及时通知基层工会补充相关文件，申请时间从文件齐备时起算；审查不合格，决定不予登记的，应当书面说明不予登记的理由。

依照法律或者法人章程的规定，代表法人从事民事活动的负责人，为法人的法定代表人。法定代表人以法人名义从事的民事活动，其法律后果由法人承受。法人章程或者法人权力机构对法定代表人代表权的限制，不得对抗善意相对人。基层工会组织具备民法典规定的法人条件的，依法取得社会团体法人资格，工会主席为法定代表人。

300. 如何推进基层工会建设？

基层工会是根据工会法和中国工会章程的规定，经上级工会批准，在企业、事业单位、机关、社会组织以及社区和行政村建立的工会组织。基层工会是工会组织体系中重要的组成部分和最基本的组织单位，是落实工会各项工作的组织者、推动者和实践者，是工会系统的"神经末梢"。基层工会离职工最近，联系职工最直接，服务职工最具体，是工会的组织基础和工作基础。基础不牢，地动山摇。做实做强基层工会是全部工会工作的根本，只有把基层工会真正做实做强，把工作落实到基层，把工作做到职工群众之中，进一步增强基层工会活力，工会才能更好地行使法定权利和履行法定义务，才能真正发挥作用、体现价值，才能真正赢得职工群众的信赖和支持。各级工会要统一思想，坚定信念，充分认识加强基层工会组织建设的重要性和紧迫性，切实增强责任感和使命感，以职工为中心，树立大抓基层的鲜明导向，以职工满意不满意、工会作用发挥充分不充分为标尺，全面加强基层工会建设，努力开创基层工会工作新局面。

新时代推进基层工会建设要以习近平新时代中国特色社会主义思想为指导，深入学习贯彻习近平总书记关于工人阶级和工会工作的重要论述，牢牢把握正确的政治方向，始终坚持党的领导，坚持走中国特色社会主义工会发展道路，牢牢把握为实现中华民族伟大复兴中国梦而奋斗的工人运动时代主题，不断深化工会改革创新，努力建设"六有"工会：一是有依法选举的工会主席，建设心系职工、善于维权、开拓进取的骨干队伍；二是有独立健全的组织机构，完善工会委员会、经费审查委员会、女职工委员会等组织；三是有服务职工的活动载体，满足职工的多样化需求；四是有健全完善的制度机制，实现工会工作的群众化、民主化、制度化、法治化；五是有自主管理的工会经费，真正用于服务职工和工会活动；六是有会员满意的工作绩效，切实让职工感受到工会是"职工之家"。"六有"目标的内容是相互联系的，其核心是工会主席和工会干部，基础是组织机构，抓手是活动载体，保障是制度机制，关键是经费保障，标准是职工满意。

推进基层工会建设，必须进一步扩大基层工会的有效覆盖。要认真贯彻习近平总书记"着力扩大覆盖面、增强代表性"的重要指示精神和"哪里有职工群众、哪里就要有工会组织，哪里需要做群众工作、工会工作就跟进到哪里"的要求，采取更加有效的措施，加大工会组建力度。要坚持以党建带工建为引领，完善党委领导、政府支持、工会主导、社会力量参与的建会入会工作格局。要聚焦货车司机、网约车司机、快递员、外卖配送员等新就业形态劳动者群体，继续把推动农民工入会工作摆在重要位置，探索单独建会、联合建会、行业建会、区域建会等方式，提高工会组建率，夯实组织基础，扩大有效覆盖。要明确新就业形态劳动者和农民工入会路径、入会方式，优化入会流程，推行网上申请入会、集中入会仪式等做法，着力破解建会入会难题，最大限度地把农民工、灵活就业、新就业形态劳动者组织到工会中来。要加强基层工会规范化建设，在巩固已有组织的基础上，推进基层工会提质达标。依法依规坚决制止、纠正企事业单位改革改制中随意撤并工会组织和机构、弱化工会地位和作用的行为。

推进基层工会建设，必须进一步激发基层工会活力。要树立落实到基层、落实靠基层的工作理念，坚持把改革向基层延伸，把力量和资源充实到基层一线，使基层工会组织建起来、转起来、活起来。要强化依靠会员办会理念，完善基层工会会务公开制度机制，保障会员的知情权、参与权、表达权、监督权。坚持不懈推进基层工会会员代表大会制度和民主选举制度落实落地，落实会员代表常任制。要把群众路线作为工会工作的生命线和根本工作路线，坚持以职工群众为中心，心系职工群众，为职工群众说实话、出实招、办实事，让职工群众当主角，按照职工群众的"生物钟"来安排工作，使工会工作更贴近基层、贴近职工群众，更符合职工群众意愿，让职工群众真正感受到工会是职工之家、工会干部是最可信赖的"娘家人"。要坚持眼睛向下、面向基层，真正做到工作重心下移，力量配备、服务资源向基层倾斜，把更多的人力、物力、财力投入基层工会，把更多的工作精力投入基层一线，着力解决基层工会任务重、人手少、经费不足等实际问题，为基层更好地开展工作创造条件。要建设一支政治素质好、业务能力强，知职工、懂职工、爱职工的基层工会干部队伍。加强工会小组建设，选好工会小组长，不断壮大工会积极分子队伍。要建立健全激励和保障机制，加强基层工会干部教育培训，提升基层工会干部履职能力，让他们在政治上有地位、经济上有获得、履职上有保障、职业上有发展，不断增强工作积极性和职业荣誉感。要深化建家活动，健全职工之家创建的制度、机制，建立健全职工之家建设综合考核评价体系，把基层工会建设成为职工群众最可信赖的职工之家，不断提升职工之家品牌的影响力。

301. 工会的组织原则是什么？

我国工会的组织原则是民主集中制。民主集中制是民主基础上的集中和集中指导下的民主相结合的制度，是党的根本组织制度和领导制度，也是工会的组织原则。民主集中制是民主和集中两个要素构成的有机统一体，而不是民主制和集中制的简单相加。一方面，集中以民主为基础，没有广泛的民主就没有正确的集中。只有充分发扬民主，才能集思广益，形成正确的决策，最终实现真正的集中统一。另一方面，民主以集中为条件，没有正确的集中就不可能实现真正的民主。一切发展民主的措施，都不是为了削弱必需的集中，而是为了实现正确的集中。离开集中谈民主，就必然导致极端民主化和无政府主义，就会破坏安定团结的政治局面。

302. 工会实行民主集中制的主要内容是什么?

《中国工会章程》第 9 条规定：中国工会实行民主集中制，主要内容如下。

（1）个人服从组织，少数服从多数，下级组织服从上级组织。

（2）工会的各级领导机关，除它们派出的代表机关外，都由民主选举产生。

（3）工会的最高领导机关，是工会的全国代表大会和它所产生的中华全国总工会执行委员会。工会的地方各级领导机关，是工会的地方各级代表大会和它所产生的总工会委员会。

（4）工会各级委员会，向同级会员大会或者会员代表大会负责并报告工作，接受会员监督。会员大会和会员代表大会有权撤换或者罢免其所选举的代表和工会委员会组成人员。

（5）工会各级委员会，实行集体领导和分工负责相结合的制度。凡属重大问题由委员会民主讨论，作出决定，委员会成员根据集体的决定和分工，履行自己的职责。

（6）工会各级领导机关，加强对下级组织的领导和服务，经常向下级组织通报情况，听取下级组织和会员的意见，研究和解决他们提出的问题。下级组织应及时向上级组织请示报告工作。

303. 我国工会的组织体系是什么?

工会的组织体系是指工会组织机构的层次及其相互关系。我国工会的组织体系，总体而言，可称为"两大系统五个层次"。"两大系统"是指在中华全国总工会的统一领导下，分别建立地方工会和产业工会两大组织系统。"五个层次"具体来说，有中华全国总工会、省（自治区、直辖市）总工会，市（地、州）总工会，县（市、区、旗）总工会和基层工会，共5级。产业是国民经济和社会发展各种类别的部门，是人们生产实践和社会活动的各个方面和领域的集合体。产业工会是按照产业原则把产业部门的职工组织起来的工会组织。《工会法》第11条第4款规定："同一行业或者性质相近的几个行业，可以根据需要建立全国的或者地方的产业工会。"产业工会的全国组织和地方各级产业工会组织分别是中华全国总工会和各级地方总工会的组成部分。

304. 组建基层工会的会员人数有什么规定？

《工会法》第11条第1款规定：用人单位有会员25人以上的，应当建立基层工会委员会；不足25人的，可以单独建立基层工会委员会，也可以由两个以上单位的会员联合建立基层工会委员会，也可以选举组织员1人，组织会员开展活动。女职工人数较多的，可以建立工会女职工委员会，在同级工会领导下开展工作；女职工人数较少的，可以在工会委员会中设女职工委员。

305. 基层工会会员代表大会的性质是什么？

根据《基层工会会员代表大会条例》第3条规定，会员不足100人的基层工会组织，应召开会员大会；会员100人以上的基层工会组织，应召开会员大会或会员代表大会。

《基层工会会员代表大会条例》第4条规定：会员代表大会是基层工会的最高领导机构，讨论决定基层工会重大事项，选举基层工会领导机构，并对其进行监督。

306. 基层工会会员代表大会届期是如何规定的？

根据《基层工会会员代表大会条例》第 5 条规定，会员代表大会实行届期制，每届任期 3 年或 5 年，具体任期由会员代表大会决定。会员代表大会任期届满，应按期换届。遇有特殊情况，经上一级工会批准，可以提前或延期换届，延期时间一般不超过半年。

会员代表大会每年至少召开 1 次，经基层工会委员会、1/3 以上的会员或 1/3 以上的会员代表提议，可以临时召开会员代表大会。

307. 基层工会会员代表大会的代表组成、名额如何确定？

《基层工会会员代表大会条例》第 8 条规定，会员代表的组成应以一线职工为主，体现广泛性和代表性。中层正职以上管理人员和领导人员一般不得超过会员代表总数的 20%。女职工、青年职工、劳动模范（先进工作者）等会员代表应占一定比例。

《基层工会会员代表大会条例》第 9 条规定，会员代表名额，按会员人数确定：

会员 100 至 200 人的，设代表 30 至 40 人；

会员 201 至 1000 人的，设代表 40 至 60 人；

会员 1001 至 5000 人的，设代表 60 至 90 人；

会员 5001 至 10000 人的，设代表 90 至 130 人；

会员 10001 至 50000 人的，设代表 130 至 180 人；

会员 50001 人以上的，设代表 180 至 240 人。

308. 基层工会会员代表大会的职权是什么？

根据《基层工会会员代表大会条例》第 12 条规定，会员代表大会的职权是：

（1）审议和批准基层工会委员会的工作报告；

（2）审议和批准基层工会委员会经费收支预算决算情况报告、经费审查委员会工作报告；

（3）开展会员评家，评议基层工会开展工作、建设职工之家情况，评议基层工会主席、副主席履行职责情况；

（4）选举和补选基层工会委员会和经费审查委员会组成人员；

（5）选举和补选出席上一级工会代表大会的代表；

（6）罢免其所选举的代表、基层工会委员会组成人员；

（7）讨论决定基层工会其他重大事项。

309. 基层工会会员代表大会会员代表的条件是什么？

根据《基层工会会员代表大会条例》第 14 条规定，会员代表应具备以下条件：

（1）工会会员，遵守工会章程，按期缴纳会费；

（2）拥护党的领导，有较强的政治觉悟；

（3）在生产、工作中起骨干作用，有议事能力；

（4）热爱工会工作，密切联系职工群众，热心为职工群众说话办事；

（5）在职工群众中有一定的威信，受到职工群众信赖。

310. 基层工会会员代表大会会员代表的职责是什么？

根据《基层工会会员代表大会条例》第 20 条规定，会员代表的职责是：

（1）带头执行党的路线、方针、政策，自觉遵守国家法律法规和本单位的规章制度，努力完成生产、工作任务；

（2）在广泛听取会员意见和建议的基础上，向会员代表大会提出提案；

（3）参加会员代表大会，听取基层工会委员会和经费审查委员会的工作报告，讨论和审议代表大会的各项议题，提出审议意见和建议；

（4）对基层工会委员会及代表大会各专门委员会（小组）的工作进行评议，提出批评、建议，对基层工会主席、副主席进行民主评议和民主测评，提出奖惩和任免建议；

（5）保持与选举单位会员群众的密切联系，热心为会员说话办事，积极为做好工会各项工作献计献策；

（6）积极宣传贯彻会员代表大会的决议精神，对工会委员会落实会员代表大会决议情况进行监督检查，团结和带动会员群众完成会员代表大会提出的各项任务。

311. 基层工会委员会的基本任务是什么？

根据《中国工会章程》第 28 条规定，基层工会委员会的基本任务如下。

（1）执行会员大会或者会员代表大会的决议和上级工会的决定，主持基层工会的日常工作。

（2）代表和组织职工依照法律规定，通过职工代表大会、厂务公开和其他形式，参与本单位民主选举、民主协商、民主决策、民主管理和民主监督，保障职工知情权、参与权、表达权和监督权，在公司制企业落实职工董事、职工监事制度。企业、事业单位工会委员会是职工代表大会工作机构，负责职工代表大会的日常工作，检查、督促职工代表大会决议的执行。

（3）参与协调劳动关系和调解劳动争议，与企业、事业单位、社会组织行政方面建立协商制度，协商解决涉及职工切身利益问题。帮助和指导职工与企业、事业单位、社会组织行政方面签订和履行劳动合同，代表职工与企业、事业单位、社会组织行政方面签订集体合同或者其他专项协议，并监督执行。

（4）组织职工开展劳动和技能竞赛、合理化建议、技能培训、技术革新和技术协作等活动，培育工匠、高技能人才，总结推广先进经验。做好劳动模范和先进生产（工作）者的评选、表彰、培养和管理服务工作。

（5）加强对职工的政治引领和思想教育，开展法治宣传教育，重视人文关怀和心理疏导，鼓励支持职工学习文化科学技术和管理知识，开展健康的文化体育活动。推进企业文化职工文化建设，办好工会文化、教育、体育事业。

（6）监督有关法律、法规的贯彻执行。协助和督促行政方面做好工资、安全生产、职业病防治和社会保险等方面的工作，推动落实职工福利待遇。办好职工集体福利事业，改善职工生活，对困难职工开展帮扶。依法参与生产安全事故和职业病危害事故的调查处理。

（7）维护女职工的特殊利益，同歧视、虐待、摧残、迫害女职工的现象作斗争。

（8）搞好工会组织建设，健全民主制度和民主生活。建立和发展工会积极分子队伍。做好会员的发展、接收、教育和会籍管理工作。加强职工之家建设。

（9）收好、管好、用好工会经费，管理好工会资产和工会的企业、事业。

312. 职工代表大会与工会的关系是什么?

职工代表大会是代表职工行使民主管理权力的机构，工会是中国共产党领导的职工自愿结合的工人阶级群众组织，它们都是职工利益的代表者，都在党的领导下维护职工的长远利益和眼前利益。根据规定，企事业单位工会委员会是职工代表大会的工作机构，负责职工代表大会的日常工作，检查、督促职工代表大会决议的执行。

企事业单位工会作为职工代表大会的工作机构有独特的优势。首先，从我国职工民主管理的历史上看，工会一直是推行职工民主管理的积极参加者和具体组织者，在长期的工作实践中积累了丰富的经验。其次，工会作为职工代表大会的工作机构是由工会的性质和任务决定的。工会的基本职责是维护职工合法权益、竭诚服务职工群众，通过职工代表大会，工会可以更有效地履行自己的职责，实现自己的任务。第三，工会作为职工代表大会的工作机构也是由工会在企事业单位中的地位和作用决定的。从党政工三者在企事业单位中的地位和任务来看，只有工会才能担负职工代表大会工作机构的任务。《工会法》第 36 条规定："国有企业职工代表大会是企业实行民主管理的基本形式，是职工行使民主管理权力的机构，依照法律规定行使职权。国有企业的工会委员会是职工代表大会的工作机构，负责职工代表大会的日常工作，检查、督促职工代表大会决议的执行。"第 37 条规定："集体企业的工会委员会，应当支持和组织职工参加民主管理和民主监督，维护职工选举和罢免管理人员、决定经营管理的重大问题的权力。"第 38 条规定："本法

第 36 条、第 37 条规定以外的其他企业、事业单位的工会委员会，依照法律规定组织职工采取与企业、事业单位相适应的形式，参与企业、事业单位民主管理。"

《工会法》第 20 条规定：企业、事业单位、社会组织违反职工代表大会制度和其他民主管理制度，工会有权要求纠正，保障职工依法行使民主管理的权利。法律、法规规定应当提交职工大会或者职工代表大会审议、通过、决定的事项，企业、事业单位、社会组织应当依法办理。

十、相关法律知识

（一）宪法相关知识

313. 什么是宪法？

宪法是国家的根本大法，是治国安邦的总章程，适用于国家全体公民，是特定社会政治经济和思想文化条件综合作用的产物，集中反映各种政治力量的实际对比关系，确认革命胜利成果和现实的民主政治，规定国家的根本任务和根本制度，即社会制度、国家制度的原则和国家政权的组织以及公民的基本权利义务等内容。

《中华人民共和国宪法》是根本大法，规定了国家的根本制度和根本任务，公民的基本权利和义务，国家机构的组织原则和职权。宪法具有最高的法律效力，一切法律、法规都必须依据宪法，都不得同宪法相抵触。

我国现行为 1982 年宪法，并历经 1988 年、1993 年、1999 年、2004 年、2018 年 5 次修改。

314. 宪法的基本原则是什么？

（1）党的领导原则。中国共产党是中国特色社会主义事业的领导核心，党的领导是人民当家作主的根本保证。《宪法》第 1 条第 2 款规定，中国共产党领导是中国特色社会主义最本质的特征。

（2）人民主权原则。人民主权，即国家的主权属于人民，归人民所有。人民当家作主是社会主义民主政治的本质和核心。《宪法》第2条规定，中华人民共和国的一切权力属于人民。人民行使国家权力的机关是全国人民代表大会和地方各级人民代表大会。人民依照法律规定，通过各种途径和形式，管理国家事务，管理经济和文化事业，管理社会事务。

（3）基本人权原则。人权是指人作为人享有和应当享有的基本权利。我国宪法规定的公民基本权利，都是最重要的人权，包括公民有参与国家政治生活的权利和自由、公民的人身自由和信仰自由、公民在社会经济文化方面的权利等。2004年，我国宪法还将"国家尊重和保障人权"规定为一项基本原则，体现了对人权保障更加重视。

（4）法治原则。法治就是按照法律治理国家、管理社会、规范行为，是对人治的否定。《宪法》第5条第1款规定，中华人民共和国实行依法治国，建设社会主义法治国家。

（5）权力监督和制约原则。权力监督和制约原则是指国家权力的各部分之间相互监督、彼此牵制，以保障公民权利的原则。它既包括公民权利对国家权利的制约，也包括国家权力对国家权力的制约。《宪法》第3条第2、3款规定：全国人民代表大会和地方各级人民代表大会都由民主选举产生，对人民负责，受人民监督。国家行政机关、监察机关、审判机关、检察机关都由人民代表大会产生，对它负责，受它监督。

（6）民主集中制原则。民主集中制是集中全党全国人民集体智慧，实现科学决策、民主决策的基本原则和主要途径。《宪法》第3条第1款规定，中华人民共和国的国家机构实行民主集中制的原则。

315. 我国的国体和政体是什么?

国体就是国家性质,即在一个国家中,哪些阶级处于统治地位,哪些阶级是其同盟者,哪些阶级处于被统治地位,体现的是哪个阶级对哪个阶级的专政。我国国体是工人阶级领导的、以工农联盟为基础的人民民主专政的社会主义国家。

政体是指国家政权的组织形式,即统治阶级采取何种原则和形式去组织旨在反对敌人、保护自己、治理社会的政权机关。我国的政体是人民代表大会制度。

316. 为什么说人民代表大会制度是我国的根本政治制度?

人民代表大会制度之所以成为我国的根本政治制度,是由人民代表大会制度的特征和在我国政治生活中的地位决定的:

(1)人民代表大会制度直接反映着我们国家的阶级本质,体现了各阶级、各阶层和各民族在国家生活中的地位;

(2)人民代表大会制度是适合我国国情的根本政治制度,它是中国人民革命的创造性产物,是马克思主义关于政治制度学说在中国的具体应用;

(3)人民代表大会制度体现出我国政治生活的全貌,是其他制度赖以建立的基础;

(4)人民代表大会制度是人民实现国家权力的组织形式,我国各族人民通过这一制度来行使国家权力,保证了国家政权机关的高效运行,从而体现了"一切权力属于人民"的原则,这也是对人民利益加以维护的根本保证。

317. 全国人民代表大会行使哪些职权？

全国人民代表大会行使下列职权：

（1）修改宪法；

（2）监督宪法的实施；

（3）制定和修改刑事、民事、国家机构的和其他的基本法律；

（4）选举中华人民共和国主席、副主席；

（5）根据中华人民共和国主席的提名，决定国务院总理的人选；根据国务院总理的提名，决定国务院副总理、国务委员、各部部长、各委员会主任、审计长、秘书长的人选；

（6）选举中央军事委员会主席；根据中央军事委员会主席的提名，决定中央军事委员会其他组成人员的人选；

（7）选举国家监察委员会主任；

（8）选举最高人民法院院长；

（9）选举最高人民检察院检察长；

（10）审查和批准国民经济和社会发展计划和计划执行情况的报告；

（11）审查和批准国家的预算和预算执行情况的报告；

（12）改变或者撤销全国人民代表大会常务委员会不适当的决定；

（13）批准省、自治区和直辖市的建置；

（14）决定特别行政区的设立及其制度；

（15）决定战争和和平的问题；

（16）应当由最高国家权力机关行使的其他职权。

318. 全国人民代表大会常务委员会行使哪些职权？

全国人民代表大会常务委员会行使下列职权：

（1）解释宪法，监督宪法的实施；

（2）制定和修改除应当由全国人民代表大会制定的法律以外的其他法律；

（3）在全国人民代表大会闭会期间，对全国人民代表大会制定的法律进行部分补充和修改，但是不得同该法律的基本原则相抵触；

（4）解释法律；

（5）在全国人民代表大会闭会期间，审查和批准国民经济和社会发展计划、国家预算在执行过程中所必须作的部分调整方案；

（6）监督国务院、中央军事委员会、国家监察委员会、最高人民法院和最高人民检察院的工作；

（7）撤销国务院制定的同宪法、法律相抵触的行政法规、决定和命令；

（8）撤销省、自治区、直辖市国家权力机关制定的同宪法、法律和行政法规相抵触的地方性法规和决议；

（9）在全国人民代表大会闭会期间，根据国务院总理的提名，决定部长、委员会主任、审计长、秘书长的人选；

（10）在全国人民代表大会闭会期间，根据中央军事委员会主席的提名，决定中央军事委员会其他组成人员的人选；

（11）根据国家监察委员会主任的提请，任免国家监察委员会副主任、委员；

（12）根据最高人民法院院长的提请，任免最高人民法院副院长、审判员、审判委员会委员和军事法院院长；

（13）根据最高人民检察院检察长的提请，任免最高人民检察院副检察长、检察员、检察委员会委员和军事检察院检察长，并且批准省、自治区、直辖市的人民检察院检察长的任免；

（14）决定驻外全权代表的任免；

（15）决定同外国缔结的条约和重要协定的批准和废除；

（16）规定军人和外交人员的衔级制度和其他专门衔级制度；

（17）规定和决定授予国家的勋章和荣誉称号；

（18）决定特赦；

（19）在全国人民代表大会闭会期间，如果遇到国家遭受武装侵犯或者必须履行国际共同防止侵略的条约的情况，决定战争状态的宣布；

（20）决定全国总动员或者局部动员；

（21）决定全国或者个别省、自治区、直辖市进入紧急状态；

（22）全国人民代表大会授予的其他职权。

319. 中国人民政治协商会议的性质是什么？

中国人民政治协商会议是中国人民爱国统一战线组织，是中国共产党领导的多党合作和政治协商制度的重要机构，也是各民主党派、各人民团体、各界代表人物团结合作、参政议政的重要场所。

320. 我国国家机关的组织活动原则有哪些？

根据《宪法》规定，我国国家机关的组织活动原则主要包括以下方面。

（1）民主集中制原则。民主集中制是指在民主基础上的集中和在集中指导下的民主的结合。它体现我国国家制度的基本特点和人民民主专政政权建设经验的主要优点，是我国国家机构组织活动的根本原则。《宪法》第 3 条第 1 款规定："中华人民共和国的国家机构实行民主集中制的原则。"

（2）社会主义法制原则。社会主义法制原则，在国家机构中的体现有两个主要方面：一是国家机构内部的各级各类国家机关的组织都要依照宪法和法律的规定进行；二是依照宪法和法律组织起来的国家机关，应依照法律规定行使职权，履行职责，做到各司其职，各负其责。

（3）精简、效率、廉政的原则。现行《宪法》第 27 条第 1 款规定："一切国家机关实行精简的原则，实行工作责任制，实行工作人员的培训和考核制度，不断提高工作质量和工作效率，反对官僚主义。"

（4）联系群众，为人民服务的原则。一切国家机构必须依靠人民的支持，经常保持同群众的密切联系，倾听人民的意见和建议，接受人民的监督，努力为人民服务。

321. 社会主义经济制度的基础是什么？

社会主义经济制度的基础是生产资料的社会主义公有制，即全民所有制和劳动群众集体所有制。社会主义公有制消灭人剥削人的制度，实行各尽所能、按劳分配的原则。

322. 我国的基本经济制度是什么？

我国《宪法》第 6 条第 2 款规定："国家在社会主义初级阶段，坚持公有制为主体、多种所有制经济共同发展的基本经济制度，坚持按劳分配为主体、多种分配方式并存的分配制度。"党的十九届四中全会审议通过的《中共中央关于坚持和完善中国特色社会主义制度 推进国家治理体系和治理能力现代化若干重大问题的决定》指出："公有制为主体、多种所有制经济共同发展，按劳分配为主体、多种分配方式并存，社会主义市场经济体制等社会主义基本经济制度，既体现了社会主义制度优越性，又同我国社会主义初级阶段社会生产力发展水平相适应，是党和人民的伟大创造。"我们要坚持和完善社会主义基本经济制度，毫不动摇巩固和发展公有制经济，毫不动摇鼓励、支持、引导非公有制经济发展，充分发挥市场在资源配置中的决定性作用，更好发挥政府作用。

323.《宪法》对国有经济和集体经济是如何规定的？

《宪法》第 7 条规定，国有经济，即社会主义全民所有制经济，是国民经济中的主导力量。国家保障国有经济的巩固和发展。

《宪法》第 8 条规定，农村集体经济组织实行家庭承包经营为基础、统分结合的双层经营体制。农村中的生产、供销、信用、消费等各种形式的合作经济，是社会主义劳动群众集体所有制经济。参加农村集体经济组织的劳动者，有权在法律规定的范围内经营自留地、自留山、家庭副业和饲养自留畜。城镇中的手工业、工业、建筑业、运输业、商业、服务业等行业的各种形式的合作经济，都是社会主义劳动群众集体所有制经济。国家保护城乡集体经济组织的合法的权利和利益，鼓励、指导和帮助集体经济的发展。

324. 非公有制经济在社会主义市场经济中的地位是什么？

在法律规定范围内的个体经济、私营经济等非公有制经济，是社会主义市场经济的重要组成部分。国家保护个体经济、私营经济等非公有制经济的合法的权利和利益。国家鼓励、支持和引导非公有制经济的发展，并对非公有制经济依法实行监督和管理。

325. 社会主义初级阶段的分配原则是什么？

社会主义初级阶段的分配原则是：以按劳分配为主体、多种分配方式并存。

按劳分配是指在生产资料社会主义公有制条件下，对社会总产品作了各项必要的社会扣除以后，按照个人提供给社会的劳动的数量和质量分配个人消费品，等量劳动领取等量报酬，多劳多得，少劳少得，不劳不得。我国社会主义初级阶段实行按劳分配为主体，是由社会主义公有制和社会生产力的发展水平决定的。首先，公有制是实行按劳分配的前提条件和所有制基础。其次，社会主义初级阶段的生产力发展水平是实行按劳分配的物质基础。

多种分配方式并存。按劳分配以外的多种分配方式，其实质就是按生产要素的贡献状况进行分配。按生产要素分配包括以下类型。（1）以劳动作为生产要素参与分配。主要是个体劳动者和被雇于非公有制经济的雇佣劳动者的劳动。（2）劳动以外的生产要素所有者参与分配。主要包括资本所有者在生产经营活动中凭借资本所取得的利润；生产要素所有者将自有的货币或资本借给他人经营或存入金融机构所取得的利息；以实物形态资本租借给他人经营或使用而取得的租金等。（3）管理和知识产权类的生产要素参与分配。主要包括科技发明、创造、信息、专利等参与分配。

326. 我国宪法规定公民的基本权利有哪些？

公民权利，是指国家通过宪法和法律所保障的，公民实现某种愿望或获得某种利益的可能性。享有法定权利的公民，一方面，有权自己作出一定的行为；另一方面，有权要求他人作出一定的行为或者不为一定的行为。我国公民的基本权利主要有以下方面。

（1）平等权，指公民平等地享有权利，不受任何差别对待，要求国家同等保护的权利。它包括公民在法律面前一律平等和禁止差别待遇。

（2）政治权利，指公民依据宪法和法律的规定，参与国家政治生活的行为可能性。它包括选举权和被选举权、言论、出版、结社、集会、游行、示威自由。

（3）宗教信仰自由，指公民依据内心信念，自愿地信仰宗教的自由。它包括公民既有信仰宗教的自由，也有不信仰宗教的自由；有信仰这种宗教的自由，也有信仰那种宗教的自由；在同一宗教里，有信仰这个教派的自由，也有信仰那个教派的自由；有过去信教而现在不信教的自由，也有过去不信教而现在信教的自由。

（4）人身自由，又称身体自由，是指公民的人身不受非法侵犯的自由。主要包括：公民的人身自由不受侵犯；公民的人格尊严不受侵犯；公民的住宅不受侵犯；公民的通信秘密和通信自由受法律保护。

（5）社会经济权利，是指公民依照宪法的规定享有的具有物质经济利益的权利。它主要包括公民合法财产的所有权和继承权，劳动就业权和取得报酬权，休息权，在年老、疾病或丧失劳动能力的情况下，从国家和社会获得物质帮助的权利。

（6）文化教育权利，是指文化与教育领域享有的权利。主要包括：受教育的权利、从事科学研究的权利，从事文艺创作的权利与从事其他文化活动的权利。

（7）监督权，是指公民监督国家机关及工作人员活动的权利，具体包括对国家机关及其工作人员提出批评和建议的权利；对于任何国家机关和国家工作人员的违法失职行为，有向有关国家机关提出申诉、控告或检举的权利。

327. 我国公民的基本义务是什么？

公民的义务，是指宪法和法律规定的公民必须履行的某种责任。义务不能放弃，是每个公民必须履行的责任。我国公民的基本义务主要有：

（1）维护国家统一和各民族团结；

（2）遵守宪法和法律，保守国家秘密，爱护公共财产，遵守劳动纪律，遵守公共秩序，尊重社会公德；

（3）维护祖国的安全、荣誉和利益；

（4）保卫祖国，依法服兵役和参加民兵组织；

（5）依照法律纳税；

（6）劳动的义务；

（7）受教育的义务；

（8）夫妻双方有实行计划生育的义务；

（9）父母有抚养教育未成年子女的义务，成年子女有赡养扶助父母的义务。

328. 各级人民代表大会代表如何产生？

全国人民代表大会代表的选举由全国人民代表大会常务委员会主持。全国人民代表大会每届任期五年。全国人民代表大会任期届满的两个月以前，全国人民代表大会常务委员会必须完成下届全国人民代表大会代表的选举。如果遇到不能进行选举的非常情况，由全国人民代表大会常务委员会以全体组成人员的 2/3 以上的多数通过，可以推迟选举，延长本届全国人民代表大会的任期。在非常情况结束后一年内，必须完成下届全国人民代表大会代表的选举。省、直辖市、设区的市的人民代表大会代表由下一级人民代表大会选举。县、不设区的市、市辖区、乡、民族乡、镇的人民代表大会代表由选民直接选举。

329. 人民代表大会代表享有的权利有哪些？

人民代表大会代表享有下列权利：

（1）出席本级人民代表大会会议，参加审议各项议案、报告和其他议题，发表意见；

（2）依法联名提出议案、质询案、罢免案等；

（3）提出对各方面工作的建议、批评和意见；

（4）参加本级人民代表大会的各项选举；

（5）参加本级人民代表大会的各项表决；

（6）获得依法执行代表职务所需的信息和各项保障；

（7）法律规定的其他权利。

330. 人民代表大会代表履行的义务有哪些？

人民代表大会代表应当履行下列义务：

（1）模范地遵守宪法和法律，保守国家秘密，在自己参加的生产、工作和社会活动中，协助宪法和法律的实施；

（2）按时出席本级人民代表大会会议，认真审议各项议案、报告和其他议题，发表意见，做好会议期间的各项工作；

（3）积极参加统一组织的视察、专题调研、执法检查等履职活动；

（4）加强履职学习和调查研究，不断提高执行代表职务的能力；

（5）与原选区选民或者原选举单位和人民群众保持密切联系，听取和反映他们的意见和要求，努力为人民服务；

（6）自觉遵守社会公德，廉洁自律，公道正派，勤勉尽责；

（7）法律规定的其他义务。

（二）民法典相关知识

331. 什么是民法典？

民法是调整平等主体的自然人、法人和非法人组织之间的人身关系和财产关系的法律规范的总称，是法律体系中的一个独立的法律部门。

法典就是同一门类的现行法律、法规经过整理编订而形成的系统的法律。民法典就是将现行民法领域的相关法律、法规经过整理编订而形成的系统法律。民法典并不是一般意义上的法律，而是民事法律的集合体，是民事法律规范的总和。

2020 年 5 月 28 日，第十三届全国人民代表大会第三次会议表决通过了《中华人民共和国民法典》（以下简称《民法典》），自 2021 年 1 月 1 日起施行。《民法典》共 7 编、1260 条，各编依次为总则、物权、合同、人格权、婚姻家庭、继承、侵权责任，以及附则。

332. 民事主体包括哪些？

民事主体又称"民事法律关系主体"，是民事关系的参与者、民事权利的享有者、民事义务的履行者和民事责任的承担者，即民事法律关系的当事人。民事主体的资格由法律规定，根据《民法典》规定，民事主体包括 3 类：一是自然人，二是法人，三是非法人组织。民事主体的人身权利、财产权利以及其他合法权益受法律保护，任何组织或者个人不得侵犯。

333. 民事主体从事民事活动应当遵循的原则有哪些？

根据《民法典》规定，民事主体从事民事活动应当遵循的原则主要是：

（1）平等原则，民事主体在民事活动中的地位一律平等；

（2）自愿原则，按照自己的意思设立、变更、终止法律关系；

（3）公平原则，合理确定各方的权利和义务；

（4）诚信原则，秉持诚实，恪守承诺；

（5）守法与公序良俗原则，不得违反法律，不得违背公序良俗；

（6）绿色原则，应当有利于节约资源、保护生态环境。

334.《民法典》关于自然人的民事权利能力是如何规定的？

民事权利能力是指法律赋予民事主体享有民事权利和承担民事义务的能力，也就是民事主体享有权利和承担义务的资格，是作为民事主体进行民事活动的前提条件。

《民法典》关于自然人的民事权利能力主要作了以下规定。

自然人从出生时起到死亡时止，具有民事权利能力，依法享有民事权利，承担民事义务。

自然人的民事权利能力一律平等。

自然人的出生时间和死亡时间，以出生证明、死亡证明记载的时间为准；没有出生证明、死亡证明的，以户籍登记或者其他有效身份登记记载的时间为准。有其他证据足以推翻以上记载时间的，以该证据证明的时间为准。

涉及遗产继承、接受赠与等胎儿利益保护的，胎儿视为具有民事权利能力。但是，胎儿娩出时为死体的，其民事权利能力自始不存在。

335.《民法典》关于自然人的民事行为能力是如何规定的？

民事行为能力是指民事主体能以自己的行为取得民事权利、承担民事义务的资格。简言之，民事行为能力为民事主体享有民事权利、承担民事义务提供了现实性。自然人的民事行为能力分 3 种情况：完全民事行为能力人、限制民事行为能力人和无民事行为能力人。

（1）完全民事行为能力人。《民法典》规定，18 周岁以上的自然人为成年人。不满 18 周岁的自然人为未成年人。成年人为完全民事行为能力人，可以独立实施民事法律行为。16 周岁以上的未成年人，以自己的劳动收入为主要生活来源的，视为完全民事行为能力人。

（2）限制民事行为能力人。《民法典》规定，8 周岁以上的未成年人为限制民事行为能力人，实施民事法律行为由其法定代理人代理或者经其法定代理人同意、追认；但是，可以独立实施纯获利益的民事法律行为或者与其年龄、智力相适应的民事法律行为。

不能完全辨认自己行为的成年人为限制民事行为能力人，实施民事法律行为由其法定代理人代理或者经其法定代理人同意、追认；但是，可以独立实施纯获利益的民事法律行为或者与其智力、精神健康状况相适应的民事法律行为。

（3）无民事行为能力人。不满 8 周岁的未成年人为无民事行为能力人，由其法定代理人代理实施民事法律行为。不能辨认自己行为的成年人为无民事行为能力人，由其法定代理人代理实施民事法律行为。8 周岁以上的未成年人不能辨认自己行为的，适用前款规定。

无民事行为能力人、限制民事行为能力人的监护人是其法定代理人。

（4）民事行为能力的特殊规定。根据《民法典》不能辨认或者不能完全辨认自己行为的成年人，其利害关系人或者有关组织，可以向人民法院申请认定该成年人为无民事行为能力人或者限制民事行为能力人。被人民法院认定为无民事行为能力人或者限制民事行为能力人的，经本人、利害关系人或者有关组织申请，人民法院可以根据其智力、精神健康恢复的状况，认定该成年人恢复为限制民事行为能力人或者完全民事行为能力人。本条规定的有关组织包括：居民委员会、村民委员会、学校、医疗机构、妇女联合会、残疾人联合会、依法设立的老年人组织、民政部门等。

336. 法人有哪些特征？

法人是具有民事权利能力和民事行为能力，依法独立享有民事权利和承担民事义务的组织。其与自然人同为独立的民事主体，具有以下特征。

（1）法人不是人，是一种社会组织，是一种集合体，是由法律赋予法律人格的组织集合体。

（2）法人是依法设立的。法人应当按照法律规定的条件和程序设立。

（3）法人具有民事权利能力和民事行为能力。法人的民事权利能力和民事行为能力，从法人成立时产生，到法人终止时消灭。

（4）法人依法独立享有民事权利和承担民事义务。

（5）独立承担民事责任。《民法典》第 60 条规定，法人以其全部财产独立承担民事责任。

337. 法人成立的条件有哪些规定？

根据我国《民法典》的相关规定，法人应当依法成立。法人应当有自己的名称、组织机构、住所、财产或者经费。法人成立的具体条件和程序，依照法律、行政法规的规定。设立法人，法律、行政法规规定须经有关机关批准的，依照其规定。

338. 《民法典》关于法定代表人有什么规定?

法定代表人是指依法律或法人章程规定代表法人行使民事权利,履行民事义务的主要负责人。根据《民法典》规定,依照法律或者法人章程的规定,代表法人从事民事活动的负责人,为法人的法定代表人。法定代表人以法人名义从事的民事活动,其法律后果由法人承受。法人章程或者法人权力机构对法定代表人代表权的限制,不得对抗善意相对人。法定代表人因执行职务造成他人损害的,由法人承担民事责任。法人承担民事责任后,依照法律或者法人章程的规定,可以向有过错的法定代表人追偿。

339. 法人的终止和解散有什么规定?

根据《民法典》第 68 条规定:有下列原因之一并依法完成清算、注销登记的,法人终止:

(1) 法人解散;

(2) 法人被宣告破产;

(3) 法律规定的其他原因。

法人终止,法律、行政法规规定须经有关机关批准的,依照其规定。

根据《民法典》第 69 条规定,有下列情形之一的,法人解散:

(1) 法人章程规定的存续期间届满或者法人章程规定的其他解散事由出现;

(2) 法人的权力机构决议解散;

(3) 因法人合并或者分立需要解散;

(4) 法人依法被吊销营业执照、登记证书,被责令关闭或者被撤销；

（5）法律规定的其他情形。

340. 民事权利的分类有哪些？

（1）根据民事权利是否以财产利益为内容，民事权利可分为财产权和人身权。财产权，是指以财产利益为内容，直接体现财产利益的民事权利。财产权既包括物权、债权、继承权，也包括知识产权中的财产权利。人身权，是指不直接具有财产内容，与主体人身不可分离的权利。包括人格权和身份权。

（2）根据权利的作用，民事权利可分为支配权、请求权、抗辩权和形成权。支配权，是指主体对权利客体可直接加以支配并享受其利益的权利。物权、人身权、知识产权都属于支配权。请求权，是指请求他人为一定行为或不为一定行为的权利。抗辩权，广义上是指抗辩请求权或否认他人的权利主张的权利，有的称为异议权；狭义上是指对抗请求权的权利。形成权，是指权利人得以自己一方的意思表示而使法律关系发生变化的权利。

（3）根据民事权利的效力范围，民事权利可分为绝对权和相对权。绝对权，又称对世权，是指其效力及于一切人，即义务人为不特定的任何人的权利。物权、知识产权、人身权都为绝对权。相对权，又称对人权，是指其效力及于特定人的权利，即义务人为特定人的权利。债权为典型的相对权。

（4）根据两项相互关联的权利之间的关系，民事权利可分为主权利与从权利。主权利，是指两项有关联的权利中不依赖另一权利可独立存在的权利。从权利，是指两项有关联的权利中其效力受另一权利制约的权利。

（5）根据相互间是否有派生关系，民事权利可分为原权利与救济权。原权利为基础权利，是权利性民事法律关系中的权利。救济权是由原权派生的，为在原权受到侵害或有受侵害的现实危险而发生的权利，是保护性法律关系中的权利。

（6）根据权利有无移转性，民事权利可分为专属权与非专属权。专属权，是指无移转性，权利人一般不能转让，也不能依继承程序转移的权利。人身权就属于专属权。非专属权，是指具有转移性，权利人可以转让，也可依继承程序移转的权利。财产权多为非专属权。

341. 民事法律行为成立的条件是什么？

民事法律行为是民事主体通过意思表示设立、变更、终止民事法律关系的行为。根据《民法典》第 134 条规定，民事法律行为可以基于双方或者多方的意思表示一致成立，也可以基于单方的意思表示成立。法人、非法人组织依照法律或者章程规定的议事方式和表决程序作出决议的，该决议行为成立。

342. 民事法律行为的形式是什么？

民事法律行为的形式是民事法律行为的核心要素意思表示的外在表现形式。根据《民法典》的规定，民事法律行为可以采用书面形式、口头形式或者其他形式；法律、行政法规规定或者当事人约定采用特定形式的，应当采用特定形式。

书面形式是指以文字等可以以有形形式再现民事法律行为内容的形式。书面形式的种类很多，根据《民法典》第 469 条规定，书面形式是合同书、信件、电报、电传、传真等可以有形地表现所载内容的形式。

口头形式是指当事人以面对面的谈话或者以电话交流等方式形成民事法律行为的形式。口头形式的特点是直接、简便和快捷，在现实生活中数额较小或者现款交易的民事法律行为通常都采用口头形式。

除了书面形式和口头形式外，《民法典》规定民事法律行为还可以采用其他形式。例如在合同领域，可以根据当事人的行为或者特定情形推定合同的成立，即默示合同。这类合同在现实生活中很多，例如租房合同的期限届满后，出租人未提出让承租人退房，承租人也未表示退房而是继续交房租，出租人接受了租金。根据双方的行为，可以推定租赁合同继续有效。

343. 民事法律行为有效的条件是什么？

根据《民法典》规定，具备下列条件的民事法律行为有效。

（1）行为人具有相应的民事行为能力。公民的民事行为能力，是指公民能够以自己的行为参与民事法律关系，取得民事权利、承担民事义务的能力。法律不仅要求民事法律行为的行为人必须具有行为能力，而且要求民事行为能力与行为人的"相应"。

（2）意思表示真实。意思表示是民事法律行为的核心要素。意思表示真实，即要求行为人的内心意愿为行为人自觉自愿而产生的，同时与其所表达的意思相一致，通常情况下达到这一点有两个要求：一是意思表示自由，不是在受他人欺诈、胁迫之下作出的违背其内心意愿的行为；二是意思表示无误，应当是其内心真实意愿的反映，并非因重大误解等原因而表错意。

（3）不违反法律、行政法规的强制性规定，不违背公序良俗。这是民事法律行为合法性的本质要求。不违反法律、行政法规，指的是表示的内容不得与法律、行政法规的强制性或禁止性规范相抵触，也不得滥用法律的授权或任意性规定以规避法律，还应该包括不违反国家政策；不违背公序良俗原则，就是不违背公共秩序和善良习俗。公共秩序，是指政治、经济、文化等领域的基本秩序和根本理念，是与国家和社会整体利益相关的基础性原则、价值和秩序，在以往的民商事立法中被称为社会公共利益。善良习俗是指基于社会主流道德观念的习俗，也被称为社会公共道德，是全体社会成员所普遍认可、遵循的道德准则。善良习俗具有一定的时代性和地域性，随着社会成员的普遍道德观念的改变而改变。公共秩序强调的是国家和社会层面的价值理念，善良习俗突出的则是民间的道德观念，二者相辅相成，互为补充。

此外，限制民事行为能力人实施的纯获利益的民事法律行为或者与其年龄、智力、精神健康状况相适应的民事法律行为有效；实施的其他民事法律行为经法定代理人同意或者追认后有效。

344. 哪些民事法律行为无效？

无效民事行为指已经成立的民事行为，严重欠缺民事行为的生效要件，因而自始、绝对、确定、当然、永久地不按照行为人设立、变更、终止民事法律关系的意思表示发生预期效力的民事行为。根据《民法典》规定，下列民事法律行为无效。

（1）无民事行为能力人实施的民事法律行为无效。

（2）行为人与相对人以虚假的意思表示实施的民事法律行为无效。以虚假的意思表示隐藏的民事法律行为的效力，依照有关法律规定处理。

（3）违反法律、行政法规的强制性规定的民事法律行为无效。但是，该强制性规定不导致该民事法律行为无效的除外。

（4）违背公序良俗的民事法律行为无效。

（5）行为人与相对人恶意串通，损害他人合法权益的民事法律行为无效。

345. 可撤销的民事法律行为有哪些？

可撤销的民事法律行为，是指在意思表示有瑕疵的情形下实施的民事法律行为，行为人有权请求人民法院或仲裁机构予以撤销。根据《民法典》规定，可撤销民事法律行为的种类包括：

（1）基于重大误解实施的民事法律行为，行为人有权请求人民法院或者仲裁机构予以撤销；

（2）一方以欺诈手段，使对方在违背真实意思的情况下实施的民事法律行为，受欺诈方有权请求人民法院或者仲裁机构予以撤销；

（3）第三人实施欺诈行为，使一方在违背真实意思的情况下实施的民事法律行为，对方知道或者应当知道该欺诈行为的，受欺诈方有权请求人民法院或者仲裁机构予以撤销；

（4）一方或者第三人以胁迫手段，使对方在违背真实意思的情况下实施的民事法律行为，受胁迫方有权请求人民法院或者仲裁机构予以撤销；

（5）一方利用对方处于危困状态、缺乏判断能力等情形，致使民事法律行为成立时显失公平的，受损害方有权请求人民法院或者仲裁机构予以撤销。

346. 民事法律行为无效与被撤销的法律后果是什么？

无效的或者被撤销的民事法律行为自始没有法律约束力。

民事法律行为部分无效，不影响其他部分效力的，其他部分仍然有效。

民事法律行为无效、被撤销或者确定不发生效力后，行为人因该行为取得的财产，应当予以返还；不能返还或者没有必要返还的，应当折价补偿。有过错的一方应当赔偿对方由此所受到的损失；各方都有过错的，应当各自承担相应的责任。法律另有规定的，依照其规定。

347. 民事主体可以通过代理人实施民事法律行为吗？

可以。代理是指代理人在代理权限内，以被代理人的名义实施民事法律行为，由此产生的法律后果直接由被代理人承担的一种法律制度。根据《民法典》规定，民事主体可以通过代理人实施民事法律行为。依照法律规定、当事人约定或者民事法律行为的性质，应当由本人亲自实施的民事法律行为，不得代理。代理人在代理权限内，以被代理人名义实施的民事法律行为，对被代理人发生效力。

348. 代理包括哪些代理？

《民法典》规定，代理包括委托代理和法定代理。

委托代理是代理人根据被代理人授权而进行的代理，即委托代理的代理权产生自本人的授权行为。委托代理授权采用书面形式的，授权委托书应当载明代理人的姓名或者名称、代理事项、权限和期限，并由被代理人签名或者盖章。委托代理人按照被代理人的委托行使代理权。

法定代理是指以法律的直接规定为根据而产生的代理。法定代理主要是为民事法律行为能力欠缺者设计的，法律根据自然人之间的亲属关系，如父母子女、夫妻等而直接规定的代理权。法定代理人依照法律的规定行使代理权。

349. 民事责任的构成要件是什么？

民事责任，是民事主体违反约定或者法定的民事义务而依法应承担的民事法律后果。民事责任的构成要件包括以下方面。

（1）损害事实的客观存在。损害是指因一定的行为或事件使民事主体的权利遭受某种不利的影响。权利主体只有在受损害的情况下才能够请求法律上的救济。

（2）行为的违法性。指对法律禁止性或命令性规定的违反。除了法律有特别规定之外，行为人只应对自己的违法行为承担法律责任。

（3）违法行为与损害事实之间的因果关系。作为构成民事责任要件的因果关系指行为人的行为及其物件与损害事实之间所存在的前因后果的必然联系。

（4）行为人的过错。行为人的过错是行为人在实施违法行为时所具备的心理状态，是构成民事责任的主观要件。

350. 承担民事责任的方式有哪些？

根据《民法典》规定，承担民事责任的方式主要有：

（1）停止侵害；

（2）排除妨碍；

（3）消除危险；

（4）返还财产；

（5）恢复原状；

（6）修理、重作、更换；

（7）继续履行；

（8）赔偿损失；

（9）支付违约金；

（10）消除影响、恢复名誉；

（11）赔礼道歉。

法律规定惩罚性赔偿的，依照其规定。

本条规定的承担民事责任的方式，可以单独适用，也可以合并适用。

351. 诉讼时效是什么意思？

诉讼时效是指民事权利受到侵害的权利人在法定的时效期间内不行使权利，当时效期间届满时，债务人获得诉讼时效抗辩权。

在法律规定的诉讼时效期间内，原告起诉的，法院依法审理并判决。若超过诉讼时效后起诉的，人民法院应当受理，但受理后，如另一方当事人提出诉讼时效抗辩且查明无中止、中断、延长事由的，判决驳回其诉讼请求。如果另一方当事人未提出诉讼时效抗辩，则视为其自动放弃该权利，法院不得依照职权主动适用诉讼时效，应当受理支持其诉讼请求。

设立诉讼时效制度，主要在于督促权利人及时行使权利、稳定生活秩序、维护法律秩序与交易安全。

352. 诉讼时效期间是多长时间？

向人民法院请求保护民事权利的诉讼时效期间为 3 年。法律另有规定的，依照其规定。

诉讼时效期间自权利人知道或者应当知道权利受到损害以及义务人之日起计算。法律另有规定的，依照其规定。但是，自权利受到损害之日起超过 20 年的，人民法院不予保护，有特殊情况的，人民法院可以根据权利人的申请决定延长。

当事人约定同一债务分期履行的，诉讼时效期间自最后一期履行期限届满之日起计算。

无民事行为能力人或者限制民事行为能力人对其法定代理人的请求权的诉讼时效期间，自该法定代理终止之日起计算。

未成年人遭受性侵害的损害赔偿请求权的诉讼时效期间，自受害人年满 18 周岁之日起计算。

诉讼时效期间届满的，义务人可以提出不履行义务的抗辩。诉讼时效期间届满后，义务人同意履行的，不得以诉讼时效期间届满为由抗辩；义务人已经自愿履行的，不得请求返还。

人民法院不得主动适用诉讼时效的规定。

353. 诉讼时效中止的情形有哪些？

诉讼时效中止是指在诉讼时效进行期间，因发生法定事由阻碍权利人行使请求权，诉讼依法暂时停止进行，并在法定事由消失之日起继续进行的情况，又称为时效的暂停。对此，我国《民法典》规定，在诉讼时效期间的最后 6 个月内，因下列障碍，不能行使请求权的，诉讼时效中止：

（1）不可抗力；

（2）无民事行为能力人或者限制民事行为能力人没有法定代理人，或者法定代理人死亡、丧失民事行为能力、丧失代理权；

（3）继承开始后未确定继承人或者遗产管理人；

（4）权利人被义务人或者其他人控制；

（5）其他导致权利人不能行使请求权的障碍。

自中止时效的原因消除之日起满 6 个月，诉讼时效期间届满。

354. 诉讼时效中断的情形有哪些？

诉讼时效中断是指在诉讼时效进行期间，因发生一定的法定事由，使已经经过的时效期间统归无效，待时效中断的事由消除后，诉讼时效期间重新计算。对此，我国《民法典》规定，有下列情形之一的，诉讼时效中断，从中断、有关程序终结时起，诉讼时效期间重新计算：

（1）权利人向义务人提出履行请求；

（2）义务人同意履行义务；

（3）权利人提起诉讼或者申请仲裁；

（4）与提起诉讼或者申请仲裁具有同等效力的其他情形。

355. 不适用诉讼时效的情形有哪些？

下列请求权不适用诉讼时效的规定：

（1）请求停止侵害、排除妨碍、消除危险；

（2）不动产物权和登记的动产物权的权利人请求返还财产；

（3）请求支付抚养费、赡养费或者扶养费；

（4）依法不适用诉讼时效的其他请求权。

（三）经济法相关知识

356. 公司有哪些特征？

公司是依照公司法在中国境内设立的有限责任公司和股份有限公司，是以营利为目的的企业法人。

公司的基本特征如下。

（1）公司是资本的联合而形成的经济组织。公司是由许多投资者投资，为经营而设立的一种经济组织，具有广泛的筹集资金的能力，这种功能是适合社会生产力发展需要的，所以它有发展的优势。

（2）公司具有法人资格。也就是从法律上赋予公司以人格，使公司像一个真实的人那样，以自己的名义从事经营，享有权利，承担责任，起诉应诉，从而使公司在市场上成为竞争主体。在现实的经济活动中公司是一个经济实体。

（3）公司股东承担有限责任。这就是指公司一旦出现了债务，这种债务仅是公司的债务，由公司这个拟人化的实体对债权人负责，而公司股东不直接对债权人负责；公司的股东对公司债务仅以其出资额为限，承担间接、有限的责任，这就为股东分散了投资风险，使股东在投资中不致影响投资外的个人财产，所以这种责任形式具有吸引力。

（4）公司是以营利为目的的。这是反映公司基本属性的一个特征，因为投资者投资于公司是有一定利益追求的，希望从公司取得收益；从经济整体来说，公司资产的增值是社会发展的需要。公司以营利为目的，这也使公司与其他经济组织和社会组织有所区别。

（5）公司实行所有权与经营权分离。在通常情况下，特别是在有相当规模的公司中，投资者入股仅仅是为了投资的收益，而不是为了自己去经营；为了公司的发展，他们委托专业的经营者负责经营。所以公司中的基本关系是投资者出资，从公司获取股利，经营者受委托为股东从事经营，对股东负责。

（6）公司依照法律设立和运行，是规范化程度较高的企业组织形式。公司的发起设立、对内对外关系、内部治理结构、合并分立等，都是依照法律规范来办理，公司是一种企业形式与法律形式相结合的体现。

（7）公司是永续存在的企业组织形式。这就是说，公司投资者的股权可以转让，投资者可以流动，但公司仍然可以作为一个独立的实体而存在，公司仍然可以正常地从事经营活动，公司的存在并不取决于其投资人具体是谁。

357. 设立有限责任公司应当具备哪些条件？

根据《公司法》规定，设立有限责任公司，应当具备下列条件：

（1）股东符合法定人数；

（2）有符合公司章程规定的全体股东认缴的出资额；

（3）股东共同制定公司章程；

（4）有公司名称，建立符合有限责任公司要求的组织机构；

（5）有公司住所。

有限责任公司由 50 个以下股东出资设立。

358. 有限责任公司股东会有哪些职权？

《公司法》规定，股东会行使下列职权：

（1）决定公司的经营方针和投资计划；

（2）选举和更换非由职工代表担任的董事、监事，决定有关董事、监事的报酬事项；

（3）审议批准董事会的报告；

（4）审议批准监事会或者监事的报告；

（5）审议批准公司的年度财务预算方案、决算方案；

（6）审议批准公司的利润分配方案和弥补亏损方案；

（7）对公司增加或者减少注册资本作出决议；

（8）对发行公司债券作出决议；

（9）对公司合并、分立、解散、清算或者变更公司形式作出决议；

（10）修改公司章程；

（11）公司章程规定的其他职权。

359. 有限责任公司董事会有哪些职权?

有限责任公司设董事会，其成员为3人至13人。董事会设董事长1人，可以设副董事长。董事长、副董事长的产生办法由公司章程规定。

董事会对股东会负责，行使下列职权：

（1）召集股东会会议，并向股东会报告工作；

（2）执行股东会的决议；

（3）决定公司的经营计划和投资方案；

（4）制订公司的年度财务预算方案、决算方案；

（5）制订公司的利润分配方案和弥补亏损方案；

（6）制订公司增加或者减少注册资本以及发行公司债券的方案；

（7）制订公司合并、分立、解散或者变更公司形式的方案；

（8）决定公司内部管理机构的设置；

（9）决定聘任或者解聘公司经理及其报酬事项，并根据经理的提名决定聘任或者解聘公司副经理、财务负责人及其报酬事项；

（10）制定公司的基本管理制度；

（11）公司章程规定的其他职权。

360. 有限责任公司监事会行使哪些职权?

《公司法》规定，监事会、不设监事会的公司的监事行使下列职权：

（1）检查公司财务；

（2）对董事、高级管理人员执行公司职务的行为进行监督，对违反法律、行政法规、公司章程或者股东会决议的董事、高级管理人员提出罢免的建议；

（3）当董事、高级管理人员的行为损害公司的利益时，要求董事、高级管理人员予以纠正；

（4）提议召开临时股东会会议，在董事会不履行本法规定的召集和主持股东会会议职责时召集和主持股东会会议；

（5）向股东会会议提出提案；

（6）依照本法第 151 条的规定，对董事、高级管理人员提起诉讼；

（7）公司章程规定的其他职权。

361. 有限责任公司经理有哪些职权？

有限责任公司可以设经理，由董事会决定聘任或者解聘。经理对董事会负责，行使下列职权：

（1）主持公司的生产经营管理工作，组织实施董事会决议；

（2）组织实施公司年度经营计划和投资方案；

（3）拟订公司内部管理机构设置方案；

（4）拟订公司的基本管理制度；

（5）制定公司的具体规章；

（6）提请聘任或者解聘公司副经理、财务负责人；

（7）决定聘任或者解聘除应由董事会决定聘任或者解聘以外的负责管理人员；

（8）董事会授予的其他职权。

公司章程对经理职权另有规定的，从其规定。经理列席董事会会议。

362. 设立股份有限公司应当具备什么条件？

《公司法》规定，设立股份有限公司，应当具备下列条件：

（1）发起人符合法定人数；

（2）有符合公司章程规定的全体发起人认购的股本总额或者募集的实收股本总额；

（3）股份发行、筹办事项符合法律规定；

（4）发起人制订公司章程，采用募集方式设立的经创立大会通过；

（5）有公司名称，建立符合股份有限公司要求的组织机构；

（6）有公司住所。

设立股份有限公司，应当有 2 人以上 200 人以下为发起人，其中须有半数以上的发起人在中国境内有住所。

363. 股份有限公司股东大会有哪些职权？

《公司法》规定，股份有限公司股东大会由全体股东组成。股东大会是公司的权力机构，依照本法行使职权。

股份有限公司股东大会的职权与有限责任公司股东会的职权相同。

364. 《公司法》关于职工代表进董事会有什么规定？

《公司法》规定：两个以上的国有企业或者两个以上的其他国有投资主体投资设立的有限责任公司，其董事会成员中应当有公司职工代表；其他有限责任公司董事会成员中可以有公司职工代表。董事会中的职工代表由公司职工通过职工代表大会、职工大会或者其他形式民主选举产生。

国有独资公司设董事会，依照本法第 46 条、第 66 条的规定行使职权。董事每届任期不得超过 3 年。董事会成员中应当有公司职工代表。董事会成员由国有资产监督管理机构委派；但是，董事会成员中的职工代表由公司职工代表大会选举产生。

股份有限公司董事会成员中可以有公司职工代表。董事会中的职工代表由公司职工通过职工代表大会、职工大会或者其他形式民主选举产生。

365. 《公司法》关于职工代表进监事会是怎样规定的？

《公司法》规定，有限责任公司监事会应当包括股东代表和适当比例的公司职工代表，其中职工代表的比例不得低于 1/3，具体比例由公司章程规定。监事会中的职工代表由公司职工通过职工代表大会、职工大会或者其他形式民主选举产生。

国有独资公司监事会成员不得少于 5 人，其中职工代表的比例不得低于 1/3，具体比例由公司章程规定。

股份有限公司监事会应当包括股东代表和适当比例的公司职工代表，其中职工代表的比例不得低于 1/3，具体比例由公司章程规定。监事会中的职工代表由公司职工通过职工代表大会、职工大会或者其他形式民主选举产生。

366. 消费者有哪些权利？

根据《中华人民共和国消费者权益保护法》规定，消费者享有下列权利。

（1）消费者在购买、使用商品和接受服务时享有人身、财产安全不受损害的权利。消费者有权要求经营者提供的商品和服务，符合保障人身、财产安全的要求。

（2）消费者享有知悉其购买、使用的商品或者接受的服务的真实情况的权利。消费者有权根据商品或者服务的不同情况，要求经营者提供商品的价格、产地、生产者、用途、性能、规格、等级、主要成份、生产日期、有效期限、检验合格证明、使用方法说明书、售后服务，或者服务的内容、规格、费用等有关情况。

（3）消费者享有自主选择商品或者服务的权利。消费者有权自主选择提供商品或者服务的经营者，自主选择商品品种或者服务方式，自主决定购买或者不购买任何一种商品、接受或者不接受任何一项服务。消费者在自主选择商品或者服务时，有权进行比较、鉴别和挑选。

（4）消费者享有公平交易的权利。消费者在购买商品或者接受服务时，有权获得质量保障、价格合理、计量正确等公平交易条件，有权拒绝经营者的强制交易行为。

（5）消费者因购买、使用商品或者接受服务受到人身、财产损害的，享有依法获得赔偿的权利。

（6）消费者享有依法成立维护自身合法权益的社会组织的权利。

（7）消费者享有获得有关消费和消费者权益保护方面的知识的权利。消费者应当努力掌握所需商品或者服务的知识和使用技能，正确使用商品，提高自我保护意识。

（8）消费者在购买、使用商品和接受服务时，享有人格尊严、民族风俗习惯得到尊重的权利，享有个人信息依法得到保护的权利。

（9）消费者享有对商品和服务以及保护消费者权益工作进行监督的权利。消费者有权检举、控告侵害消费者权益的行为和国家机关及其工作人员在保护消费者权益工作中的违法失职行为，有权对保护消费者权益工作提出批评、建议。

367. 经营者使用的格式条款、通知、声明、店堂告示是否有效？

经营者在经营活动中使用格式条款的，应当以显著方式提请消费者注意商品或者服务的数量和质量、价款或者费用、履行期限和方式、安全注意事项和风险警示、售后服务、民事责任等与消费者有重大利害关系的内容，并按照消费者的要求予以说明。

经营者不得以格式条款、通知、声明、店堂告示等方式，作出排除或者限制消费者权利、减轻或者免除经营者责任、加重消费者责任等对消费者不公平、不合理的规定，不得利用格式条款并借助技术手段强制交易。

格式条款、通知、声明、店堂告示等含有前款所列内容的，其内容无效。

368. 消费者和经营者发生消费者权益争议的，可以通过哪些途径解决？

消费者和经营者发生消费者权益争议的，可以通过下列途径解决：

（1）与经营者协商和解；

（2）请求消费者协会或者依法成立的其他调解组织调解；

（3）向有关行政部门投诉；

（4）根据与经营者达成的仲裁协议提请仲裁机构仲裁；

（5）向人民法院提起诉讼。

369. 《中华人民共和国食品安全法》的适用范围是什么？

根据《中华人民共和国食品安全法》（以下简称《食品安全法》）规定，在中华人民共和国境内从事下列活动，应当遵守本法：

（1）食品生产和加工（以下称食品生产），食品销售和餐饮服务（以下称食品经营）；

（2）食品添加剂的生产经营；

（3）用于食品的包装材料、容器、洗涤剂、消毒剂和用于食品生产经营的工具、设备（以下称食品相关产品）的生产经营；

（4）食品生产经营者使用食品添加剂、食品相关产品；

（5）食品的贮存和运输；

（6）对食品、食品添加剂、食品相关产品的安全管理。

370. 食品安全标准应当包括哪些内容？

《食品安全法》规定，制定食品安全标准，应当以保障公众身体健康为宗旨，做到科学合理、安全可靠。食品安全标准应当包括下列内容：

（1）食品、食品添加剂、食品相关产品中的致病性微生物，农药残留、兽药残留、生物毒素、重金属等污染物质以及其他危害人体健康物质的限量规定；

（2）食品添加剂的品种、使用范围、用量；

（3）专供婴幼儿和其他特定人群的主辅食品的营养成分要求；

（4）对与卫生、营养等食品安全要求有关的标签、标志、说明书的要求；

（5）食品生产经营过程的卫生要求；

（6）与食品安全有关的质量要求；

（7）与食品安全有关的食品检验方法与规程；

（8）其他需要制定为食品安全标准的内容。

371. 食品生产经营应当符合哪些要求？

食品生产经营应当符合食品安全标准，并符合下列要求：

（1）具有与生产经营的食品品种、数量相适应的食品原料处理和食品加工、包装、贮存等场所，保持该场所环境整洁，并与有毒、有害场所以及其他污染源保持规定的距离；

（2）具有与生产经营的食品品种、数量相适应的生产经营设备或者设施，有相应的消毒、更衣、盥洗、采光、照明、通风、防腐、防尘、防蝇、防鼠、防虫、洗涤以及处理废水、存放垃圾和废弃物的设备或者设施；

（3）有专职或者兼职的食品安全专业技术人员、食品安全管理人员和保证食品安全的规章制度；

（4）具有合理的设备布局和工艺流程，防止待加工食品与直接入口食品、原料与成品交叉污染，避免食品接触有毒物、不洁物；

（5）餐具、饮具和盛放直接入口食品的容器，使用前应当洗净、消毒，炊具、用具用后应当洗净，保持清洁；

（6）贮存、运输和装卸食品的容器、工具和设备应当安全、无害，保持清洁，防止食品污染，并符合保证食品安全所需的温度、湿度等特殊要求，不得将食品与有毒、有害物品一同贮存、运输；

（7）直接入口的食品应当使用无毒、清洁的包装材料、餐具、饮具和容器；

（8）食品生产经营人员应当保持个人卫生，生产经营食品时，应当将手洗净，穿戴清洁的工作衣、帽等，销售无包装的直接入口食品时，应当使用无毒、清洁的容器、售货工具和设备；

（9）用水应当符合国家规定的生活饮用水卫生标准；

（10）使用的洗涤剂、消毒剂应当对人体安全、无害；

（11）法律、法规规定的其他要求。

372. 哪些个人收入要缴纳个人所得税?

根据《中华人民共和国个人所得税法》（以下简称《个人所得税

法》）规定，下列各项个人所得，应当缴纳个人所得税：

（1）工资、薪金所得；

（2）劳务报酬所得；

（3）稿酬所得；

（4）特许权使用费所得；

（5）经营所得；

（6）利息、股息、红利所得；

（7）财产租赁所得；

（8）财产转让所得；

（9）偶然所得。

373. 个人所得税的税率是多少？

根据《个人所得税法》个人所得税的税率如下：

（1）综合所得，适用3%至45%的超额累进税率；

（2）经营所得，适用5%至35%的超额累进税率；

（3）利息、股息、红利所得，财产租赁所得，财产转让所得和偶然所得，适用比例税率，税率为20%。

374. 哪些个人所得免纳个人所得税？

根据《个人所得税法》规定，下列各项个人所得，免纳个人所得税：

（1）省级人民政府、国务院部委和中国人民解放军军以上单位，以及外国组织、国际组织颁发的科学、教育、技术、文化、卫生、体育、环境保护等方面的奖金；

（2）国债和国家发行的金融债券利息；

（3）按照国家统一规定发给的补贴、津贴；

（4）福利费、抚恤金、救济金；

（5）保险赔款；

（6）军人的转业费、复员费、退役金；

（7）按照国家统一规定发给干部、职工的安家费、退职费、基本养老金或者退休费、离休费、离休生活补助费；

（8）依照有关法律规定应予免税的各国驻华使馆、领事馆的外交代表、领事官员和其他人员的所得；

（9）中国政府参加的国际公约、签订的协议中规定免税的所得；

（10）国务院规定的其他免税所得。

（四）劳动法相关知识

375. 什么是劳动关系？

劳动关系，是指用人单位与劳动者之间，依法所确立的劳动过程中的权利义务关系。

用人单位，是指中华人民共和国境内的企业、个体经济组织、民办非企业单位等组织。同时。也包括国家机关、事业单位、社会团体与劳动者建立劳动关系的。

劳动者，是指达到法定年龄，具有劳动能力，以从事某种社会劳动获得收入为主要生活来源，依据法律或合同的规定，在用人单位的管理下从事劳动并获取劳动报酬的自然人。

劳动关系具有以下特征。

（1）劳动关系是在实现劳动过程中所发生的关系，与劳动有着直接的联系。

（2）劳动关系的双方当事人，一方是劳动者，另一方是提供生产资料的劳动者所在单位。

（3）劳动关系的一方劳动者，要成为另一方所在单位的成员，要遵守单位内部的劳动规则以及有关制度。

376. 在没有劳动合同的情况下，劳动关系如何认定？

实践中有的用人单位与劳动者没有签订劳动合同，但只要存在实际用工，就认定劳动关系存在。《关于确立劳动关系有关事项的通知》规定，用人单位招用劳动者未订立书面合同，但同时具备下列情形的，劳动关系成立。

（1）用人单位和劳动者符合法律、法规规定的主体资格；

（2）用人单位依法制定的各项劳动规章制度适用于劳动者，劳动者受用人单位的劳动管理，从事用人单位安排的有报酬的劳动；

（3）劳动者提供的劳动是用人单位业务的组成部分。

用人单位未与劳动者签订劳动合同，认定双方存在劳动关系时可参照下列凭证：

（1）工资支付凭证或记录（职工工资发放花名册）、缴纳各项社会保险费的记录；

（2）用人单位向劳动者发放的"工作证""服务证"等能够证明身份的证件；

（3）劳动者填写的用人单位招工招聘"登记表""报名表"等招用记录；

（4）考勤记录；

（5）其他劳动者的证言等。

377. 劳动者的基本权利和基本义务有哪些？

劳动者的基本权利包括：（1）平等就业和选择职业的权利；（2）取得劳动报酬的权利；（3）休息休假的权利；（4）获得劳动安全卫生保护的权利；（5）接受职业技能培训的权利；（6）享受社会保险和福利的权利；（7）提请劳动争议处理的权利；（8）法律规定的其他劳动权利。

劳动者的基本义务包括：（1）完成劳动任务；（2）提高职业技能；（3）执行劳动安全卫生规程；（4）遵守劳动纪律和职业道德。

378. 我国的劳动就业方针是什么？

《就业促进法》规定：国家把扩大就业放在经济社会发展的突出位置，实施积极的就业政策，坚持劳动者自主择业、市场调节就业、政府促进就业的方针，多渠道扩大就业。

"劳动者自主择业"，指的是充分调动劳动者就业的主动性和能动性，促进他们发挥就业潜能和提高职业技能，依靠自身努力，自谋职业和自主创业，尽快实现就业。

"市场调节就业"，指的是充分发挥人力资源市场在促进就业中的基础性作用。通过市场职业供求信息，引导劳动者合理流动和就业；通过用人单位自主用人和劳动者自主择业，实现供求双方相互选择；通过市场工资价位信息，调节劳动力的供求。

"政府促进就业"，是指政府要在促进经济发展、经济结构调整和制定积极的就业政策、加强就业服务等方面采取措施，增强全社会总的就业岗位数量，以促进劳动者就业。

379. 《就业促进法》关于平等就业权是怎样规定的？

平等就业权，也称就业平等权，是就业权和平等权共同派生的一个权利，是指劳动者平等获得就业机会的权利。它既包括形式公平意义上的反就业歧视，以形成公平竞争就业的环境，又包括实质公平意义上的对特殊就业群体以扶持、援助和保护，弥补特殊就业群体获取就业机会的不足。其基本要求是保证劳动者依法享有平等就业和自主择业的权利。

《就业促进法》规定，劳动者依法享有平等就业和自主择业的权利。劳动者就业，不因民族、种族、性别、宗教信仰等不同而受歧视。

380. 妇女享有与男性平等的就业权利吗？

《劳动法》规定："妇女享有与男子平等的就业权利。"《就业促进法》第 27 条规定："国家保障妇女享有与男子平等的劳动权利。用人单位招用人员，除国家规定的不适合妇女的工种或者岗位外，不得以性别为由拒绝录用妇女或者提高对妇女的录用标准。用人单位录用女职工，不得在劳动合同中规定限制女职工结婚、生育的内容。"《妇女权益保障法》《女职工劳动保护特别规定》对妇女的平等就业权都作了明确规定。这些规定，对于妇女平等就业权的保护提供了有力的法律保障。

381. 关于残疾人就业的特殊保障有什么规定？

《就业促进法》第 29 条规定：国家保障残疾人的劳动权利。各级人民政府应当对残疾人就业统筹规划，为残疾人创造就业条件。用人单位招用人员，不得歧视残疾人。

《中华人民共和国残疾人保障法》关于残疾人就业的具体规定如下。

（1）国家保障残疾人劳动的权利。各级人民政府应当对残疾人劳动就业统筹规划，为残疾人创造劳动就业条件。

（2）残疾人劳动就业，实行集中与分散相结合的方针，采取优惠政策和扶持保护措施，通过多渠道、多层次、多种形式，使残疾人劳动就业逐步普及、稳定、合理。

（3）政府和社会举办残疾人福利企业、盲人按摩机构和其他福利性单位，集中安排残疾人就业。

（4）国家实行按比例安排残疾人就业制度。国家机关、社会团体、企业事业单位、民办非企业单位应当按照规定的比例安排残疾人就业，并为其选择适当的工种和岗位。达不到规定比例的，按照国家有关规定履行保障残疾人就业义务。国家鼓励用人单位超过规定比例安排残疾人就业。

（5）国家鼓励和扶持残疾人自主择业、自主创业。

（6）地方各级人民政府和农村基层组织，应当组织和扶持农村残疾人从事种植业、养殖业、手工业和其他形式的生产劳动。

（7）国家对安排残疾人就业达到、超过规定比例或者集中安排残疾人就业的用人单位和从事个体经营的残疾人，依法给予税收优惠，并在生产、经营、技术、资金、物资、场地等方面给予扶持。国家对从事个体经营的残疾人，免除行政事业性收费。县级以上地方人民政府及其有关部门应当确定适合残疾人生产、经营的产品、项目，优先安排残疾人福利性单位生产或者经营，并根据残疾人福利性单位的生产特点确定某些产品由其专产。政府采购，在同等条件下应当优先购买残疾人福利性单位的产品或者服务。地方各级人民政府应当开发适合残疾人就业的公益性岗位。对申请从事个体经营的残疾人，有关部门应当优先核发营业执照。对从事各类生产劳动的农村残疾人,有关部门应当在生产服务、技术指导、农用物资供应、农副产品购销和信贷等方面,给予帮助。

(8)政府有关部门设立的公共就业服务机构,应当为残疾人免费提供就业服务。残疾人联合会举办的残疾人就业服务机构,应当组织开展免费的职业指导、职业介绍和职业培训,为残疾人就业和用人单位招用残疾人提供服务和帮助。

(9)国家保护残疾人福利性单位的财产所有权和经营自主权,其合法权益不受侵犯。在职工的招用、转正、晋级、职称评定、劳动报酬、生活福利、休息休假、社会保险等方面,不得歧视残疾人。残疾职工所在单位应当根据残疾职工的特点,提供适当的劳动条件和劳动保护,并根据实际需要对劳动场所、劳动设备和生活设施进行改造。国家采取措施,保障盲人保健和医疗按摩人员从业的合法权益。

(10)残疾职工所在单位应当对残疾职工进行岗位技术培训,提高其劳动技能和技术水平。

(11)任何单位和个人不得以暴力、威胁或者非法限制人身自由的手段强迫残疾人劳动。

《残疾人就业条例》规定:"国家对残疾人就业实行集中就业与分散就业相结合的方针,促进残疾人就业。"集中就业,是指由国家和社会通过举办福利性企业、事业组织等,并确定一定比例的岗位,集中招用、聘用残疾人就业。分散就业,是指机关、团体、企业事业组织、城乡集体经济组织按一定比例,相对分散地安排残疾人就业,以及残疾人个体就业、自主创业和参加农村种植、养殖、家庭手工业等生产劳动。集中就业和分散就业都是解决残疾人就业的重要形式,二者相辅相成,互为补充,共同构成了残疾人就业的主要渠道。

382. 公共就业服务机构应当免费为劳动者提供哪些服务？

县级以上人民政府建立健全公共就业服务体系，设立公共就业服务机构，为劳动者免费提供下列服务：

（1）就业政策法规咨询；

（2）职业供求信息、市场工资指导价位信息和职业培训信息发布；

（3）职业指导和职业介绍；

（4）对就业困难人员实施就业援助；

（5）办理就业登记、失业登记等事务；

（6）其他公共就业服务。

公共就业服务机构应当不断提高服务的质量和效率，不得从事经营性活动。公共就业服务经费纳入同级财政预算。县级以上地方人民政府对职业中介机构提供公益性就业服务的，按照规定给予补贴。地方各级人民政府和有关部门、公共就业服务机构举办的招聘会，不得向劳动者收取费用。

383.《劳动法》关于职业培训是怎样规定的？

国家通过各种途径，采取各种措施，发展职业培训事业，开发劳动者的职业技能，提高劳动者素质，增强劳动者的就业能力和工作能力。

各级人民政府应当把发展职业培训纳入社会经济发展的规划，鼓励和支持有条件的企业、事业组织、社会团体和个人进行各种形式的职业培训。

用人单位应当建立职业培训制度，按照国家规定提取和使用职业培训经费，根据本单位实际，有计划地对劳动者进行职业培训。

从事技术工种的劳动者，上岗前必须经过培训。

国家确定职业分类，对规定的职业制定职业技能标准，实行职业资格证书制度，由经过政府批准的考核鉴定机构负责对劳动者实施职业技能考核鉴定。

384. 《劳动法》对劳动行政部门的监督检查有什么规定？

县级以上各级人民政府劳动行政部门依法对用人单位遵守劳动法律、法规的情况进行监督检查，对违反劳动法律、法规的行为有权制止，并责令改正。

县级以上各级人民政府劳动行政部门监督检查人员执行公务，有权进入用人单位了解执行劳动法律、法规的情况，查阅必要的资料，并对劳动场所进行检查。

县级以上各级人民政府劳动行政部门监督检查人员执行公务，必须出示证件，秉公执法并遵守有关规定。

385. 用人单位侵犯劳动者人身权利应承担什么责任？

《劳动法》规定，用人单位有下列行为之一，由公安机关对责任人员处以 15 日以下拘留、罚款或者警告；构成犯罪的，对责任人员依法追究刑事责任：

（1）以暴力、威胁或者非法限制人身自由的手段强迫劳动的；

（2）侮辱、体罚、殴打、非法搜查和拘禁劳动者的。

（五）工会法相关知识

386. 《工会法》关于产业工人队伍建设改革有什么规定？

产业工人是指在现代工厂、矿山、交通运输等企业中从事集体生产劳动，以工资收入为生活来源的工人。产业工人是工人阶级中发挥支撑作用的主体力量，是创造社会财富的中坚力量，是创新驱动发展的骨干力量，是实施制造强国战略的有生力量。《工会法》规定：工会推动产业工人队伍建设改革，提高产业工人队伍整体素质，发挥产业工人骨干作用，维护产业工人合法权益，保障产业工人主人翁地位，造就一支有理想守信念、懂技术会创新、敢担当讲奉献的宏大产业工人队伍。

387. 《工会法》关于工会的组织原则是如何规定的?

《工会法》规定：工会各级组织按照民主集中制原则建立。各级工会委员会由会员大会或者会员代表大会民主选举产生。企业主要负责人的近亲属不得作为本企业基层工会委员会成员的人选。各级工会委员会向同级会员大会或者会员代表大会负责并报告工作，接受其监督。工会会员大会或者会员代表大会有权撤换或者罢免其所选举的代表或者工会委员会组成人员。上级工会组织领导下级工会组织。

388. 《工会法》对工会组织系统的规定是什么?

《工会法》规定：用人单位有会员 25 人以上的，应当建立基层工会委员会；不足 25 人的，可以单独建立基层工会委员会，也可以由两个以上单位的会员联合建立基层工会委员会，也可以选举组织员 1 人，组织会员开展活动。女职工人数较多的，可以建立工会女职工委员会，在同级工会领导下开展工作；女职工人数较少的，可以在工会委员会中设女职工委员。

企业职工较多的乡镇、城市街道，可以建立基层工会的联合会。

县级以上地方建立地方各级总工会。

同一行业或者性质相近的几个行业，可以根据需要建立全国的或者地方的产业工会。

全国建立统一的中华全国总工会。

389. 建立工会组织需要履行什么程序？

根据《工会法》规定，基层工会、地方各级总工会、全国或者地方产业工会组织的建立，必须报上一级工会批准。

《工会法》规定，上级工会可以派员帮助和指导企业职工组建工会，任何单位和个人不得阻挠。

390. 可以随意撤销、合并工会组织吗？

《工会法》规定：任何组织和个人不得随意撤销、合并工会组织。基层工会所在的用人单位终止或者被撤销，该工会组织相应撤销，并报告上一级工会。

391. 工会专职工作人员怎样设置？

《工会法》规定，职工200人以上的企业、事业单位、社会组织的工会，可以设专职工会主席。工会专职工作人员的人数由工会与企业、事业单位、社会组织协商确定。

《企业工会工作条例》规定，工会专职工作人员一般按不低于企业职工人数的3‰配备，具体人数由上级工会、企业工会与企业行政协商确定。

392. 工会主席、副主席的工作调动有什么规定？

《工会法》规定，工会主席、副主席任期未满时，不得随意调动其工作。因工作需要调动时，应当征得本级工会委员会和上一级工会的同意。

393.《工会法》对罢免工会主席、副主席是怎样规定的？

《工会法》规定，罢免工会主席、副主席必须召开会员大会或者会员代表大会讨论，非经会员大会全体会员或者会员代表大会全体代表过半数通过，不得罢免。

394. 工会干部的劳动合同期限如何延长？

《工会法》规定，基层工会专职主席、副主席或者委员自任职之日起，其劳动合同期限自动延长，延长期限相当于其任职期间；非专职主席、副主席或者委员自任职之日起，其尚未履行的劳动合同期限短于任期的，劳动合同期限自动延长至任期期满。但是，任职期间个人严重过失或者达到法定退休年龄的除外。

395. 用人单位工会专职工作人员的工资报酬、社会保险和福利待遇由谁支付？

用人单位工会委员会的专职工作人员的工资、奖励、补贴，由所在单位支付。社会保险和其他福利待遇等，享受本单位职工同等待遇。

396. 企业、事业单位、社会组织违反劳动法律法规规定、侵犯职工劳动权益的，工会应当怎么办？

根据《工会法》规定，企业、事业单位、社会组织违反劳动法律法规规定，有下列侵犯职工劳动权益情形，工会应当代表职工与企业、事业单位、社会组织交涉，要求企业、事业单位、社会组织采取措施予以改正；企业、事业单位、社会组织应当予以研究处理，并向工会作出答复；企业、事业单位、社会组织拒不改正的，工会可以提请当地人民政府依法作出处理：

（1）克扣、拖欠职工工资的；

（2）不提供劳动安全卫生条件的；

（3）随意延长劳动时间的；

（4）侵犯女职工和未成年工特殊权益的；

（5）其他严重侵犯职工劳动权益的。

397. 企业、事业单位、社会组织发生停工、怠工事件，工会应当怎么办？

根据《工会法》规定，企业、事业单位、社会组织发生停工、怠工事件，工会应当代表职工同企业、事业单位、社会组织或者有关方面协商，反映职工的意见和要求并提出解决意见。对于职工的合理要求，企业、事业单位、社会组织应当予以解决。工会协助企业、事业单位、社会组织做好工作，尽快恢复生产、工作秩序。

398. 工会经费的来源有哪些？

根据《工会法》规定，工会经费的来源主要有：

（1）工会会员缴纳的会费；

（2）建立工会组织的用人单位按每月全部职工工资总额的2%向工会拨缴的经费；

（3）工会所属的企业、事业单位上缴的收入；

（4）人民政府的补助；

（5）其他收入。

前款第二项规定的企业、事业单位、社会组织拨缴的工会经费在税前列支。

399. 工会经费主要用于哪些方面?

《工会法》规定,工会经费主要用于为职工服务和工会活动。经费使用的具体办法由中华全国总工会制定。

400. 基层工会经费收支管理应当遵循哪些原则?

基层工会经费收支管理应遵循以下原则。

(1) 遵纪守法原则。基层工会应依据《工会法》的有关规定,依法组织各项收入,严格遵守国家法律法规,严格执行全国总工会有关制度规定,严肃财经纪律,严格工会经费使用,加强工会经费收支管理。

(2) 经费独立原则。基层工会应依据全国总工会关于工会法人登记管理的有关规定取得工会法人资格,依法享有民事权利、承担民事义务,并根据财政部、中国人民银行的有关规定,设立工会经费银行账户,实行工会经费独立核算。

(3) 预算管理原则。基层工会应按照《工会预算管理办法》的要求,将单位各项收支全部纳入预算管理。基层工会经费年度收支预算(含调整预算)需经同级工会委员会和工会经费审查委员会审查同意,并报上级主管工会批准。

(4) 服务职工原则。基层工会应坚持工会经费正确的使用方向,优化工会经费支出结构,严格控制一般性支出,将更多的工会经费用于为职工服务和开展工会活动,维护职工的合法权益,增强工会组织服务职工的能力。

(5) 勤俭节约原则。基层工会应按照党中央、国务院关于厉行勤俭节约反对奢侈浪费的有关规定,严格控制工会经费开支范围和开支标准，经费使用要精打细算，少花钱多办事，节约开支，提高工会经费使用效益。

（6）民主管理原则。基层工会应依靠会员管好用好工会经费。年度工会经费收支情况应定期向会员大会或会员代表大会报告，建立经费收支信息公开制度，主动接受会员监督。同时，接受上级工会监督，依法接受国家审计监督。

401. 基层工会经费支出的范围是什么？

基层工会经费支出范围包括：职工活动支出、维权支出、业务支出、资本性支出、事业支出和其他支出。

职工活动支出是指基层工会组织开展职工教育、文体、宣传等活动所发生的支出和工会组织的职工集体福利支出。

（1）职工教育支出。用于基层工会举办政治、法律、科技、业务等专题培训和职工技能培训所需的教材资料、教学用品、场地租金等方面的支出，用于支付职工教育活动聘请授课人员的酬金，用于基层工会组织的职工素质提升补助和职工教育培训优秀学员的奖励。对优秀学员的奖励应以精神鼓励为主、物质激励为辅。授课人员酬金标准参照国家有关规定执行。

（2）文体活动支出。用于基层工会开展或参加上级工会组织的职工业余文体活动所需器材、服装、用品等购置、租赁与维修方面的支出以及活动场地、交通工具的租金支出等，用于文体活动优胜者的奖励支出，用于文体活动中必要的伙食补助费。文体活动奖励应以精神鼓励为主、物质激励为辅。奖励范围不得超过参与人数的 2/3；不设置奖项的，可为参加人员发放少量纪念品。文体活动中开支的伙食补助费，不得超过当地差旅费中的伙食补助标准。

基层工会可以用会员会费组织会员观看电影、文艺演出和体育比赛等，开展春游秋游，为会员购买当地公园年票。会费不足部分可以用工会经费弥补，弥补部分不超过基层工会当年会费收入的3倍。基层工会组织会员春游秋游应当日往返，不得到有关部门明令禁止的风景名胜区开展春游秋游活动。

（3）宣传活动支出。用于基层工会开展重点工作、重大主题和重大节日宣传活动所需的材料消耗、场地租金、购买服务等方面的支出，用于培育和践行社会主义核心价值观，弘扬劳模精神和工匠精神等经常性宣传活动方面的支出，用于基层工会开展或参加上级工会举办的知识竞赛、宣讲、演讲比赛、展览等宣传活动支出。

（4）职工集体福利支出。用于基层工会逢年过节和会员生日、婚丧嫁娶、退休离岗的慰问支出等。基层工会逢年过节可以向全体会员发放节日慰问品。逢年过节的年节是指国家规定的法定节日（即：新年、春节、清明节、劳动节、端午节、中秋节和国庆节）和经自治区以上人民政府批准设立的少数民族节日。节日慰问品原则上为符合中国传统节日习惯的用品和职工群众必需的生活用品等，基层工会可结合实际采取便捷灵活的发放方式。工会会员生日慰问可以发放生日蛋糕等实物慰问品，也可以发放指定蛋糕店的蛋糕券。工会会员结婚生育时，可以给予一定金额的慰问品。工会会员生病住院、工会会员或其直系亲属去世时，可以给予一定金额的慰问金。工会会员退休离岗，可以发放一定金额的纪念品。

（5）其他活动支出。用于工会组织开展的劳动模范和先进职工疗休养补贴等其他活动支出。

维权支出是指基层工会用于维护职工权益的支出。包括：劳动关系协调费、劳动保护费、法律援助费、困难职工帮扶费、送温暖费和其他维权支出。

（1）劳动关系协调费。用于推进创建劳动关系和谐企业活动、加强劳动争议调解和队伍建设、开展劳动合同咨询活动、集体合同示范文本印制与推广等方面的支出。

（2）劳动保护费。用于基层工会开展群众性安全生产和职业病防治活动、加强群监员队伍建设、开展职工心理健康维护等促进安全健康生产、保护职工生命安全为宗旨开展职工劳动保护发生的支出等。

（3）法律援助费。用于基层工会向职工群众开展法治宣传、提供法律咨询、法律服务等发生的支出。

（4）困难职工帮扶费。用于基层工会对困难职工提供资金和物质帮助等发生的支出。工会会员本人及家庭因大病、意外事故、子女就学等原因致困时，基层工会可给予一定金额的慰问。

（5）送温暖费。用于基层工会开展春送岗位、夏送清凉、金秋助学和冬送温暖等活动发生的支出。

（6）其他维权支出。用于基层工会补助职工和会员参加互助互济保障活动等其他方面的维权支出。

业务支出是指基层工会培训工会干部、加强自身建设以及开展业务工作发生的各项支出。

（1）培训费。用于基层工会开展工会干部和积极分子培训发生的支出。开支范围和标准以有关部门制定的培训费管理办法为准。

（2）会议费。用于基层工会会员大会或会员代表大会、委员会、常委会、经费审查委员会以及其他专业工作会议的各项支出。开支范围和标准以有关部门制定的会议费管理办法为准。

（3）专项业务费。用于基层工会开展基层工会组织建设、建家活动、劳模和工匠人才创新工作室、职工创新工作室等创建活动发生的支出，用于基层工会开办的图书馆、阅览室和职工书屋等职工文体活动阵地所发生的支出，用于基层工会开展专题调研所发生的支出，用于基层工会开展女职工工作性支出，用于基层工会开展外事活动方面的支出，用于基层工会组织开展合理化建议、技术革新、发明创造、岗位练兵、技术比武、技术培训等劳动和技能竞赛活动支出及其奖励支出。

（4）其他业务支出。用于基层工会发放兼职工会干部和专职社会化工会工作者补贴，用于经上级批准评选表彰的优秀工会干部和积极分子的奖励支出，用于基层工会必要的办公费、差旅费，用于基层工会支付代理记账、中介机构审计等购买服务方面的支出。基层工会兼职工会干部和专职社会化工会工作者发放补贴的管理办法由省级工会制定。

资本性支出是指基层工会从事工会建设工程、设备工具购置、大型修缮和信息网络购建而发生的支出。

事业支出是指基层工会对独立核算的附属事业单位的补助和非独立核算的附属事业单位的各项支出。

其他支出是指基层工会除上述支出以外的其他各项支出。包括：资产盘亏、固定资产处置净损失、捐赠、赞助等。

402. 工会经费审查委员会如何设立？

《工会法》规定，各级工会建立经费审查委员会。各级工会经费收支情况应当由同级工会经费审查委员会审查，并且定期向会员大会或者会员代表大会报告，接受监督。工会会员大会或者会员代表大会有权对经费使用情况提出意见。工会经费的使用应当依法接受国家的监督。

《中国工会章程》规定，各级工会代表大会选举产生同级经费审查委员会。中华全国总工会经费审查委员会设常务委员会，省、自治区、直辖市总工会经费审查委员会和独立管理经费的全国产业工会经费审查委员会，应当设常务委员会。经费审查委员会负责审查同级工会组织及其直属企业、事业单位的经费收支和资产管理情况，监督财经法纪的贯彻执行和工会经费的使用，并接受上级工会经费审查委员会的指导和监督。工会经费审查委员会向同级会员大会或会员代表大会负责并报告工作；在大会闭会期间，向同级工会委员会负责并报告工作。上级经费审查委员会应当对下一级工会及其直属企业、事业单位的经费收支和资产管理情况进行审查。

403. 工会合法权益受到侵犯的法律救济渠道是什么？

《工会法》规定，工会对违反本法规定侵犯其合法权益的，有权提请人民政府或者有关部门予以处理，或者向人民法院提起诉讼。

404. 阻挠职工依法参加和组织工会或者阻挠上级工会帮助、指导职工筹建工会的，应承担什么责任？

《工会法》规定：违反本法第 3 条、第 11 条规定，阻挠职工依法参加和组织工会或者阻挠上级工会帮助、指导职工筹建工会的，由劳动行政部门责令其改正；拒不改正的，由劳动行政部门提请县级以上人民政府处理；以暴力、威胁等手段阻挠造成严重后果，构成犯罪的，依法追究刑事责任。

405. 侵犯依法履行职责的工会工作人员合法权益的违法行为应当承担什么法律责任？

《工会法》规定，违反本法规定，对依法履行职责的工会工作人员无正当理由调动工作岗位，进行打击报复的，由劳动行政部门责令改正、恢复原工作；造成损失的，给予赔偿。对依法履行职责的工会工作人员进行侮辱、诽谤或者进行人身伤害，构成犯罪的，依法追究刑事责任；尚未构成犯罪的，由公安机关依照治安管理处罚法的规定处罚。

（六）劳动合同法相关知识

406. 建立劳动关系是否要订立劳动合同？

劳动合同是劳动者与用人单位确立劳动关系、明确双方权利和义务的协议。劳动合同是关系的凭据。《劳动合同法》规定，建立劳动关系，应当订立书面劳动合同。已建立劳动关系，未同时订立书面劳动合同的，应当自用工之日起 1 个月内订立书面劳动合同。用人单位与劳动者在用工前订立劳动合同的，劳动关系自用工之日起建立。

407. 订立劳动合同应当遵循哪些原则？

《劳动合同法》规定，订立劳动合同，应当遵循合法、公平、平等自愿、协商一致、诚实信用的原则。

408. 职工名册有什么作用？

对于与本单位建立劳动关系的劳动者，用人单位应当建立职工名册，以备劳动行政部门查看。职工名册一般包括劳动者的姓名、性别、民族、出生年月、文化程度、政治面貌、职务、级别等内容。建立职工名册，对于用工管理、解决劳动争议、统计就业率和失业率等都有着很大帮助，同时也便于劳动行政部门行使劳动监察职责。

409. 不签订书面劳动合同有哪些法律后果？

用人单位自用工之日起超过 1 个月但不满 1 年未与劳动者订立书面劳动合同的，应当向劳动者每月支付 2 倍的工资，并与劳动者补订书面劳动合同，用人单位向劳动者每月支付两倍工资的起算时间为用工之日起满 1 个月的次日，截至时间为补订书面劳动合同的前 1 日。

用人单位自用工之日起满 1 年不与劳动者订立书面劳动合同的，视为用人单位与劳动者已订立无固定期限劳动合同，此时自用工之日起满 1 个月的次日至满 1 年的前 1 日应当向劳动者每月支付两倍的工资，并视为自用工之日起满 1 年的当日已经与劳动者订立无固定期限劳动合同，应当立即与劳动者补订书面劳动合同。如果用人单位违反法律规定不与劳动者订立无固定期限劳动合同的，自应当订立无固定期限劳动合同之日起向劳动者每月支付 2 倍的工资。

410. 签订劳动合同之前，用人单位要告知劳动者哪些情况？

由于我国劳动力市场供求关系不平衡，用人单位往往处于相对强势的地位，不能平等地对待求职者。聘用单位的情况、信息对求职者的透明度往往是极低的，甚至有些单位还故意发布虚假信息，欺骗或非法招用求职者。因此法律明确要求用人单位尽到如实告知义务。

用人单位对劳动者的如实告知义务，体现在用人单位招用劳动者时，应当如实告知劳动者工作内容、工作条件、工作地点、职业危害、安全生产状况、劳动报酬，以及劳动者要求了解的其他情况。这些内容是法定的并且是无条件的，无论劳动者是否提出知悉要求，用人单位都应当主动将上述情况如实向劳动者说明。

411. 用人单位招用劳动者，可以要求劳动者提供担保吗？

用人单位不得要求劳动者提供担保或者向劳动者收取财物，不得扣押劳动者的证件。在实践中，有些用人单位为防止劳动者在工作中给用人单位造成损失，不赔偿就不辞而别的情况，利用自己的强势地位，在招用劳动者时要求劳动者提供担保或者向劳动者收取风险抵押金的行为，是一种不合法的行为。此外，采取了一些变相的方法或手段，达到向员工收取抵押金的目的。如收取服装费、电脑费、住宿费、培训费、集资款（股金），变相获取风险抵押金，都是不合法的。

412. 用人单位制定劳动规章制度的基本程序是什么？

根据《劳动合同法》规定，用人单位应当依法建立和完善劳动规章制度，保障劳动者享有劳动权利、履行劳动义务。用人单位在制定、修改或者决定有关劳动报酬、工作时间、休息休假、劳动安全卫生、保险福利、职工培训、劳动纪律以及劳动定额管理等直接涉及劳动者切身利益的规章制度或者重大事项时，应当经职工代表大会或者全体职工讨论，提出方案和意见，与工会或者职工代表平等协商确定。

在规章制度和重大事项决定实施过程中，工会或者职工认为不适当的，有权向用人单位提出，通过协商予以修改完善。

用人单位应当将直接涉及劳动者切身利益的规章制度和重大事项决定公示，或者告知劳动者。

413. 劳动合同里需要写明哪些内容？

法律规定了劳动合同的必备条款和可备条款，使劳动合同能够明确、全面、具体，更好地规范双方的权利义务。

劳动合同的必备条款是指法律规定的劳动合同必须具备的内容。在法律规定了必备条款的情况下，如果劳动合同缺少此类条款，劳动合同就不能成立。必备条款包括：（1）用人单位的名称、住所和法定代表人或者主要负责人；（2）劳动者的姓名、住址和居民身份证或者其他有效身份证件号码，这两项用于明确劳动合同的用人单位和劳动者双方主体资格；（3）劳动合同期限，是双方当事人相互享有权利、履行义务的时间界限，即劳动合同的有效期限，劳动合同期限可分为固定期限、无固定期限和以完成一定工作任务为期限，选择哪类期限应在合同中明确；（4）工作内容和工作地点，工作内容，是指劳动法律关系所指向的对象，即劳动者具体从事什么种类或者内容的劳动，即工作岗位和工作任务或职责，工作地点是劳动合同的履行地，是劳动者从事劳动合同中所规定的工作内容的地点，它关系到劳动者的工作环境、生活环境，以及劳动者的就业选择，劳动者有权在与用人单位建立劳动关系时知悉自己的工作地点；（5）工作时间和休息休假，工作时间是指劳动者在企业、事业、机关、团体等单位中，必须用来完成其所担负的工作任务的时间，如8小时工作制还是6小时工作制、日班还是夜班等，对应的，休息休假是指企业、事业、机关、团体等单位的劳动者按规定不必进行工作，而自行支配的时间；（6）劳动报酬，这往往是劳动者最为关注的问题，需要具体明确，防止模糊约定而引发纠纷；（7）社会保险；（8）劳动保护、劳动条件和职业危害防护；（9）法律、法规规定应当纳入劳动合同的其他事项。

劳动合同除前面的必备条款外，用人单位与劳动者还可以约定试用期、培训、保守秘密、补充保险和福利待遇等其他事项。社会生活千变万化，劳动合同种类和当事人的情况也非常复杂，法律只能对劳动合同的条款进行概括，无法穷尽劳动合同的所有内容，当事人也可以根据需要在法律规定的可备条款之外对有关条款作新的补充性约定。

414. 劳动合同期限有哪几种？

劳动合同分为固定期限劳动合同、无固定期限劳动合同和以完成一定工作任务为期限的劳动合同。

固定期限劳动合同，是指用人单位与劳动者约定合同终止时间的劳动合同。用人单位与劳动者协商一致，可以订立固定期限劳动合同。

无固定期限劳动合同，是指用人单位与劳动者约定无确定终止时间的劳动合同。用人单位与劳动者协商一致，可以订立无固定期限劳动合同。有下列情形之一，劳动者提出或者同意续订、订立劳动合同的，除劳动者提出订立固定期限劳动合同外，应当订立无固定期限劳动合同：（1）劳动者在该用人单位连续工作满 10 年的；（2）用人单位初次实行劳动合同制度或者国有企业改制重新订立劳动合同时，劳动者在该用人单位连续工作满 10 年且距法定退休年龄不足 10 年的；（3）连续订立 2 次固定期限劳动合同，且劳动者没有劳动合同法第 39 条和第 40 条第 1 项、第 2 项规定的情形，续订劳动合同的。

以完成一定工作任务为期限的劳动合同，是指用人单位与劳动者约定以某项工作的完成为合同期限的劳动合同。用人单位与劳动者协商一致，可以订立以完成一定工作任务为期限的劳动合同。

415. 劳动合同必须由用人单位和劳动者各执 1 份吗？

是的。在现实生活中，不少用人单位以种种理由拒绝将属于劳动者本人的劳动合同归还劳动者，这种做法直接侵害了劳动者的合法权益。因为劳动合同一般会明确劳动合同期限、工作内容、工作时间、劳动报酬、社会保险以及约定保守商业秘密或者竞业限制等条款，这也是劳动者履行与用人单位劳动关系的依据和证明。如果劳动者手中没有这个有力的证明，一旦与用人单位发生劳动争议，劳动者则处于举证不利的境地，其合法权益极易遭受侵害。因此，劳动合同法规定，劳动合同文本应当由用人单位和劳动者各执 1 份。

416. 什么是试用期？试用期期限多长？

试用期是指用人单位对新录用的员工，往往都要有一个考察和试用的过程，以便用人单位和劳动者互相了解、选择，这个过程一般不超过6个月。根据《劳动合同法》规定：

（1）劳动合同期限3个月以上不满1年的，试用期不超过1个月；

（2）劳动合同期限1年以上不满3年的，试用期不超过2个月；

（3）3年以上固定期限和无固定期限劳动合同，试用期不得超过6个月。

试用期包含在劳动合同期内。

同一用人单位与同一劳动者只能约定1次试用期。

417. 哪些劳动合同不得约定试用期？

下列劳动合同不得约定试用期：

（1）以完成一定工作任务为期限的劳动合同；

（2）劳动合同期限不满3个月的；

（3）非全日制用工双方当事人不得约定试用期。

418. 试用期是"白干期"吗？

不是。试用期劳动者的工资权受法律保护。《劳动合同法》规定，劳动者在试用期的工资不得低于本单位相同岗位最低档工资或者劳动合同约定工资的80%，并不得低于用人单位所在地的最低工资标准。

419. 用人单位可以与劳动者约定服务期吗？

可以。服务期是劳动合同当事人通过协商约定的因劳动者获得特殊的劳动条件，而劳动者为用人单位必须服务的期限，《劳动合同法》规定，用人单位为劳动者提供专项培训费用，对其进行专业技术培训的，可以与该劳动者订立协议，约定服务期。

劳动者违反服务期约定的，应当按照约定向用人单位支付违约金。违约金的数额不得超过用人单位提供的培训费用。用人单位要求劳动者支付的违约金不得超过服务期尚未履行部分所应分摊的培训费用。

用人单位与劳动者约定服务期的，不影响按照正常的工资调整机制提高劳动者在服务期期间的劳动报酬。

420. 竞业限制仅限于用人单位的哪些人员？

《劳动合同法》规定，竞业限制的人员限于用人单位的高级管理人员、高级技术人员和其他负有保密义务的人员。可以作为竞业限制对象的主要有以下 5 类人：

（1）高层管理者；

（2）技术研发人员；

（3）高级营销人员；

（4）重要管理岗位的人员，如 HR、财务管理、法务管理人员等；

（5）重要信息员。

421. 用人单位可以不经劳动者同意随意调换岗位吗？

用人单位与劳动者应当按照劳动合同的约定，全面履行各自的义务。劳动合同的全面履行要求劳动合同主体必须亲自履行劳动合同，劳动者选择用人单位的某一岗位，是基于自身经济、个人发展等各方面利益关系的需要，用人单位也不能将应由自己对劳动者承担的义务转嫁给其他第三方承担，未经劳动者同意不能随意变更劳动者的工作性质、岗位，更不能擅自将劳动者调到其他用人单位工作。

422. 哪些情况下，劳动者可以单方解除劳动合同？

《劳动合同法》第 37 条规定："劳动者提前 30 日以书面形式通知用人单位，可以解除劳动合同。劳动者在试用期内提前 3 日通知用人单位，可以解除劳动合同。"

根据《劳动合同法》第 38 条规定，用人单位有下列情形之一的，劳动者可以解除劳动合同：

（1）未按照劳动合同的约定提供劳动保护或者劳动条件的；

（2）未及时足额支付劳动报酬的；

（3）未依法为劳动者缴纳社会保险费的；

（4）用人单位的规章制度违反法律、法规的规定，损害劳动者权益的；

（5）因本法第 26 条第 1 款规定的情形致使劳动合同无效的；

（6）法律、行政法规规定劳动者可以解除劳动合同的其他情形。

用人单位以暴力、威胁或者非法限制人身自由的手段强迫劳动者劳动的，或者用人单位违章指挥、强令冒险作业危及劳动者人身安全的，劳动者可以立即解除劳动合同，不需事先告知用人单位。

423. 哪些情况下用人单位可以单方解除劳动合同？

《劳动合同法》规定劳动者有下列情形之一的，用人单位可以解除劳动合同：

（1）在试用期间被证明不符合录用条件的；

（2）严重违反用人单位的规章制度的；

（3）严重失职，营私舞弊，给用人单位造成重大损害的；

（4）劳动者同时与其他用人单位建立劳动关系，对完成本单位的工作任务造成严重影响，或者经用人单位提出，拒不改正的；

（5）因本法第 26 条第 1 款第 1 项规定的情形致使劳动合同无效的；

（6）被依法追究刑事责任的。

有下列情形之一的，用人单位提前 30 日以书面形式通知劳动者本人或者额外支付劳动者 1 个月工资后，可以解除劳动合同：

（1）劳动者患病或者非因工负伤，在规定的医疗期满后不能从事原工作，也不能从事由用人单位另行安排的工作的；

（2）劳动者不能胜任工作，经过培训或者调整工作岗位，仍不能胜任工作的；

（3）劳动合同订立时所依据的客观情况发生重大变化，致使劳动合同无法履行，经用人单位与劳动者协商，未能就变更劳动合同内容达成协议的。

424. 出现什么情形，用人单位可以裁减人员？

《劳动合同法》规定，有下列情形之一，需要裁减人员 20 人以上或者裁减不足 20 人但占企业职工总数 10%以上的，用人单位提前 30 日向工会或者全体职工说明情况，听取工会或者职工的意见后，裁减人员方案经向劳动行政部门报告，可以裁减人员：

（1）依照企业破产法规定进行重整的；

（2）生产经营发生严重困难的；

（3）企业转产、重大技术革新或者经营方式调整，经变更劳动合同后，仍需裁减人员的；

（4）其他因劳动合同订立时所依据的客观经济情况发生重大变化，致使劳动合同无法履行的。

425. 用人单位裁减人员，应当优先留用哪些人员？

根据《劳动合同法》规定，裁减人员时，应当优先留用下列人员：

（1）与本单位订立较长期限的固定期限劳动合同的；

（2）与本单位订立无固定期限劳动合同的；

（3）家庭无其他就业人员，有需要扶养的老人或者未成年人的。

426. 劳动者在哪些情形下，用人单位不得解除劳动合同？

《劳动合同法》规定，劳动者有下列情形之一的，用人单位不得依照本法第 40 条、第 41 条的规定解除劳动合同：

（1）从事接触职业病危害作业的劳动者未进行离岗前职业健康检查，或者疑似职业病病人在诊断或者医学观察期间的；

（2）在本单位患职业病或者因工负伤并被确认丧失或者部分丧失劳动能力的；

（3）患病或者非因工负伤，在规定的医疗期内的；

（4）女职工在孕期、产期、哺乳期的；

（5）在本单位连续工作满 15 年，且距法定退休年龄不足 5 年的；

（6）法律、行政法规规定的其他情形。

427. 用人单位解除劳动合同是否应当将理由事先通知工会？

应当。根据《劳动合同法》规定，用人单位单方解除劳动合同，应当事先将理由通知工会。用人单位违反法律、行政法规规定或者劳动合同约定的，工会有权要求用人单位纠正。用人单位应当研究工会的意见，并将处理结果书面通知工会。

428. 哪些情形下用人单位应向劳动者支付经济补偿？

用人单位应当向劳动者支付经济补偿的情形有：（1）因用人单位的过错劳动者依法解除劳动合同的；（2）用人单位提出并与劳动者协商一致解除劳动合同的；（3）因劳动者身体、能力及客观情况变化等原因，使劳动合同不能履行，用人单位依法解除劳动合同的；（4）用人单位进行经济性裁员解除劳动合同的；（5）劳动合同期满，劳动者愿意在维持或者提高劳动合同约定条件下续订劳动合同，而用人单位不同意续订，终止固定期限劳动合同的；（6）用人单位被依法宣告破产的；（7）用人单位被吊销营业执照、责令关闭、撤销或者用人单位决定提前解散的；（8）法律、行政法规规定的其他情形。

429. 解除或终止劳动合同的经济补偿标准是多少？

在劳动合同解除或者终止，用人单位依法支付经济补偿时，就涉及如何计算经济补偿的问题。根据《劳动合同法》第 47 条规定，经济补偿按劳动者在本单位工作的年限，每满 1 年支付 1 个月工资的标准向劳动者支付。6 个月以上不满 1 年的，按 1 年计算；不满 6 个月的，向劳动者支付半个月工资的经济补偿。劳动者月工资高于用人单位所在直辖市、设区的市级人民政府公布的本地区上年度职工月平均工资 3 倍的，向其支付经济补偿的标准按职工月平均工资 3 倍的数额支付，向其支付经济补偿的年限最高不超过 12 年。这里的月工资是指劳动者在劳动合同解除或者终止前 12 个月的平均工资。

计算经济补偿的普遍模式是：工作年限×每工作 1 年应得的经济补偿。

430. 用人单位未依法出具解除劳动合同证明需要承担法律责任吗？

用人单位应当在解除或者终止劳动合同同时出具解除或者终止劳动合同的证明，并应当写明劳动合同期限、解除或者终止劳动合同的日期、工作岗位、在本单位的工作年限，以方便劳动者办理失业保险登记或在下一份工作要求时出具。用人单位违反劳动合同法规定未向劳动者出具解除或者终止劳动合同的书面证明，由劳动行政部门责令改正；给劳动者造成损害的，比如造成劳动者长时间得不到失业保险金，应当承担赔偿责任。

431. 经营劳务派遣应当具备哪些条件？

劳务派遣，是指由劳务派遣机构与派遣劳工订立劳动合同，把劳动者派向其他用工单位，再由其用工单位向派遣机构支付一笔服务费用的一种用工形式。

经营劳务派遣业务应当具备下列条件：

（1）注册资本不得少于人民币 200 万元；

（2）有与开展业务相适应的固定的经营场所和设施；

（3）有符合法律、行政法规规定的劳务派遣管理制度；

（4）法律、行政法规规定的其他条件。

432. 劳务派遣只能在哪些岗位实施？

劳动合同用工是我国的企业基本用工形式。劳务派遣用工是补充形式，只能在临时性、辅助性或者替代性的工作岗位上实施。临时性工作岗位是指存续时间不超过 6 个月的岗位；辅助性工作岗位是指为主营业务岗位提供服务的非主营业务岗位；替代性工作岗位是指用工单位的劳动者因脱产学习、休假等原因无法工作的一定期间内，可以由其他劳动者替代工作的岗位。用工单位应当严格控制劳务派遣用工数量，不得超过其用工总量的一定比例，具体比例由国务院劳动行政部门规定。

433. 劳务派遣协议应当载明哪些内容？

劳务派遣单位派遣劳动者应当与接受以劳务派遣形式用工的单位订立劳务派遣协议。劳务派遣协议应当载明下列内容：

（1）派遣的工作岗位名称和岗位性质；

（2）工作地点；

（3）派遣人员数量和派遣期限；

（4）按照同工同酬原则确定的劳动报酬数额和支付方式；

（5）社会保险费的数额和支付方式；

（6）工作时间和休息休假事项；

（7）被派遣劳动者工伤、生育或者患病期间的相关待遇；

（8）劳动安全卫生以及培训事项；

（9）经济补偿等费用；

（10）劳务派遣协议期限；

（11）劳务派遣服务费的支付方式和标准；

（12）违反劳务派遣协议的责任；

（13）法律、法规、规章规定应当纳入劳务派遣协议的其他事项。

434. 用工单位应当对被派遣劳动者履行哪些义务？

（1）执行国家劳动标准，提供相应的劳动条件和劳动保护；

（2）告知被派遣劳动者的工作要求和劳动报酬；

（3）支付加班费、绩效奖金，提供与工作岗位相关的福利待遇；

（4）对在岗被派遣劳动者进行工作岗位所必需的培训；

（5）连续用工的，实行正常的工资调整机制；

（6）不得将被派遣劳动者再派遣到其他用人单位。

被派遣劳动者在用工单位因工作遭受事故伤害的，劳务派遣单位应当依法申请工伤认定，用工单位应当协助工伤认定的调查核实工作。劳务派遣单位承担工伤保险责任，但可以与用工单位约定补偿办法。

（七）职业培训法律制度相关知识

435. 职业培训包括哪些基本内容？

职业培训，也称职业技能培训，是指对准备就业和已经就业的人员，以开发其职业技能为目的而进行的技术业务知识和实际操作能力的教育和训练。职业培训是国民教育的一个重要组成部分。它同普通教育既有联系，又有区别。两者都是开发智力、培养人才，但是职业培训是直接培养劳动者，使其掌握从事某种职业的必要的专门知识和技能。

职业培训的基本内容一般分为基本素质培训、职业知识培训、专业知识与技能培训和社会实践培训。

（1）基本素质培训包括文化知识、道德知识、法律知识、公共关系与社会知识、生产知识与技能。这种培训主要是培养熟练工，培训的内容以基本素质培训为主，并结合用人单位的岗位设置及职业要求进行培训。

（2）职业知识培训包括职业基础知识、职业指导、劳动安全与保护知识、社会保险知识等。使求职者了解国家有关就业方针政策以及个人选择职业的知识和方法；掌握求职技巧、开业程序与相关政策；了解职业安全与劳动保护有关政策和知识；掌握社会保险方面的知识和政策。

（3）专业知识与技能培训包括专业理论、专业技能和专业实习。学员在专业理论的指导下掌握一定的专业技能，并通过在企业的实习，提高解决实际问题的能力，为就业打好基础。

（4）社会实践包括各种社会公益活动、义务劳动、参观学习和勤工俭学等。

436. 职业教育的实施原则是什么？

根据《中华人民共和国职业教育法》规定，职业教育的实施原则包括：一是必须坚持中国共产党的领导；二是坚持社会主义办学方向，贯彻国家的教育方针；三是坚持立德树人、德技并修；四是坚持产教融合、校企合作；五是坚持面向市场、促进就业；六是坚持面向实践，强化能力；七是坚持面向人人，因材施教。

437. 国家建立什么样的现代职业教育体系？

国家建立健全适应经济社会发展需要，产教深度融合，职业学校教育和职业培训并重，职业教育与普通教育相互融通，不同层次职业教育有效贯通，服务全民终身学习的现代职业教育体系。

国家优化教育结构，科学配置教育资源，在义务教育后的不同阶段因地制宜、统筹推进职业教育与普通教育协调发展。

438. 职业学校教育分为哪些？

职业学校教育分为中等职业学校教育、高等职业学校教育。

中等职业学校教育由高级中等教育层次的中等职业学校（含技工

学校）实施。

高等职业学校教育由专科、本科及以上教育层次的高等职业学校和普通高等学校实施。根据高等职业学校设置制度规定，将符合条件的技师学院纳入高等职业学校序列。

其他学校、教育机构或者符合条件的企业、行业组织按照教育行政部门的统筹规划，可以实施相应层次的职业学校教育或者提供纳入人才培养方案的学分课程。

439. 职业培训包括哪些？

职业培训包括就业前培训、在职培训、再就业培训及其他职业性培训，可以根据实际情况分级分类实施。

职业培训可以由相应的职业培训机构、职业学校实施。

其他学校或者教育机构以及企业、社会组织可以根据办学能力、社会需求，依法开展面向社会的、多种形式的职业培训。

440. 企业在职业教育中的职责是什么？

企业应当根据本单位实际，有计划地对本单位的职工和准备招用的人员实施职业教育，并可以设置专职或者兼职实施职业教育的岗位。

企业应当按照国家有关规定实行培训上岗制度。企业招用的从事技术工种的劳动者，上岗前必须进行安全生产教育和技术培训；招用的从事涉及公共安全、人身健康、生命财产安全等特定职业（工种）的劳动者，必须经过培训并依法取得职业资格或者特种作业资格。

企业开展职业教育的情况应当纳入企业社会责任报告。

企业可以利用资本、技术、知识、设施、设备、场地和管理等要素，举办或者联合举办职业学校、职业培训机构。

441. 如何推行中国特色学徒制？

国家推行中国特色学徒制，引导企业按照岗位总量的一定比例设立学徒岗位，鼓励和支持有技术技能人才培养能力的企业特别是产教融合型企业与职业学校、职业培训机构开展合作，对新招用职工、在岗职工和转岗职工进行学徒培训，或者与职业学校联合招收学生，以工学结合的方式进行学徒培养。有关企业可以按照规定享受补贴。

企业与职业学校联合招收学生，以工学结合的方式进行学徒培养的，应当签订学徒培养协议。

442. 职业教育经费如何保障？

国家优化教育经费支出结构，使职业教育经费投入与职业教育发展需求相适应，鼓励通过多种渠道依法筹集发展职业教育的资金。

各级人民政府应当按照事权和支出责任相适应的原则，根据职业教育办学规模、培养成本和办学质量等落实职业教育经费，并加强预算绩效管理，提高资金使用效益。

省、自治区、直辖市人民政府应当制定本地区职业学校生均经费标准或者公用经费标准。职业学校举办者应当按照生均经费标准或者公用经费标准按时、足额拨付经费，不断改善办学条件。不得以学费、社会服务收入冲抵生均拨款。

民办职业学校举办者应当参照同层次职业学校生均经费标准，通过多种渠道筹措经费。

财政专项安排、社会捐赠指定用于职业教育的经费，任何组织和个人不得挪用、克扣。

地方各级人民政府安排地方教育附加等方面的经费，应当将其中可用于职业教育的资金统筹使用；发挥失业保险基金作用，支持职工提升职业技能。

各级人民政府加大面向农村的职业教育投入，可以将农村科学技术开发、技术推广的经费适当用于农村职业培训。

企业应当根据国务院规定的标准，按照职工工资总额一定比例提取和使用职工教育经费。职工教育经费可以用于举办职业教育机构、对本单位的职工和准备招用人员进行职业教育等合理用途，其中用于企业一线职工职业教育的经费应当达到国家规定的比例。用人单位安排职工到职业学校或者职业培训机构接受职业教育的，应当在其接受职业教育期间依法支付工资，保障相关待遇。企业设立具备生产与教学功能的产教融合实习实训基地所发生的费用，可以参照职业学校享受相应的用地、公用事业费等优惠。

国家鼓励金融机构通过提供金融服务支持发展职业教育。

国家鼓励企业、事业单位、社会组织及公民个人对职业教育捐资助学，鼓励境外的组织和个人对职业教育提供资助和捐赠。提供的资助和捐赠，必须用于职业教育。

443. 职工教育培训经费如何提取？

根据《关于企业职工教育经费提取与使用管理的意见》规定，要切实执行《国务院关于大力推进职业教育改革与发展的决定》（国发〔2002〕16号）中关于"一般企业按照职工工资总额的1.5%足额提取教育培训经费，从业人员技术要求高、培训任务重、经济效益较好的企业，可按2.5%提取，列入成本开支"的规定，足额提取职工教育培训经费。要保证经费专项用于职工特别是一线职工的教育和培训，严禁挪作他用。

444. 职工教育培训经费的使用有什么规定？

根据《关于企业职工教育经费提取与使用管理的意见》要求，职工教育培训经费必须专款专用，面向全体职工开展教育培训，特别是要加强各类高技能人才的培养。

企业职工教育培训经费列支范围包括：

（1）上岗和转岗培训；

（2）各类岗位适应性培训；

（3）岗位培训、职业技术等级培训、高技能人才培训；

（4）专业技术人员继续教育；

（5）特种作业人员培训；

（6）企业组织的职工外送培训的经费支出；

（7）职工参加的职业技能鉴定、职业资格认证等经费支出；

（8）购置教学设备与设施；

（9）职工岗位自学成才奖励费用；

（10）职工教育培训管理费用；

（11）有关职工教育的其他开支。

（八）工资、工时法律制度相关知识

445. 我国工资分配的原则是什么？

《劳动法》第 46 条规定："工资分配应当遵循按劳分配原则，实行同工同酬。工资水平在经济发展的基础上逐步提高。国家对工资总量实行宏观调控。"

446. 如何提高高技能领军人才的经济待遇？

高技能领军人才包括获得全国劳动模范、全国五一劳动奖章、中华技能大奖、全国技术能手等荣誉以及享受省级以上政府特殊津贴的人员，或各省（自治区、直辖市）政府认定的"高精尖缺"高技能人才。

《关于提高技术工人待遇的意见》规定，鼓励企业为高技能领军人才制定职业发展规划和年资（年功）工资制度，科学评价技能水平和业绩贡献，合理确定年资起加点和工资级差。试行高技能领军人才年薪制和股权期权激励，鼓励各类企业设立特聘岗位津贴、带徒津贴等，参照高级管理人员标准落实经济待遇。对于参与国家科技计划项目的高技能领军人才，鼓励所在单位根据其在项目中的实际贡献给予绩效奖励。落实中央财政科研项目资金管理等政策，制定间接费用统筹使用内部管理办法，对高技能领军人才进行绩效奖励，提高高技能领军人才创新创造的积极性。对于解决重大工艺技术难题和重大质量问题、技术创新成果获得省部级以上奖项、"师带徒"业绩突出的，取消学历、年限等限制，破格晋升技术等级。

447. 如何完善符合技术工人特点的企业工资分配制度？

《关于提高技术工人待遇的意见》规定，指导企业深化工资分配制度改革，建立基于岗位价值、能力素质、业绩贡献的工资分配机制，强化工资收入分配的技能价值激励导向。鼓励企业在工资结构中设置体现技术技能价值的工资单元，或对关键技术岗位、关键工序和紧缺急需的技术工人实行协议工资、项目工资、年薪制等分配形式，提高技术工人工资待遇。鼓励企业建立针对技术工人的补助性津贴制度，提高技术工人津贴水平。

448. 如何建立企业技术工人工资正常增长机制？

《关于提高技术工人待遇的意见》规定，推动企业建立健全反映劳动力市场供求关系和企业经济效益的工资决定及正常增长机制，积极推进工资集体协商，引导企业科学确定技术工人工资水平并实现合理增长。国有企业工资总额分配要向高技能人才倾斜，高技能人才人均工资增幅应不低于本单位管理人员人均工资增幅。

449. 工资应当如何支付？

《劳动法》规定，工资应当以货币形式按月支付给劳动者本人。不得克扣或者无故拖欠劳动者的工资。

450. 在哪些情况下用人单位可以代扣劳动者工资？

根据法律规定，用人单位在下列情况下可以代扣劳动者工资：

（1）用人单位代扣代缴的个人所得税；

（2）用人单位代扣代缴的应由劳动者个人负担的各项社会保险费用；

（3）法院判决、裁定中要求代扣的抚养费、赡养费；

（4）法律、法规规定可以从劳动者工资中扣除的其他费用。

451. 用人单位应该在什么时候支付工资？

工资一般应当按月支付，用人单位与劳动者可以约定工资支付日期，工资发放日如遇节假日或休息日，则应提前在最近的工作日支付。用人单位每月至少应支付 1 次工资，对于实行小时工资制和周工资制的人员，工资也可以按日或周发放。对完成一次性临时劳动或某项具体工作的劳动者，用人单位应按有关协议或合同规定在其完成劳动任务后即支付工资。劳动关系双方依法解除或终止劳动合同时，用人单位应在解除或终止劳动合同时一次付清劳动者的工资。

452. 什么是特殊情况下工资支付？

特殊情况下的工资，是指在法律规定的特殊情况和合同约定情况下，按照有关规定和约定，而不按劳动者提供劳动的数量和质量支付给劳动者的工资。《劳动法》第51条："劳动者在法定休假日和婚丧假期间以及依法参加社会活动期间，用人单位应当依法支付工资"。

453. 关于加班加点工资标准是怎样规定的？

用人单位在劳动者完成劳动定额或规定的工作任务后，根据实际需要安排劳动者在法定标准工作时间以外工作的，应按以下标准支付工资。

（1）用人单位依法安排劳动者在日法定标准工作时间以外延长工作时间的，按照不低于劳动合同规定的劳动者本人小时工资标准的150%支付劳动者工资。

（2）用人单位依法安排劳动者在休息日工作，而又不能安排补休的，按照不低于劳动合同规定的劳动者本人日或小时工资标准的200%支付劳动者工资。

（3）用人单位依法安排劳动者在法定休假节日工作的，按照不低于劳动合同规定的劳动者本人日或小时工资标准的300%支付劳动者工资。

（4）日工资、小时工资的折算。根据《关于职工全年月平均工作时间和工资折算问题的通知》（劳社部发〔2008〕3号），日工资、小时工资的折算如下。

日工资：月工资收入÷月计薪天数。

小时工资：月工资收入÷（月计薪天数×8 小时）。

月计薪天数=（365 天-104 天）÷12 月=21.75 天。

《工资支付暂行条例》规定，实行计件工资的劳动者，在完成计件定额任务后，由用人单位安排延长工作时间的，应根据上述规定的原则，分别按照不低于其本人法定工作时间计件单价的 150%、200%、300% 支付其工资。

454. 劳动者在病假期间有工资吗？

根据规定，职工患病或非因工负伤治疗期间，在规定的医疗期间内由企业按有关规定支付其病假工资或疾病救济费，病假工资或疾病救济费可以低于当地最低工资标准支付，但不能低于最低工资标准的 80%。

455. 确定和调整最低工资标准应当综合参考哪些因素？

确定和调整最低工资标准应当综合参考下列因素：

（1）劳动者本人及平均赡养人口的最低生活费用；

（2）社会平均工资水平；

（3）劳动生产率；

（4）就业状况；

（5）地区之间经济发展水平的差异。

确定和调整小时最低工资标准，还应当综合考虑非全日制工作的职业稳定、福利待遇等因素。

最低工资标准应当高于当地的社会救济金和失业保险金标准，低于平均工资。最低工资标准发布实施后，如确定最低工资标准参考的因素发生变化，或本地区职工生活费用价格指数累计变动较大时，应当适时调整，但每年最多调整 1 次。

456. 劳动者的法定工作时间是多少？

《劳动法》规定，国家实行劳动者每日工作时间不超过 8 小时，平均每周工作时间不超过 44 小时的工时制度。《国务院关于职工工作时间的规定》第 3 条规定："职工每日工作 8 小时，每周工作 40 小时。"从 1995 年 5 月 1 日起，我国标准工作时间为每日工作 8 小时、每周工作 40 小时的 5 日工作周。

457. 用人单位在什么情形下应当缩短劳动者的工作时间？

缩短工作时间是指在特殊情况下劳动者实行的少于标准工作时间长度的工时形式，在特殊条件下从事劳动和有特殊情况，需要适当缩短工作时间的，可以按照国家有关规定执行。目前我国实行缩短工作时间的劳动者有以下几种。

（1）从事矿山井下、高山、高温、低温、有毒有害，特别繁重或过度紧张的劳动的职工，实行每日工作少于 8 小时的工作时间。

（2）从事夜班工作的劳动者。

（3）在哺乳期工作的女职工。

（4）其他依法可以缩短工作日工作制的职工，如在特殊条件下从事劳动和有特殊情况，需要在每周工作 40 小时的基础上再适当缩短工作时间的，应在保证完成生产和工作任务的前提下，根据《劳动法》第 36 条的规定，由企业根据实际情况决定。在特殊条件下从事劳动和有特殊情况，需要适当缩短工作时间的，由各省、自治区、直辖市和各主管部门按隶属关系提出意见，报人社部批准。即除上述法定的特殊条件下从事劳动和特殊情况的职工可以实行缩短工作时间工作制外，其他需要缩短工时的用人单位，在依法履行审批手续后，也可以实行缩短工作时间制。

458. 对哪些职工可以实行不定时工作制？

不定时工作制是指每一工作日没有固定的上下班时间限制的工作时间制度。它是针对因生产特点、工作特殊需要或职责范围的关系，无法按标准工作时间衡量或需要机动作业的职工所采用的一种工时制度。经批准实行不定时工作制的职工，不受《劳动法》第 41 条规定的日延长工作时间标准和月延长工作时间标准的限制，但用人单位应采用弹性工作时间等适当的工作和休息方式，确保职工的休息休假权利和生产、工作任务的完成。实行不定时工作制人员不执行加班工资的规定。但是实行不定时工作人员的工作时间仍应按照相关法规文件的规定，平均每天原则上工作 8 小时，每周至少休息 1 天。

企业对符合下列条件之一的职工，可以实行不定时工作制：

（1）企业中的高级管理人员、外勤人员、推销人员、部分值班人员和其他因工作无法按标准工作时间衡量的职工；

（2）企业中的长途运输人员、出租汽车司机和铁路、港口、仓库的部分装卸人员以及因工作性质特殊，需机动作业的职工；

（3）其他因生产特点、工作特殊需要或职责范围的关系，适合实行不定时工作制的职工。

459. 对哪些职工可以实行综合计算工时工作制？

综合工时制是指分别以周、月、季、年等为周期，综合计算工作时间，但其平均日工作时间和平均周工作时间应与法定标准工作时间基本相同。

企业对符合下列条件之一的职工，可实行综合计算工时工作制，即分别以周、月、季、年等为周期，综合计算工作时间，但其平均日工作时间和平均周工作时间应与法定标准工作时间基本相同。

（1）交通、铁路、邮电、水运、航空、渔业等行业中因工作性质特殊，需连续作业的职工；

（2）地质及资源勘探、建筑、制盐、制糖、旅游等受季节和自然条件限制的行业的部分职工；

（3）其他适合实行综合计算工时工作制的职工。

460. 关于用人单位延长工作时间有什么规定？

根据《劳动法》第41条规定，用人单位由于生产经营需要，经与工会和劳动者协商后可以延长工作时间，一般每日不得超过1小时；因特殊原因需要延长工作时间的，在保障劳动者身体健康的条件下延长工作时间每日不得超过3小时，但每月不得超过36小时。

根据《劳动法》第42条规定，具备下列情形之一的，延长工作时间不受法律规定的条件、程序和时间的限制。

（1）发生自然灾害、事故或因其他原因，威胁劳动者生命健康和财产安全，需要紧急处理的。一般是指发生地震、洪水、抢险、交通事故、矿山井下事故抢险等，必须紧急处理的。

（2）生产设备、交通运输线路、公共设施发生故障，影响生产和公众利益，必须及时抢修的。一般是指企业的生产流水线、企业的主要生产设备发生故障，铁路线路发生故障、公路干线发生交通堵塞，自来水管道、下水管道、煤气管道、供电线路等发生故障，必须及时抢修的。

（3）法律、行政法规规定的其他情形。

461. 劳动者法定节假日的休息有哪些？

法定节假日，是指法律规定用以开展纪念、庆祝活动的休息时间。根据《劳动法》及有关规定，劳动者法定节假日包括下面几种。

全体公民放假的节日：

（1）新年，放假 1 天（1 月 1 日）；

（2）春节，放假 3 天（正月初一、初二、初三）；

（3）清明节，放假 1 天（农历清明当日）；

（4）劳动节，放假 1 天（5 月 1 日）；

（5）端午节，放假 1 天（农历端午当日）；

（6）中秋节，放假 1 天（农历中秋当日）；

（7）国庆节，放假 3 天（10 月 1 日、2 日、3 日）。

部分公民放假的节日及纪念日：

（1）妇女节（3 月 8 日），妇女放假半天；

（2）青年节（5 月 4 日），14 周岁以上的青年放假半天；

（3）儿童节（6 月 1 日），不满 14 周岁的少年儿童放假 1 天；

（4）中国人民解放军建军节（8 月 1 日），现役军人放假半天。

少数民族习惯的节日，由各少数民族聚居地区的地方人民政府，按照各该民族习惯，规定放假日期。

462. 劳动者可以享受多少天年休假？

年休假，是国家根据劳动者工作年限和劳动繁重紧张程度每年给予的一定期间的带薪连续休假。机关、团体、企业、事业单位、民办非企业单位、有雇工的个体工商户等单位的职工连续工作 1 年以上的，享受带薪年休假。

职工累计工作已满 1 年不满 10 年的，年休假 5 天；已满 10 年不满 20 年的，年休假 10 天；已满 20 年的，年休假 15 天。国家法定休假日、休息日不计入年休假的假期。

依据《职工带薪年休假条例》第 4 条规定，职工有下列情形之一的，不享受当年的年休假：职工依法享受寒暑假，其休假天数多于年休假天数的；职工请事假累计 20 天以上且单位按照规定不扣工资的；累计工作满 1 年不满 10 年的职工，请病假累计 2 个月以上的；累计工作满 10 年不满 20 年的职工，请病假累计 3 个月以上的；累计工作满 20 年以上的职工，请病假累计 4 个月以上的。

463. 劳动者未休年休假可以获得补偿吗？

如用人单位确因工作需要不能安排职工休年休假的，经职工本人同意，可以不安排职工休年休假。劳动者可以获得相应补偿，即对职工应休未休的年休假天数，单位应当按照该职工日工资收入的 300% 支付年休假工资报酬。也就是说，每应休未休 1 天，按照本人应休年休假当年日工资收入的 3 倍支付，其中包含工作人员正常工作期间的工资收入。

（九）《安全生产法》《职业病防治法》相关知识

464. 安全生产工作的基本方针是什么？

《安全生产法》规定，安全生产工作应当坚持安全第一、预防为主、综合治理的方针，从源头上防范化解重大安全风险。这一方针是开展安全生产工作总的指导方针，是长期实践的经验总结。

（1）安全第一。在生产经营活动中，在处理保证安全与实现生产经营活动的其他各项目标的关系上，要始终把安全特别是从业人员、其他人员的人身安全放在首要位置，实行"安全优先"的原则。在确保安全的前提下，努力实现生产经营的其他目标。当安全工作与其他活动发生冲突与矛盾时，其他活动要服从安全，绝不能以牺牲人的生命、健康为代价换取发展和效益。安全第一，体现了以人民为中心的发展思想，是预防为主、综合治理的统帅，没有安全第一的思想，预防为主就失去了思想支撑，综合治理就失去了整治依据。

（2）预防为主。预防为主，是安全生产工作的重要任务和价值所在，是实现安全生产的根本途径。预防为主就是要把预防生产安全事故的发生放在安全生产工作的首位。对安全生产的管理，主要不是在发生事故后去组织抢救，进行事故调查，找原因、追责任、堵漏洞，而是要谋事在先，尊重科学，探索规律，采取有效的事前控制措施，千方百计预防事故的发生，做到防患未然，将事故消灭在萌芽状态。只要思想重视，预防措施得当，绝大部分事故特别是重大事故是可以避免的。坚持预防为主，就要坚持培训教育为主，在提高生产经营单位主要负责人、安全管理人员和从业人员的安全素质上下功夫，最大限度地减少违章指挥、违章作业、违反劳动纪律的现象，努力做到"不伤害自己，不伤害他人，不被他人伤害，保护他人不受伤害"。只有把安全生产的重点放在建立事故隐患预防体系上，超前防范，才能有效避免和减少事故，实现安全第一。

（3）综合治理。将综合治理纳入安全生产工作方针，标志着对安全生产的认识上升到一个新的高度，是贯彻落实新发展理念的具体体现。综合治理就是要综合运用法律、经济、行政等手段，从发展规划、行业管理、安全投入、科技进步、经济政策、教育培训、安全文化以及责任追究等方面着手，建立安全生产长效机制。综合治理，秉承"安全发展"的理念，从遵循和适应安全生产的规律出发，运用法律、经济、行政等手段，多管齐下，并充分发挥社会、职工、舆论的监督作用，形成标本兼治、齐抓共管的格局。综合治理，是一种新的安全管理模式，它是保证"安全第一、预防为主"的安全管理目标实现的重要手段和方法，只有不断健全和完善综合治理工作机制，才能有效贯彻安全生产方针。

（4）从源头上防范化解重大安全风险。实践一再表明，许多事故的发生，都经历了从无到有、从小到大、从量变到质变的动态发展过程。因此，从以事故处置为主的被动反应模式向以风险预防为主的主动管控模式转变，是一种更经济、更安全、更有效的应急管理策略。具体而言，就是要严格安全生产市场准入，经济社会发展要以安全为前提，严防风险演变、隐患升级导致生产安全事故发生。比如，地方各级政府、有关生产经营单位应当建立完善安全风险评估与论证机制，科学合理确定企业选址和基础设施建设、居民生活区空间布局；高危项目审批必须把安全生产作为前置条件，国土空间规划布局、设计、建设、管理等各项工作必须以安全为前提，建立和实施超前防范的制度措施，实行重大安全风险"一票否决"，通过这些防范措施，最大限度地降低事故发生。

465. 我国安全生产工作机制是什么？

《安全生产法》规定，安全生产工作要建立生产经营单位负责、职工参与、政府监管、行业自律和社会监督的机制。

（1）生产经营单位负责，就是要求落实生产经营单位的安全生产主体责任，生产经营单位必须严格遵守和执行安全生产法律法规、规章制度与技术标准，依法依规加强安全生产，加大安全投入，健全安全管理机构，加强对从业人员的培训，保持安全设施设备的完好有效。

（2）职工参与，就是通过安全生产教育，提高广大职工的自我保护意识和安全生产意识，职工有权对本单位的安全生产工作提出建议。对本单位安全生产工作中存在的问题，有权提出批评、检举和控告，有权拒绝违章指挥和强令冒险作业。要充分发挥工会、共青团、妇联组织的作用，依法维护和落实生产经营单位职工对安全生产的参与权与监督权，鼓励职工监督举报各类安全隐患，对举报者予以奖励。

（3）政府监管，就是要切实履行监管部门安全生产管理和监督职责。健全完善安全生产综合监管与行业监管相结合的工作机制，强化应急管理部门对安全生产的综合监管，全面落实行业主管部门的专业监管、行业管理和指导职责。各部门要加强协作，形成监管合力，在各级政府统一领导下，严厉打击违法生产、经营等影响安全生产的行为，对拒不执行监管监察指令的生产经营单位，要依法依规从重处罚。

（4）行业自律，主要是指行业协会等行业组织要自我约束，一方面各个行业要遵守国家法律、法规和政策，另一方面行业组织要通过行规行约制约本行业生产经营单位的行为。通过行业间的自律，促使相当一部分生产经营单位能从自身安全生产的需要和保护从业人员生命健康的角度出发，自觉开展安全生产工作，切实履行生产经营单位的法定职责和社会责任。

（5）社会监督，就是要充分发挥社会监督的作用，任何单位和个人有权对违反安全生产的行为进行检举和控告。要发挥新闻媒体的舆论监督作用。有关部门和地方要进一步畅通安全生产的社会监督渠道，通过设立举报电话等形式，接受人民群众的公开监督。

466. 生产经营单位的安全生产责任制有什么要求？

安全生产责任制是根据安全生产法律法规建立的各级领导、职能部门、工程技术人员、岗位操作人员在劳动生产过程中对安全生产层层负责的制度。

《安全生产法》规定，生产经营单位的全员安全生产责任制应当明确各岗位的责任人员、责任范围和考核标准等内容。生产经营单位应当建立相应的机制，加强对全员安全生产责任制落实情况的监督考核，保证全员安全生产责任制的落实。

467. 生产经营单位对从业人员安全教育培训有什么规定？

生产经营单位应当对从业人员进行安全生产教育和培训，保证从业人员具备必要的安全生产知识，熟悉有关的安全生产规章制度和安全操作规程，掌握本岗位的安全操作技能，了解事故应急处理措施，知悉自身在安全生产方面的权利和义务。未经安全生产教育和培训合格的从业人员，不得上岗作业。

生产经营单位使用被派遣劳动者的，应当将被派遣劳动者纳入本单位从业人员统一管理，对被派遣劳动者进行岗位安全操作规程和安全操作技能的教育和培训。劳务派遣单位应当对被派遣劳动者进行必要的安全生产教育和培训。

生产经营单位接收中等职业学校、高等学校学生实习的，应当对实习学生进行相应的安全生产教育和培训，提供必要的劳动防护用品。学校应当协助生产经营单位对实习学生进行安全生产教育和培训。

生产经营单位应当建立安全生产教育和培训档案，如实记录安全生产教育和培训的时间、内容、参加人员以及考核结果等情况。

生产经营单位采用新工艺、新技术、新材料或者使用新设备，必须了解、掌握其安全技术特性，采取有效的安全防护措施，并对从业人员进行专门的安全生产教育和培训。

468. 三级安全培训教育的内容是什么？

根据《生产经营单位安全培训规定》，加工、制造业等生产单位的其他从业人员，在上岗前必须经过厂（矿）、车间（工段、区、队）、班组三级安全培训教育。生产经营单位新上岗的从业人员，岗前安全培训时间不得少于 24 学时。煤矿、非煤矿山、危险化学品、烟花爆竹、金属冶炼等生产经营单位新上岗的从业人员安全培训时间不得少于 72 学时，每年再培训的时间不得少于 20 学时。

厂（矿）级岗前安全培训内容应当包括：

（1）本单位安全生产情况及安全生产基本知识；

（2）本单位安全生产规章制度和劳动纪律；

（3）从业人员安全生产权利和义务；

（4）有关事故案例等。

车间（工段、区、队）级岗前安全培训内容应当包括：

（1）工作环境及危险因素；

（2）所从事工种可能遭受的职业伤害和伤亡事故；

（3）所从事工种的安全职责、操作技能及强制性标准；

（4）自救互救、急救方法、疏散和现场紧急情况的处理；

（5）安全设备设施、个人防护用品的使用和维护；

（6）本车间（工段、区、队）安全生产状况及规章制度；

（7）预防事故和职业危害的措施及应注意的安全事项；

（8）有关事故案例；

（9）其他需要培训的内容。

班组级岗前安全培训内容应当包括：

（1）岗位安全操作规程；

（2）岗位之间工作衔接配合的安全与职业卫生事项；

（3）有关事故案例；

（4）其他需要培训的内容。

469. 从业人员的安全生产权利和义务有哪些？

生产经营单位与从业人员订立的劳动合同，应当载明有关保障从业人员劳动安全、防止职业危害的事项，以及依法为从业人员办理工伤保险的事项。生产经营单位不得以任何形式与从业人员订立协议，免除或者减轻其对从业人员因生产安全事故伤亡依法应承担的责任。

生产经营单位的从业人员有权了解其作业场所和工作岗位存在的危险因素、防范措施及事故应急措施，有权对本单位的安全生产工作提出建议。

从业人员有权对本单位安全生产工作中存在的问题提出批评、检举、控告；有权拒绝违章指挥和强令冒险作业。生产经营单位不得因从业人员对本单位安全生产工作提出批评、检举、控告或者拒绝违章指挥、强令冒险作业而降低其工资、福利等待遇或者解除与其订立的劳动合同。

从业人员发现直接危及人身安全的紧急情况时，有权停止作业或者在采取可能的应急措施后撤离作业场所。生产经营单位不得因从业人员在前款紧急情况下停止作业或者采取紧急撤离措施而降低其工资、福利等待遇或者解除与其订立的劳动合同。

生产经营单位发生生产安全事故后，应当及时采取措施救治有关人员。因生产安全事故受到损害的从业人员，除依法享有工伤保险外，依照有关民事法律尚有获得赔偿的权利的，有权提出赔偿要求。

从业人员的安全生产义务主要包括以下方面。

（1）从业人员在作业过程中，应当严格落实岗位安全责任，遵守本单位的安全生产规章制度和操作规程，服从管理，正确佩戴和使用劳动防护用品。

（2）从业人员应当接受安全生产教育和培训，掌握本职工作所需的安全生产知识，提高安全生产技能，增强事故预防和应急处理能力。

（3）从业人员发现事故隐患或者其他不安全因素，应当立即向现场安全生产管理人员或者本单位负责人报告；接到报告的人员应当及时予以处理。

470. 工会在安全生产方面的主要职责是什么？

《安全生产法》规定，工会依法对安全生产工作进行监督。生产经营单位的工会依法组织职工参加本单位安全生产工作的民主管理和民主监督，维护职工在安全生产方面的合法权益。生产经营单位制定或者修改有关安全生产的规章制度，应当听取工会的意见。

工会有权对建设项目的安全设施与主体工程同时设计、同时施工、同时投入生产和使用进行监督，提出意见。

工会对生产经营单位违反安全生产法律、法规，侵犯从业人员合法权益的行为，有权要求纠正；发现生产经营单位违章指挥、强令冒险作业或者发现事故隐患时，有权提出解决的建议，生产经营单位应当及时研究答复；发现危及从业人员生命安全的情况时，有权向生产经营单位建议组织从业人员撤离危险场所，生产经营单位必须立即作出处理。

工会有权依法参加事故调查，向有关部门提出处理意见，并要求追究有关人员的责任。

471. 我国职业病防治工作的方针和机制是什么？

《中华人民共和国职业病防治法》（以下简称《职业病防治法》）

规定，职业病防治工作坚持预防为主、防治结合的方针。

（1）预防为主

预防为主就是在整个职业病防治过程中，要把预防措施作为根本措施和首要环节放在先导地位，控制职业病危害源头，并在一切职业活动中尽可能控制和消除职业病危害因素的产生，使工作场所职业卫生防护符合国家职业卫生标准和卫生要求。

（2）防治结合

职业病防治工作坚持预防为主、防治结合的方针，必须正确处理"防"与"治"的关系，既不能轻"防"重"治"，不"防"只"治"，更不允许采取临时工、轮换工、季节工等用工形式或者其他手段逃避不"防"不"治"的法律责任，也不能只防不治，或者轻视对职业病危害的治理或者对劳动者职业病的检查诊断与治疗康复；不能把"防"与"治"对立起来或者相互分离。

根据《职业病防治法》规定，职业病防治工作建立用人单位负责、行政机关监管、行业自律、职工参与和社会监督的机制。

（1）用人单位负责。职业活动是以用人单位为基础进行的，职业活动中产生的职业病危害因素是用人单位所能控制的。因此，用人单位是职业病防治的主体，应认真落实预防、控制措施，加强职业健康管理和职业病人救治，规范用工行为等主体责任。《职业病防治法》规定："用人单位的主要负责人对本单位的职业病防治工作全面负责。"

（2）行政机关监管。职业卫生监督管理部门应按照职责分工，依法履行职业卫生监管职责。

（3）行业自律。通过行业规范约束行业内的企业行为，促使企业从自身健康发展的需求和保护劳动者健康的角度出发，自觉开展职业病防治工作。

（4）职工参与。职工对违反职业病防治法律、法规以及危及生命健康的行为有权提出批评、检举和控告。《职业病防治法》规定："工会组织依法对职业病防治工作进行监督，维护劳动者的合法权益。用人单位制定或者修改有关职业病防治的规章制度，应当听取工会组织的意见。"

（5）社会监督。任何单位和个人有权对违反《职业病防治法》的行为进行检举和控告。

472. 用人单位在职业病防治工作方面的基本职责是什么？

用人单位应当为劳动者创造符合国家职业卫生标准和卫生要求的工作环境和条件，并采取措施保障劳动者获得职业卫生保护。

用人单位应当建立、健全职业病防治责任制，加强对职业病防治的管理，提高职业病防治水平，对本单位产生的职业病危害承担责任。

用人单位的主要负责人对本单位的职业病防治工作全面负责。

用人单位必须依法参加工伤保险。

473. 工作场所的职业卫生要求是什么？

《职业病防治法》规定，产生职业病危害的用人单位的设立除应当符合法律、行政法规规定的设立条件外，其工作场所还应当符合下列职业卫生要求：

（1）职业病危害因素的强度或者浓度符合国家职业卫生标准；

（2）有与职业病危害防护相适应的设施；

（3）生产布局合理，符合有害与无害作业分开的原则；

（4）有配套的更衣间、洗浴间、孕妇休息间等卫生设施；

（5）设备、工具、用具等设施符合保护劳动者生理、心理健康的要求；

（6）法律、行政法规和国务院卫生行政部门关于保护劳动者健康的其他要求。

474. 用人单位应当对从事接触职业病危害的作业的劳动者进行职业健康检查吗？

《职业病防治法》规定，对从事接触职业病危害的作业的劳动者，用人单位应当按照国务院卫生行政部门的规定组织上岗前、在岗期间和离岗时的职业健康检查，并将检查结果书面告知劳动者。职业健康检查费用由用人单位承担。

用人单位不得安排未经上岗前职业健康检查的劳动者从事接触职业病危害的作业；不得安排有职业禁忌的劳动者从事其所禁忌的作业；对在职业健康检查中发现有与所从事的职业相关的健康损害的劳动者，应当调离原工作岗位，并妥善安置；对未进行离岗前职业健康检查的劳动者不得解除或者终止与其订立的劳动合同。

职业健康检查应当由取得《医疗机构执业许可证》的医疗卫生机构承担。卫生行政部门应当加强对职业健康检查工作的规范管理，具体管理办法由国务院卫生行政部门制定。

475. 职业病病人可以享受哪些待遇？

《职业病范围和职业病患者处理办法的规定》中规定：职业病的诊断应按《职业病诊断管理办法》及其有关规定执行。凡被确诊患有职业病的劳动者，职业病诊断机构应发给《职业病诊断证书》，享有国家规定的工伤保险待遇或职业病待遇。职业病待遇主要包括以下方面。

（1）按照《职业病防治法》的规定，被确诊的职业病病人依法享受国家规定的职业病待遇。用人单位应当按照国家有关规定，安排职业病病人进行治疗、康复和定期检查。用人单位对不适宜继续从事原工作的职业病病人，应当调离原岗位，并妥善安置。用人单位对从事接触职业病危害的作业的劳动者，应当给予适当岗位津贴。职业病病人的诊疗、康复费用，伤残以及丧失劳动能力的职业病病人的社会保障，按照国家有关工伤社会保险的规定执行。

（2）职业病病人除依法享有工伤社会保险外，依照有关民事法律，尚有获得赔偿的权利的，有权向用人单位提出赔偿要求。劳动者被诊断患有职业病，但用人单位没有依法参加工伤保险的，其医疗和生活保障由该用人单位承担。

（3）职业病病人变动工作单位，其依法享有的待遇不变。用人单位发生分立、合并、解散、破产等情形的，应当对从事接触职业病危害的作业的劳动者进行健康检查，并按照国家有关规定妥善安置职业病病人。

（4）职工被确诊患有职业病后，其所在单位应根据职业病诊断机构（诊断组）的意见，安排其医治或疗养。在医疗或疗养后被确认不宜继续从事原有害作业或工作的，应在确认之日起的两个月内将其调离原工作岗位，另行安排工作；对于因工作需要暂不能调离的生产、工作的技术骨干，调离期限最长不得超过半年。除非劳动合同期满或劳动者提出，一般不得解除或终止职业病人的劳动合同，应妥善安置职业病人。1 到 4 级绝对不能解除，5 到 10 级解除合同的情形有，一是劳动合同期满，二是劳动者自行提出，三是严重违反企业相关制度或犯罪等情形。

（十）社会保险法相关知识

476. 劳动者在社会保险方面的权利和义务有哪些？

主要权利如下。

依法享受社会保险待遇、监督本单位为其缴费情况、免费向社会保险经办机构查询、核对其缴费和享受社会保险待遇记录，要求社会保险经办机构提供社会保险咨询等服务。

主要义务如下。

一是缴费义务。在用人单位工作的劳动者要按照国家社会保险政策规定缴纳基本养老保险费、基本医疗保险费、失业保险费；无雇工的个体工商户、未在用人单位参加基本养老保险的非全日制从业人员以及灵活就业人员自愿参加基本养老保险和职工基本医疗保险的，由个人承担基本养老保险费和基本医疗保险费；农村居民参加新型社会养老保险、新型合作医疗，要承担相应缴费义务；城镇居民参加城镇居民养老保险和城镇居民基本医疗保险，要承担相应缴费义务。二是登记义务。在用人单位工作的劳动者，应当由用人单位到社会保险经办机构为其办理社会保险登记手续；自愿参加社会保险的无雇工的个体工商户、未在用人单位参加基本养老保险的非全日制从业人员以及灵活就业人员，应当由本人到社会保险经办机构申请办理社会保险登记；失业人员应当持本单位为其出具的终止或解除劳动关系证明，及时到指定的公共就业服务机构办理失业登记。

477. 基本养老保险费怎样缴纳？

《社会保险法》第 10 条规定："职工应当参加基本养老保险，由用人单位和职工共同缴纳基本养老保险费。"

（1）缴费比例

按照国家现行政策规定，用人单位和个人基本养老保险的缴费比例一般为工资总额的28%。其中，用人单位一般按本单位职工工资总额的20%缴纳（具体比例由省、自治区、直辖市的人民政府确定），个人按本人上年度月平均工资的8%缴纳。

（2）缴费基数

用人单位应当按照本单位全部在职职工工资总额作为缴纳基本养老保险费基数向社会保险经办机构申报。

职工按照本人缴费工资的8%缴费记入个人账户，缴费工资为本人上一年度月平均工资。这里的"月平均工资"包括工资、奖金、津贴、补贴等收入。职工本人的月平均工资超过当地职工月平均工资300%以上的部分，不计入个人缴费工资基数；职工本人的月平均工资低于当地职工月平均工资60%的，按当地职工月平均工资的60%确定缴费工资基数。

478. 基本养老保险待遇怎么样?

职工基本养老金由统筹基金和个人账户养老金组成。基本养老金根据个人累计缴费年限、缴费工资、当地职工平均工资、个人账户金额、城镇人口平均预期寿命等因素确定。

（1）参加职工基本养老保险的个人，达到法定退休年龄时累计缴费满15年的，按月领取基本养老金。

（2）参加职工基本养老保险的个人，因病或者非因工死亡的，其遗属可以领取丧葬补助金和抚恤金；在未达到法定退休年龄时因病或者非因工致残完全丧失劳动能力的，可以领取病残津贴。

（3）参加职工基本养老保险的个人，在达到法定退休年龄前离境定居的，其个人账户予以保留；达到法定退休年龄的，按照国家规定享受相应的养老保险待遇。

（4）参加职工基本养老保险的个人，达到法定退休年龄时累计缴费不足15年的，可以缴费至满15年，按月领取基本养老金；也可以转入新型农村社会养老保险或者城镇居民社会养老保险，按照国务院规定享受相应的养老保险待遇。

（5）参加基本养老保险的个人，因病或者非因工死亡的，其遗属可以领取丧葬补助金和抚恤金；在未达到法定退休年龄时因病或者非因工致残完全丧失劳动能力的，可以领取病残津贴。

479. 关于企业年金有哪些规定？

企业年金，也叫企业补充养老保险，是指企业及其职工在依法参加基本养老保险的基础上，依据国家政策和本企业经济状况建立的，旨在提高职工退休后生活水平，对国家基本养老保险进行重要补充的一种养老保险形式。

根据《企业年金试行办法》规定，符合下列条件的企业，可以建立企业年金：

（1）依法参加基本养老保险并履行缴费义务；

（2）具有相应的经济负担能力；

（3）已建立集体协商机制。

关于企业年金的缴费、基金、个人账户、领取的主要规定如下。

（1）企业年金缴费：企业年金所需费用由企业和职工个人共同缴纳。企业缴费的列支渠道按国家有关规定执行；职工个人缴费可以由企业从职工个人工资中代扣。企业缴费每年不超过本企业上年度职工工资总额的 1/12。企业和职工个人缴费合计一般不超过本企业上年度职工工资总额的 1/6。

（2）企业年金基金

企业年金基金由下列各项组成：企业缴费；职工个人缴费；企业年金基金投资运营收益。

企业年金基金实行完全积累，采用个人账户方式进行管理。企业年金基金可以按照国家规定投资运营。企业年金基金投资运营收益并入企业年金基金。

（3）企业年金个人账户

企业缴费应当按照企业年金方案规定比例计算的数额计入职工企业年金个人账户；职工个人缴费额计入本人企业年金个人账户。企业年金基金投资运营收益，按净收益率计入企业年金个人账户。

（4）企业年金领取

职工在达到国家规定的退休年龄时，可以从本人企业年金个人账户中一次或定期领取企业年金。职工未达到国家规定的退休年龄的，不得从个人账户中提前提取资金。出境定居人员的企业年金个人账户资金，可根据本人要求一次性支付给本人。

职工变动工作单位时，企业年金个人账户资金可以随同转移。职工升学、参军、失业期间或新就业单位没有实行企业年金制度的，其企业年金个人账户可由原管理机构继续管理。

职工或退休人员死亡后，其企业年金个人账户余额由其指定的受益人或法定继承人一次性领取。

480. 关于职业年金的规定主要有哪些？

职业年金，是指机关事业单位及其工作人员在参加机关事业单位基本养老保险的基础上，建立的补充养老保险制度。建立职业年金制度，有利于推动社会保险制度改革，有利于机关事业单位退休人员的收入稳定化和来源多元化，有利于调动机关事业单位工作人员的积极性、主动性。

职业年金所需费用由单位和工作人员个人共同承担。单位缴纳职业年金费用的比例为本单位工资总额的 8%，个人缴费比例为本人缴费工资的 4%，由单位代扣。单位和个人缴费基数与机关事业单位工作人员基本养老保险缴费基数一致。根据经济社会发展状况，国家适时调整单位和个人职业年金缴费的比例。

符合下列条件之一的可以领取职业年金。

（1）工作人员在达到国家规定的退休条件并依法办理退休手续后，由本人选择按月领取职业年金待遇的方式。可一次性用于购买商业养老保险产品，依据保险契约领取待遇并享受相应的继承权；可选择按照本人退休时对应的计发月数计发职业年金月待遇标准，发完为止，同时职业年金个人账户余额享有继承权。本人选择任一领取方式后不再更改。

（2）出国（境）定居人员的职业年金个人账户资金，可根据本人要求一次性支付给本人。

（3）工作人员在职期间死亡的，其职业年金个人账户余额可以继承。

未达到上述职业年金领取条件之一的，不得从个人账户中提前提取资金。

481. 职工基本医疗保险费如何缴纳？

《社会保险法》第 23 条规定："职工应当参加职工基本医疗保险，由用人单位和职工按照国家规定共同缴纳基本医疗保险费。"根据国家现行政策规定，用人单位缴费费率控制在职工工资总额的 6% 左右，职工缴费一般为本人工资收入的 2%。

参加职工基本医疗保险的个人，达到法定退休年龄时累计缴费达到国家规定年限的，退休后不再缴纳基本医疗保险费，按照国家规定享受基本医疗保险待遇；未达到国家规定年限的，可以缴费至国家规定年限。

2017 年，国务院办公厅印发了《生育保险和职工基本医疗保险合并实施试点方案》，在河北省邯郸等 12 个城市开展生育保险与职工基本医疗保险合并实施试点。2019 年 3 月 25 日，国务院办公厅发布了《国务院办公厅关于全面推进生育保险和职工基本医疗保险合并实施的意见》，明确生育保险基金并入职工基本医疗保险基金，统一征缴，统筹层次一致。而且合并要在 2019 年年底前实施。

482. 基本医疗保险统筹基金和个人账户怎样组成？有什么规定？

基本医疗保险统筹基金：是用人单位缴纳的基本医疗保险费，在扣除划入个人账户部分后剩余的资金及其利息收入即为基本医疗保险统筹基金。设立基本医疗保险统筹基金，是为了通过一定区域范围内社会群体间的互助共济来分担疾病风险，解决职工患大病时的医疗费用，以体现社会公平的原则，有利于减轻企业的社会负担。

符合基本医疗保险药品目录、诊疗项目、医疗服务设施标准以及急诊、抢救的医疗费用，按照国家规定从基本医疗保险基金中支付。

个人账户：职工个人缴纳的基本医疗保险费，全部计入个人账户。用人单位缴纳的基本医疗保险费分为两部分：一部分用于建立统筹基金，一部分划入个人账户。划入个人账户的比例一般为用人单位缴费的 30% 左右，具体比例由统筹地区根据个人账户的支付范围和职工年龄结构等因素确定。职工年龄越大，划入个人账户的比例越高。

职工个人医疗保险账户的本金和利息均归职工个人所有，可以结转使用和继承。因此，参加基本医疗保险的职工死亡后，其个人医疗账户仍有余额的，可作为遗产，由其亲属按《民法典》规定实施继承。

统筹基金和个人账户要划定各自的支付范围，分别核算，分开管理使用，不得互相挤占。

483. 工伤保险费怎样缴纳?

根据《社会保险法》规定，职工应当参加工伤保险，由用人单位缴纳工伤保险费，职工不缴纳工伤保险费。

国家根据不同行业的工伤风险程度确定行业的差别费率，并根据使用工伤保险基金、工伤发生率等情况在每个行业内确定费率档次。行业差别费率和行业内费率档次由国务院社会保险行政部门制定，报国务院批准后公布施行。

社会保险经办机构根据用人单位使用工伤保险基金、工伤发生率和所属行业费率档次等情况，确定用人单位缴费费率。

用人单位应当按照本单位职工工资总额，根据社会保险经办机构确定的费率缴纳工伤保险费。

根据《关于调整工伤保险费率政策的通知》（人社部发〔2015〕71号），不同工伤风险类别的行业执行不同的工伤保险行业基准费率。各行业工伤风险类别对应的全国工伤保险行业基准费率为，一类至八类分别控制在该行业用人单位职工工资总额的 0.2%、0.4%、0.7%、0.9%、1.1%、1.3%、1.6%、1.9% 左右。

484. 工伤应当怎样认定?

工伤是指职工在工作过程中因工作原因受到事故伤害或者患职业病。根据《工伤保险条例》第 14 条的规定，职工有下列情形之一的，应当认定为工伤：

（1）在工作时间和工作场所内，因工作原因受到事故伤害的；

（2）工作时间前后在工作场所内，从事与工作有关的预备性或者收尾性工作受到事故伤害的；

（3）在工作时间和工作场所内，因履行工作职责受到暴力等意外伤害的；

（4）患职业病的；

（5）因工外出期间，由于工作原因受到伤害或者发生事故下落不明的；

（6）在上下班途中，受到非本人主要责任的交通事故或者城市轨道交通、客运轮渡、火车事故伤害的；

（7）法律、行政法规规定应当认定为工伤的其他情形。

根据《工伤保险条例》第 15 条规定，职工有下列情形之一的，视同工伤：

（1）在工作时间和工作岗位，突发疾病死亡或者在 48 小时之内经抢救无效死亡的；

（2）在抢险救灾等维护国家利益、公共利益活动中受到伤害的；

（3）职工原在军队服役，因战、因公负伤致残，已取得革命伤残军人证，到用人单位后旧伤复发的。

职工因下列情形之一导致本人在工作中伤亡的，不得认定为工伤：

（1）故意犯罪；

（2）醉酒或者吸毒；

（3）自残或者自杀；

（4）法律、行政法规规定的其他情形。

职工因工受伤或者患职业病，进行工伤认定的程序如下。

（1）提出申请

职工发生事故伤害或者按照职业病防治法规定被诊断、鉴定为职业病，所在单位应当自事故伤害发生之日或者被诊断、鉴定为职业病之日起 30 日内，向统筹地区社会保险行政部门提出工伤认定申请。遇有特殊情况，经报社会保险行政部门同意，申请时限可以适当延长。

用人单位未按前款规定提出工伤认定申请的，工伤职工或者其近亲属、工会组织在事故伤害发生之日或者被诊断、鉴定为职业病之日起1年内，可以直接向用人单位所在地统筹地区社会保险行政部门提出工伤认定申请。

（2）提交材料

提出工伤认定申请应当提交下列材料：

①工伤认定申请表；

②与用人单位存在劳动关系（包括事实劳动关系）的证明材料；

③医疗诊断证明或者职业病诊断证明书（或者职业病诊断鉴定书）。

工伤认定申请表应当包括事故发生的时间、地点、原因以及职工伤害程度等基本情况。

（3）工伤认定的决定

社会保险行政部门受理工伤认定申请后，根据审核需要可以对事故伤害进行调查核实，用人单位、职工、工会组织、医疗机构以及有关部门应当予以协助。职业病诊断和诊断争议的鉴定，依照职业病防治法的有关规定执行。对依法取得职业病诊断证明书或者职业病诊断鉴定书的，社会保险行政部门不再进行调查核实。

职工或者其近亲属认为是工伤，用人单位不认为是工伤的，由用人单位承担举证责任。

社会保险行政部门应当自受理工伤认定申请之日起60日内作出工伤认定的决定，并书面通知申请工伤认定的职工或者其近亲属和该职工所在单位。

社会保险行政部门对受理的事实清楚、权利义务明确的工伤认定申请，应当在15日内作出工伤认定的决定。

485. 关于职工因工死亡的待遇是如何规定的？

职工因工死亡，其近亲属按照下列规定从工伤保险基金领取丧葬补助金、供养亲属抚恤金和一次性工亡补助金。

（1）丧葬补助金为 6 个月的统筹地区上年度职工月平均工资。

（2）供养亲属抚恤金按照职工本人工资的一定比例发给由因工死亡职工生前提供主要生活来源、无劳动能力的亲属。标准为：配偶每月40%，其他亲属每人每月 30%，孤寡老人或者孤儿每人每月在上述标准的基础上增加 10%。核定的各供养亲属的抚恤金之和不应高于因工死亡职工生前的工资。供养亲属的具体范围由国务院社会保险行政部门规定。

（3）一次性工亡补助金标准为上一年度全国城镇居民人均可支配收入的 20 倍。

486. 关于失业保险的缴费比例是多少？

《社会保险法》第 44 条规定："职工应当参加失业保险，由用人单位和职工按照国家规定共同缴纳失业保险费。"《失业保险条例》规定，城镇企业事业单位按照本单位工资总额的 2%缴纳失业保险费，城镇企业事业单位职工按照本人工资的 1%缴纳失业保险费。人社部、财政部印发的《关于调整失业保险费率有关问题的通知》提出，将失业保险费率暂由现行条例规定的 3%降至 2%，单位和个人缴费的具体比例由各省、自治区、直辖市人民政府确定，在省、自治区、直辖市行政区域内，单位及职工的费率应当统一。

487. 关于失业人员符合哪些条件，可以领取失业保险金？

失业人员符合下列条件的，从失业保险基金中领取失业保险金：

（1）失业前用人单位和本人已经缴纳失业保险费满 1 年的；

（2）非因本人意愿中断就业的；

（3）已经进行失业登记，并有求职要求的。

488. 关于失业人员领取失业保险金的规定是什么？

失业人员失业前用人单位和本人累计缴费满 1 年不足 5 年的，领取失业保险金的期限最长为 12 个月；累计缴费满 5 年不足 10 年的，领取失业保险金的期限最长为 18 个月；累计缴费 10 年以上的，领取失业保险金的期限最长为 24 个月。重新就业后，再次失业的，缴费时间重新计算，领取失业保险金的期限与前次失业应当领取而尚未领取的失业保险金的期限合并计算，最长不超过 24 个月。失业保险金的标准，由省、自治区、直辖市人民政府确定，不得低于城市居民最低生活保障标准。

失业人员在领取失业保险金期间有下列情形之一的，停止领取失业保险金，并同时停止享受其他失业保险待遇：

（1）重新就业的；

（2）应征服兵役的；

（3）移居境外的；

（4）享受基本养老保险待遇的；

（5）无正当理由，拒不接受当地人民政府指定部门或者机构介绍的适当工作或者提供的培训的。

489. 生育保险费怎样缴纳？生育保险待遇包括哪些？

《社会保险法》第 53 条规定："职工应当参加生育保险，由用人单位按照国家规定缴纳生育保险费，职工不缴纳生育保险费。"生育保险根据"以支定收，收支基本平衡"的原则筹集资金，由企业按照其工资总额的一定比例向社会保险经办机构缴纳生育保险费，建立生育保险基金。生育保险费的提取比例由当地人民政府根据计划内生育人数和生育津贴、生育医疗费等项费用确定，并可根据费用支出情况适时调整，但最高不得超过工资总额的 1%。

根据《社会保险法》规定，生育保险待遇包括生育医疗费用和生育津贴。

生育医疗费用包括下列各项：

（1）生育的医疗费用；

（2）计划生育的医疗费用；

（3）法律、法规规定的其他项目费用。

职工有下列情形之一的，可以按照国家规定享受生育津贴：

（1）女职工生育享受产假；

（2）享受计划生育手术休假；

（3）法律、法规规定的其他情形。

生育津贴按照职工所在用人单位上年度职工月平均工资计发。

根据《社会保险法》规定，用人单位已经缴纳生育保险费的，其职工享受生育保险待遇；职工未就业配偶按照国家规定享受生育医疗费用待遇。所需资金从生育保险基金中支付。

（十一）劳动争议调解仲裁法相关知识

490. 什么是劳动争议？

劳动争议，也称"劳动纠纷"，是指劳动关系双方当事人因实现劳动权利和履行劳动义务所发生的纠纷。也包括用人单位与劳动者的组织即工会因集体劳动权利、集体劳动义务发生的争议。

劳动争议有以下特点。

（1）劳动争议主体具有特定性。发生争议的双方当事人必须是用人单位和与其有劳动关系的职工或劳动者的团体。

（2）劳动争议内容具有限定性。劳动争议的内容，是有关劳动权利、义务方面的。劳动权利和劳动义务是依据劳动法、集体合同和劳动合同具体规定的。

（3）劳动争议的客体，是劳动争议权利和义务共同指向的对象。主要有行为、现金、物。如劳动合同争议的标的主要是行为；劳动报酬争议的标的，则为现金；劳动安全卫生争议的标的，主要表现为物。

491. 《中华人民共和国劳动争议调解仲裁法》对劳动争议案件的适用范围是什么？

《中华人民共和国劳动争议调解仲裁法》（以下简称《劳动争议调解仲裁法》）对劳动争议案件的适用范围包括：

（1）因确认劳动关系发生的争议；

（2）因订立、履行、变更、解除和终止劳动合同发生的争议；

（3）因除名、辞退和辞职、离职发生的争议；

（4）因工作时间、休息休假、社会保险、福利、培训以及劳动保护发生的争议；

（5）因劳动报酬、工伤医疗费、经济补偿或者赔偿金等发生的争议；

（6）法律、法规规定的其他劳动争议。

492. 处理劳动争议的原则是什么？

《劳动争议调解仲裁法》第 3 条规定："解决劳动争议，应当根据事实，遵循合法、公正、及时、着重调解的原则，依法保护当事人的合法权益。"

（1）合法原则。即劳动争议处理机构在调解、仲裁过程中坚持以事实为根据，以法律为准绳，依法处理劳动争议案件。

（2）公正原则。即在处理劳动争议的过程中，调解和仲裁机构应当公平正义、不偏不倚，保证争议当事人处于平等的法律地位，具有平等的权利和义务，并对人们之间权利或利益关系进行合理的分配。

（3）及时原则。即遵循劳动争议处理法律法规规定的期限，尽可能快速、高效率地处理和解决劳动争议。一方面，及时原则要求在法定期限或者合理期限内解决劳动争议，要求参与劳动争议处理的各方积极配合，反对拖延、耽误；另一方面，及时原则要求保证当事人充分行使其程序权利，保证劳动争议案件的处理质量，反对草率、一味求快。

（4）着重调解原则。即处理劳动争议应当重视调解方式，调解既是一道专门程序，也是仲裁与审判程序中的重要方法。着重调解原则包含两方面的内容。一是调解作为解决劳动争议的基本手段贯穿于处理劳动争议的全过程。二是调解必须遵循自愿原则，在双方当事人自愿的基础上进行，不能勉强和强制，否则即使达成协议或者作出调解书也不能发生法律效力。

493. 处理劳动争议基本方式是什么？

《劳动争议调解仲裁法》第 4 条规定："发生劳动争议，劳动者可以与用人单位协商，也可以请工会或者第三方共同与用人单位协商，达成和解协议。"第 5 条规定："发生劳动争议，当事人不愿协商、协商不成或者达成和解协议后不履行的，可以向调解组织申请调解；不愿调解、调解不成或者达成调解协议后不履行的，可以向劳动争议仲裁委员会申请仲裁；对仲裁裁决不服的，除本法另有规定的外，可以向人民法院提起诉讼。"据此规定，处理劳动争议的基本方式是协商、调解、仲裁和诉讼。

494. 发生劳动争议，当事人可以到哪些调解组织申请调解？

根据《劳动争议调解仲裁法》第 10 条中规定，发生劳动争议，当事人可以到下列调解组织申请调解：

（1）企业劳动争议调解委员会；

（2）依法设立的基层人民调解组织；

（3）在乡镇、街道设立的具有劳动争议调解职能的组织。

495. 企业劳动争议调解委员会如何设立？

企业劳动争议调解委员会是设在企业内部处理劳动争议的群众性组织。

根据《企业劳动争议协商调解规定》的规定，大中型企业应当依法设立调解委员会，并配备专职或者兼职工作人员。有分公司、分店、分厂的企业，可以根据需要在分支机构设立调解委员会。总部调解委员会指导分支机构调解委员会开展劳动争议预防调解工作。调解委员会可以根据需要在车间、工段、班组设立调解小组。小微型企业可以设立调解委员会，也可以由劳动者和企业共同推举人员，开展调解工作。

调解委员会由劳动者代表和企业代表组成，人数由双方协商确定，双方人数应当对等。劳动者代表由工会委员会成员担任或者由全体劳动者推举产生，企业代表由企业负责人指定。调解委员会主任由工会委员会成员或者双方推举的人员担任。

496. 企业劳动争议调解委员会的职责是什么？

（1）宣传劳动保障法律、法规和政策；

（2）对本企业发生的劳动争议进行调解；

（3）监督和解协议、调解协议的履行；

（4）聘任、解聘和管理调解员；

（5）参与协调履行劳动合同、集体合同、执行企业劳动规章制度等方面出现的问题；

（6）参与研究涉及劳动者切身利益的重大方案；

（7）协助企业建立劳动争议预防预警机制。

497. 劳动争议调解的程序是什么？

根据《劳动争议调解仲裁法》和《企业劳动争议协商调解规定》的规定，劳动争议调解程序如下。

（1）申请与受理

劳动争议发生后，当事人不愿协商或者协商不成并自愿选择调解的，应及时申请。当事人可以口头或者书面形式向调解委员会提出调解申请。申请内容应当包括申请人基本情况、调解请求、事实与理由。口头申请的，调解委员会应当当场记录。

调解委员会接到调解申请后，对属于劳动争议受理范围且双方当事人同意调解的，应当在 3 个工作日内受理。对不属于劳动争议受理范围或者一方当事人不同意调解的，应当做好记录，并书面通知申请人。

（2）调查核实

调解委员会对决定受理的案件，应及时指派调解员对争议事项进行全面调查核实，调查应作笔录，并由调查人签名或盖章。调查工作一般包括以下方面。

①查清案件的基本事实：双方发生争议的原因、经过、焦点及有关的人和情况。

②掌握与争议问题有关的劳动法律法规的规定和劳动合同的约定，分清双方当事人应承担的责任，拟定调解方案和调解意见。

（3）调解

调解委员会根据案件情况指定调解员或者调解小组进行调解，在征得当事人同意后，也可以邀请有关单位和个人协助调解。调解员应当全面听取双方当事人的陈述，采取灵活多样的方式方法，开展耐心、细致的说服疏导工作，帮助当事人自愿达成调解协议。

（4）制作调解协议书

经调解达成调解协议的，由调解委员会制作调解协议书。调解协议书应当写明双方当事人基本情况、调解请求事项、调解的结果和协议履行期限、履行方式等。调解协议书由双方当事人签名或者盖章，经调解员签名并加盖调解委员会印章后生效。调解协议书1式3份，双方当事人和调解委员会各执1份。

调解委员会调解劳动争议，应当自受理调解申请之日起15日内结束。但是，双方当事人同意延期的可以延长。在规定期限内未达成调解协议的，视为调解不成。

498. 劳动争议仲裁委员会如何设立？其主要职责是什么？

劳动争议仲裁委员会按照统筹规划、合理布局和适应实际需要的原则设立。省、自治区人民政府可以决定在市、县设立；直辖市人民政府可以决定在区、县设立。直辖市、设区的市也可以设立一个或者若干个劳动争议仲裁委员会。劳动争议仲裁委员会不按行政区划层层设立。

劳动争议仲裁委员会由劳动行政部门代表、工会代表和企业方面代表组成。劳动争议仲裁委员会组成人员应当是单数。

劳动争议仲裁委员会依法履行下列职责：

（1）聘任、解聘专职或者兼职仲裁员；

（2）受理劳动争议案件；

（3）讨论重大或者疑难的劳动争议案件；

（4）对仲裁活动进行监督。

劳动争议仲裁委员会下设办事机构，负责办理劳动争议仲裁委员会的日常工作。

根据《劳动人事争议仲裁组织规则》规定，仲裁委员会由干部主管部门代表、人力资源社会保障等相关行政部门代表、军队文职人员工作管理部门代表、工会代表和用人单位方面代表等组成。仲裁委员会组成人员应当是单数。仲裁委员会设主任 1 名，副主任和委员若干名。仲裁委员会主任由政府负责人或者人力资源社会保障行政部门主要负责人担任。

499. 劳动争议仲裁时效有什么规定？

仲裁时效具体来说就是指权利人于一定期间内不行使请求劳动争议仲裁机构保护其民事权利的请求权，就丧失该请求权的法律制度。劳动争议申请仲裁的时效期间为 1 年。仲裁时效期间从当事人知道或者应当知道其权利被侵害之日起计算。

仲裁时效因当事人一方向对方当事人主张权利，或者向有关部门请求权利救济，或者对方当事人同意履行义务而中断。从中断时起，仲裁时效期间重新计算。

因不可抗力或者有其他正当理由，当事人不能在规定的仲裁时效期间申请仲裁的，仲裁时效中止。从中止时效的原因消除之日起，仲裁时效期间继续计算。

劳动关系存续期间因拖欠劳动报酬发生争议的，劳动者申请仲裁不受仲裁时效期间的限制；但是，劳动关系终止的，应当自劳动关系终止之日起 1 年内提出。

500. 劳动争议仲裁管辖是如何规定的？

《劳动争议调解仲裁法》第 21 条规定："劳动争议仲裁委员会负责管辖本区域内发生的劳动争议。劳动争议由劳动合同履行地或者用人单位所在地的劳动争议仲裁委员会管辖。双方当事人分别向劳动合同履行地和用人单位所在地的劳动争议仲裁委员会申请仲裁的，由劳动合同履行地的劳动争议仲裁委员会管辖。"

参考书目

[1]《中华人民共和国宪法》（2018 年修正文本）本书中简称《宪法》

[2]《中华人民共和国公司法》（根据 2018 年 10 月 26 日第十三届全国人民代表大会常务委员会第六次会议《关于修改〈中华人民共和国公司法〉的决定》第四次修正）本书中简称《公司法》

[3]《中华人民共和国劳动合同法》（根据 2012 年 12 月 28 日第十一届全国人民代表大会常务委员会第三十次会议《关于修改〈中华人民共和国劳动合同法〉的决定》修正）本书中简称《劳动合同法》

[4]《女职工劳动保护特别规定》（2012 年 4 月 18 日国务院第 200 次常务会议通过 2012 年 4 月 28 日中华人民共和国国务院令第 619 号公布自公布之日起施行）

[5]《中华人民共和国民法典》（2020 年 5 月 28 日第十三届全国人民代表大会第三次会议通过）本书中简称《民法典》

[6]《中华人民共和国食品安全法》（根据 2021 年 4 月 29 日第十三届全国人民代表大会常务委员会第二十八次会议《关于修改〈中华人民共和国道路交通安全法〉等八部法律的决定》第二次修正）本书中简称《食品安全法》

[7]《中华人民共和国就业促进法》（根据 2015 年 4 月 24 日第十二届全国人民代表大会常务委员会第十四次会议《关于修改〈中华人民共和国电力法〉等六部法律的决定》修正）本书中简称《就业促进法》

[8]《中华人民共和国劳动法》（根据 2018 年 12 月 29 日第十三届全国人民代表大会常务委员会第七次会议《关于修改〈中华人民共和国劳动法〉等七部法律的决定》第二次修正）本书中简称《劳动法》

[9]《中华人民共和国工会法》（根据 2021 年 12 月 24 日第十三届全国人民代表大会常务委员会第三十二次会议《关于修改〈中华人民共和国工会法〉的决定》第三次修正）本书中简称《工会法》

[10]《企业民主管理规定》（中共中央纪委、中共中央组织部、国务院国有资产监督管理委员会、监察部、中华全国总工会、中华全国工商业联合会于 2012 年 2 月 13 日印发）

[11]《中华人民共和国安全生产法》（根据 2021 年 6 月 10 日第十三届全国人民代表大会常务委员会第二十九次会议《关于修改〈中华人民共和国安全生产法〉的决定》第三次修正）本书中简称《安全生产法》

[12]《中华人民共和国社会保险法》（根据 2018 年 12 月 29 日第十三届全国人民代表大会常务委员会第七次会议《关于修改〈中华人民共和国社会保险法〉的决定》修正）本书中简称《社会保险法》

[13]《住房公积金管理条例》（根据 2019 年 3 月 24 日《国务院关于修改部分行政法规的决定》第二次修订）

[14]《中华人民共和国破产法》（2006 年 8 月 27 日第十届全国人民代表大会常务委员会第二十三次会议通过）本书中简称《破产法》

[15]《工会劳动法律监督办法》（总工办发〔2021〕9 号）

[16]《劳动保障监察条例》（2004 年 10 月 26 日国务院第 68 次常务会议通过 2004 年 11 月 1 日中华人民共和国国务院令第 423 号公布自 2004 年 12 月 1 日起施行）

[17]《集体合同规定》（2004 年 1 月 20 日劳动保障部令第 22 号公布 自 2004 年 5 月 1 日起施行）

[18]《工资集体协商试行办法》（中华人民共和国劳动和社会保障部令第 9 号）

[19]《工会女职工委员会工作条例》（总工发〔2019〕11 号）

[20]《中华人民共和国妇女权益保障法》（2022 年 10 月 30 日第十三届全国人民代表大会常务委员会第三十七次会议修订）本书中简称《妇女权益保障法》

[21]《学校教职工代表大会规定》（2011 年 12 月 8 日中华人民共和国教育部令第 32 号公布　自 2012 年 1 月 1 日起施行）

[22]《中国工会章程》（中国工会第十八次全国代表大会部分修改，2023 年 10 月 12 日通过）

[23]《基层工会法人登记管理办法》（总工办发〔2020〕20 号）

[24]《基层工会会员代表大会条例》（总工发〔2019〕6 号）

[25]《中华人民共和国残疾人保障法》（根据 2018 年 10 月 26 日第十三届全国人民代表大会常务委员会第六次会议《关于修改〈中华人民共和国野生动物保护法〉等十五部法律的决定》修正）

[26]《残疾人就业条例》（2007 年 2 月 14 日国务院第 169 次常务会议通过 2007 年 2 月 25 日中华人民共和国国务院令第 488 号公布自 2007 年 5 月 1 日起施行）

[27]《工资支付暂行条例》（1994 年 12 月 6 日劳部发〔1994〕489 号公布 自 1995 年 1 月 1 日起施行）

[28]《职工带薪年休假条例》（中华人民共和国国务院令第 514 号）

[29]《中华人民共和国职业病防治法》（根据 2018 年 12 月 29 日第十三届全国人民代表大会常务委员会第七次会议《关于修改〈中华人民共和国劳动法〉等七部法律的决定》第四次修正）本书中简称《职业病防治法》

［30］《工伤保险条例》（根据 2010 年 12 月 20 日《国务院关于修改〈工伤保险条例〉的决定》修订）

［31］《失业保险条例》（1999 年 1 月 22 日中华人民共和国国务院令第 258 号发布自发布之日起施行）